从顶层政策到基层制度

乐山法院体制改革实证研究

（2014-2017）

——以司法责任制为核心

王雪梅　王伦刚　等／著

CONG DINGCENG ZHENGCE DAO JICENG ZHIDU
LESHAN FAYUAN TIZHI GAIGE SHIZHENG YANJIU
(2014-2017)
YI SIFA ZERENZHI WEI HEXIN

法律出版社
LAW PRESS · CHINA

作者简介

王雪梅 四川省高级人民法院审判委员会专职委员，曾担任乐山市中级人民法院党组书记、院长（2013-2018），二级高级法官。

首届四川省审判业务专家（2015）、法官检察官遴选委员会专家委员（2015-2019）。1990至今从事行政审判29年，亲历了新中国行政诉讼的诞生与发展，审理了许多疑难复杂的行政案件，开创性审判了数件具有指导意义的行政案件。其中有2件行政案件，即（2004）川行终字第24号和（2006）川行终字第55号案件，入选最高人民法院公报案例。

2000年以来，负责或参与了四川省人民政府等单位15个重点调研课题的研究工作。合著《法律论辩》、《新行政诉讼法疑难问题解析与实务指引》等五部著作。在《法律适用》、《人民司法》等各类期刊上发表调研报告、学术论文、典型案例等20余篇。

王伦刚 西南财经大学教授，博士生导师，经济法研究所所长、中国金融法研究中心研究员。曾任乐山中级人民法院党组成员、副院长（2017-2018）、彭州市人民法院院长助理（2016-2017）。兼任四川省经济法学会秘书长，劳动与社会保障法学会副会长、成都仲裁委员会仲裁员。

研究领域集中于经济法（金融法）、劳动法和司法改革，研究方法多采用法律社会学和规范法学。在Law & Society Review（美国法律社会学顶级刊物）、《法学研究》、《法学家》、《现代法学》、《社会科学研究》等杂志发表论文多篇。独著《中国经济法的根基》、《中国农民工非正式的利益抗争》、《中国农民专业合作社运行的民间规则研究》三部学术著作，分别由法律出版社2007年、2011年、2015年出版。其中，《中国经济法的根基》被清华大学列为研究生课程“经济法基础理论”参考书目；《中国农民工非正式的利益抗争》被日本帝国图书馆收藏。

主持国家社会科学基金项目《劳动监察与劳动仲裁交叉职能优化的实证分析(1993-2017) [13BFX137]，教育部人文社会科学研究青年基金项目课题《当代中国农民工的非正式利益抗争》（09YJC820091），四川省哲学社会科学规划项目《农民合作社运行的民间规则及其法律对策》（SC12B021）等课题。

王一君 1984年生，四川省乐山市中级人民法院党组成员、副院长、审判委员会委员，四级高级法官。北京大学法学硕士，西南政法大学民商法学博士研究生（在读）。

《放权与补位：合议庭与院庭长层级决策机制再思考》一文获全国法院系统第二十八届学术讨论会征文大赛三等奖；《动态平衡中的相对自循环：中基层法院审判权运行生态体系构想》一文获四川法院系统第二十一届学术讨论会征文大赛二等奖。

主持研究的课题《人员分类管理与审判质效相关度实证研究——以四川首批司法责任制改革试点法院为视角》获全国法院第三届司法大数据专题协作课题二等奖；作为主要执笔人参与研究的课题《司法责任制下诉讼迟延问题研究》获全国法院第十一届司法统计课题评选活动一等奖。参与撰写《法院审理合同案件观点集成》一书，在《人民司法》《人民法院报》《四川审判》上发表多篇文章及案例分析。

周兴复 1972年出生，现任四川省乐山市中级人民法院党组副书记、副院长，三级高级法官。

中国政法大学法学学士，四川大学在职法律硕士。合著《非法吸收公众存款案涉案财物处置路径革新》获西部法治论坛一等奖。

序

司法体制改革试点，是一项光荣的历史使命，是一段艰辛的探索历程，更是一场深刻的自我变革。

2014年，是我到乐山担任市中级人民法院院长的第二年，也是乐山法院被确定为试点改革法院的开局之年。一年多的工作，已让我对全市各区县的经济社会发展和法院工作情况有了深入的了解，可以毫不夸张地说："乐山就是浓缩版的四川。"当年12月，当省委政法委决定乐山中院及市中区法院、夹江县法院、马边彝族自治县法院3个基层法院作为全国第三批、全省第一批司法体制改革试点法院时，我和乐山法院完全没有心理准备，也不清楚试点法院将面临什么样的困难和挑战。组织的信任让我和乐山法院别无选择，乐山法院人不服输的传统让我们勇敢地接过为司法体制改革探路的旗帜。我们也希望，通过自己的努力，将中央顶层政策与基层实际结合起来，以乐山作为"小四川"的先行先试，为全省法院司法体制改革探索出一条创新之路。

从2014年底至2016年5月启动试点法院员额法官遴选历时一年半，是乐山法院试点改革的准备期间。在这一年半的时间里，和非试点法院相比，我们为顺利推进司法体制改革试点工作所经历和付出的点点滴滴都值得书写和铭记。其中以下两点印象最为深刻：

一是乐山市委政法委对乐山法院的司法体制改革试点工作起了决定性的推动作用。从对司法体制改革的顶层设计和省级政策的解读，到组织试点法院院领导外出学习取经，到积极参与试点法院司法体制改革试点前的调查研究和情况分析、协调市级相关部门统一对法检两院开展司法体制改革试点的思想认识，再到督促法院制定符合试点法院工作实际的改革试点方案并报市委改革领导小组和市委常委会审议通过，再到员额法官的遴选，可以说在司法体制改革试点的准备期和启动期，我们前进的每一步，都离不开市委政法委的坚强领导和强力推进。这也是我们能够在后续的司法体制改革试点中大胆创新、不断摸索和积累经验的坚强保证。

二是试点改革实施方案的形成、通过和改革保障问题的解决。为确保试点改革方案的科学性和实效性，我们成立了司法体制改革试点领导小组并下设办公室。领导带队外出学习取经，带队开展广泛的调查研究。倾全市试点法院之力和集体智慧形成了市委常委会审议通过的《乐山市法院系统司法体制改革试点工作实施方案》。而我作为此实施方案的直接起草者和决定者，最欣慰的一点是在此方案中写明了需要政府予以保障的各试点法院改革试点所需聘用制审判辅助人员的配备比例和经费，确保了各试点法院依据此方案顺利解决了改革试点期间所需审判辅助人员的配备和经费保障问题。

2016 年 9 月至 2019 年 4 月底，乐山中院正式实行人员分类管理和新的审判执行权运行机制。2016 年 8 月，我们在完成了员额法官、审判辅助人员和司法行政人员的分类和以司法责任制为核心的审判执行权运行机制的改革后，于同年 9 月正式实行人员分类管理和新的审判执行权运行机制。

司法体制改革的试点运行，有欣慰也有苦闷。欣慰的是改革期间干警思想稳定，在面对法官入额与不入额的选择、面对人员分类和重组的去留、面对领导放权与监管的平衡上经受住了考验，表现出了高度的政治意识、大局观念和牺牲精神，尤其让我感动的是许多干警表示，无论怎么改，心中永远钟爱法院事业、放不下对审判工作的多年情感；苦闷的是法官等级不能直接对应公务员职级，缺乏顶层改革配套政策，导致员额法官尤其是基层法院员额法官的政治生活待遇难以保障到位。

司法体制改革的试点运行，有成绩也有问题。成绩是我们不仅探索了平原、丘陵地区法院“以案定额”和“地广人稀”的边远民族地区法院“以岗定额”的员额法官比例确定标准，根据民族地区法院实际，确定了专属于民族法官的员额比例，而且紧紧抓住司法责任制改革的“牛鼻子”，探索和建立了新型审判团队，试行了新型审判执行权运行机制和主要由员额法官自主决定的大小动态的员额法官考核体系，审判执行效率有了很大提升，尤其是在收案明显增长的情况下，长期未结案得到了有效遏制。问题是改革初期院庭长对插手过问案件与审判监督管理的界限难以把握导致审判监管不到位、法院案多人少的矛盾和人员流失过快的问题并未从根本上得到解决、员额法官的职业尊荣感和依法履职的保护并未得到有效的提升和有效的保障、审判辅助人员和司法行政人员并未充分享受到改革的红利……

司法体制改革的试点运行，有焦虑也有憧憬。焦虑的是司法体制改革不仅是法检两院的改革，更是政治体制改革的重要组成部分，如果仅有原则性的改革顶层设计，缺乏相关中共中央直属机关的配套政策，难以保证顶层制度设计能够在全国范围内落地落实；憧憬的是司法体制改革能在中央政法委员会的坚强领导下，既尊重司法规律又结合中国实际，不断完善改革的顶层制度设计，实现中国共产党第十八届四中全会提出的建立公正高效权威的司法制度的目标。

2019 年已是四川法院开展司法体制改革的第 5 年，最高人民法院也出台了人民法院的第 5 个改革纲要，但作为法院改革试点的亲历者、参与者和推动者，我深知改革任重道远。谨以此书，铭记来之不易的试点成果，致敬各级领导的关心支持，感激同志们的无私奉献，砥砺全市法院干警乘势而上、适应新常态、续写新辉煌！

王雪梅

于成都四川省高级人民法院办公室

2019 年 5 月 1 日

目录

导　　论

王雪梅

2014年12月，经四川省委政法委员会和省社会体制改革领导小组决定，乐山市被列为2015年全国第三批、四川省第一批司法体制改革试点地区，乐山市中级人民法院及市中区、夹江县、马边彝族自治县三个基层人民法院被确定为司法体制改革试点法院。直到2017年底，乐山中级人民法院系统的四个试点法院都在进行司法体制改革。令人欣慰的是，乐山法院系统的试点改革为司法体制改革贡献了乐山经验，其中有几项制度创新比如以岗定额、动态绩效考核等受到了上级表彰，并得到了推广。

为感谢司法体制改革探索者的倾情奉献和纪念亲历盛世司法转型的宝贵体验，广大干警都想写点什么。正好碰上乐山中级人民法院系统开展深层次院校合作的契机，西南财经大学师生们来到我们法院。在大家的合力下，最初的想法就上升为写一本书，这本书的名字暂定为《从顶层政策到基层制度：乐山法院体制改革实证研究（2014—2017）——以司法责任制为核心》。我们期望，这本书能描述出参与和经历司法体制改革广大干警3年的探索，也向党、政府和社会汇报我们中基层法院对第四轮改革的一些也许未必成熟尚待检验的思考，以求得批评指正。

一、问题提出

《从顶层政策到基层制度：乐山法院体制改革实证研究（2014—2017）——以司法责任制为核心》这本书要集中探索一个问题，即顶层政策是怎样执行的。

自2013年底开始的法院系统司法体制的深化改革已经取得了辉煌成果,它的成功获得了举国上下的认同。党的十九大报告高度肯定了近年来司法体制改革所取得的成效。2017年10月18日习近平总书记在党的十九大报告中指出,司法体制改革与行政体制改革以及权力运行制约和监督体系建设一样,得到有效实施,我国民主法治建设迈出重大步伐。[①] 2017年11月,最高人民法院院长周强向第十二届全国人民代表大会常务委员会第三十次会议做了最高人民法院《关于人民法院全面深化司法改革情况的报告》。周强院长公布,人民法院司法体制改革取得重大阶段性成效,党的十八届三中、四中全会确定由最高人民法院牵头的18项改革任务已经完成,《关于全面深化人民法院改革的意见——人民法院第四个五年改革纲要(2014—2018)》(以下简称《人民法院第四个五年改革纲要(2014—2018)》)提出的65项改革举措已全面推开,审判质量效率、队伍能力素质和司法公信力进一步提高,人民群众的获得感不断增强。[②] 毋庸置疑,第4轮法院系统司法体制改革取得了前所未有的成功,新时代中国特色社会主义司法制度已经搭就了"四梁八柱"。

本次司法体制改革与先前相比具有鲜明的政治特色,就是本次改革有中共中央顶层政策的指导。法院系统一般称本次改革为"第四轮司法体制改革",是因为人们习惯以最高人民法院发布的"×五改革纲要"指称每一轮司法体制改革。从《人民法院第一个五年改革纲要(1999—2003)》发布开始计算,2014年7月9日最高人民法院发布的《人民法院第四个五年改革纲要(2014—2018)》被简称"四五改革纲要"。同前3次改革相比,第4轮司法体制改革具有不同寻常的顶层设计的特点,它是以习近平同志为总书记的党中央直接布署并自上而下推动的。2013年11月,党的十八届三中全会通过了《中共中央关于全面深化改革若干

---

① 参见习近平:《决胜全面建成小康社会,夺取新时代中国特色社会主义伟大胜利——在中国共产党第十九次全国代表大会上的报告》(2017年10月18日),载新华网:http://www.xinhuanet.com//2017-10/27/c_1121867529.htm,2018年3月2日访问。

② 参见周强:《最高人民法院关于人民法院全面深化司法改革情况的报告——2017年11月1日在第十二届全国人民代表大会常务委员会第三十次会议上》(2017年11月1日),载中国人大网:http://npc.people.com.cn/n1/2017/1102/c14576-29622596.html,2018年3月3日访问。

重大问题的决定》,对深化司法体制改革作了全面部署,明确提出“深化司法体制改革,加快建设公正高效权威的社会主义司法制度”。2014 年 1 月 8 日,最高人民法院院长周强在全国高级法院院长会议上指出,随着党的十八届三中全会关于全面深化改革各项工作的推开,新一轮司法体制改革已经拉开序幕。[①] 2014 年 2 月 28 日,中央全面深化改革领导小组第二次会议审议通过了《关于深化司法体制和社会体制改革的意见及贯彻实施分工方案》,进一步明确了深化司法体制改革的目标和原则,制定了各项改革任务的路线图和时间表。2014 年 6 月 6 日,(原)中央全面深化改革领导小组第三次会议审议通过《关于司法体制改革试点若干问题的框架意见》和《上海市司法改革试点工作方案》,对若干重点难点问题确定了政策导向,标志着我国司法体制改革正式启动。上海、广东、吉林、湖北、海南、青海、贵州作为第一批省(市)开始试点。2014 年 10 月 23 日,中国共产党第十八届中央委员会第四次全体会议(以下简称十八届四中全会)通过《中共中央关于全面推进依法治国若干重大问题的决定》(以下简称十八届四中全会《决定》),对全面推进依法治国进行了部署,整个司法体制改革蓝图大体全面绘就。截至 2017 年 11 月,中央全力推动的 190 项重大改革中,司法体制和社会体制改革就多达 84 项,其分量不可谓不重。

不少学者也看到了本轮司法体制改革由顶层改革政策推动的特点。他们明确指出,中共中央是本轮司法体制改革的主导者和强有力的推动者,最鲜明的特点就是将司法权明确归于中央事权,自上而下地启动改革。[②] 甚至有学者宣布,我国法治建设和司法体制改革开始进入顶层设计的时代。[③] 本轮司法体制改革的基本特点包括坚持党的领导,坚持以宪法为根本遵循,坚持遵循司法规律,坚持从中国国情出发,坚持顶层设

---

① 参见徐隽:《周强在全国高法院长会议上指出新一轮司法体制改革拉开序幕》,载《人民日报》2014 年 1 月 14 日,第 1 版。

② 参见葛洪义:《顶层设计与摸着石头过河:当前中国的司法改革》,载《法制与社会发展》2015 年第 2 期。

③ 参见范愉:《我国司法改革顶层设计的条件和能力》,载《法制与社会发展》2014 年第 6 期。

计和基层探索相结合,坚持依法有序推进,坚持运用现代科技破解难题。① 因此,从公共政策学的角度看,本轮司法体制改革实质上是中央顶层政策落实为中基层人民法院具体制度的过程。

中央司法体制改革的顶层政策在全国各地得到了如此高效精准的成功执行,这应该得到学术界的高度重视。然而,无论是司法体制改革理论还是公共政策学对本次司法体制改革都还缺乏应有的关注。曾经何时,"上有政策,下有对策"已经成为我国社会民众流行的口头禅,第四轮司法体制改革却和我们过去的生活经验有些不同。在学术界,政策执行难问题是公共政策学中的一个世界性研究主题。② 无论是实务还是理论层面,第四轮司法体制改革都是(顶层)政策执行成功的独特案例,它提供了鲜活生动的理论素材。或许司法体制改革成功还是一个新近的事实,所以司法体制改革理论学者们还没有来得及研究它,抑或相关研究成果还没有来得及公开发表。下文的文献综述将展示,司法体制改革理论看到了本次司法体制改革具有的顶层政策特征,但并没有将其作为一个政策执行过程来研究;而公共政策学研究了中国政策执行难问题或者政策执行的中国经验,但是,还没有人研究司法政策以及追问它为什么会被成功执行。迄今为止,少有人从政策执行的角度去研究司法体制改革。为弥补学术界对司法体制改革研究的这种缺憾,我们拟做一番尝试,权作抛砖引玉。

本次司法体制改革顶层政策是怎样被执行的?这是本书研究者试图回答的问题。也就是说,在中共中央颁布顶层政策后,中基层司法体制改革的执行者们和广大法官们是如何参与到如此伟大的司法体制改革进程,或者说融入改革洪流的。这些问题包括,他们是如何了解政策的?他们是如何实现政策转化的?他们遭遇了什么难题?他们又是如何克服改革困难的等。本书的研究目的,就是试图运用法律社会学的实证研究方法描述出中基层法院执行司法体制改革顶层政策的行动过程。一句话,我们试图弄明白,本轮司法体制改革的中央顶层政策是如何转

① 参见黄文艺:《中国司法改革基本理路解析》,载《法制与社会发展》2017 年第 2 期。

② 参见丁煌、定明捷:《国外政策执行理论前沿评述》,载《公共行政评论》2010 年第 1 期。

化为中基层司法制度的。

探索“本次司法体制改革顶层政策是怎样被执行的”这个问题有重大的实践意义和理论价值。从实践意义来看,描述出各项中基层司法制度从顶层政策推行下的产生过程,不仅可以总结本次司法体制改革试点的经验与教训,而且可以为下一步的司法体制综合配套改革的政策执行提供指导。毋庸置疑,在顶层政策到中基层司法制度之间,凝聚着从中央到地方的各级党的干部和广大法官干警们的心血与汗水。这种研究与实证描述也可以看做另一种方式的司法体制改革行动者们的书面工作汇报。这种书面汇报可以让中央及上级领导欣慰地看到中基层是如何执行顶层和上级政策的,是如何实现政策到制度的转化的,让他们看到人民领袖的智慧之光是如何普照到司法领域,最后惠及于中国社会广大民众的;这种书面汇报可以告诉其他公务员,法官们日夜操劳的改革是什么事情,以取得他们的理解与支持;这种书面汇报也可以让社会公众知道,这一代的中国法官在审理案件之外,还在顶层政策设计和推动下创造着新时代中国特色的社会主义司法制度;这种书面汇报也会让未来的中国法官明白,这一代法官们有幸生活在一个伟大的转型时代,并以制度变迁中的行动者身份,参与并经历着中国新旧司法制度的转换,行动者们为新制度的产生所承载的历史使命、制度再生的重任和其中的心路历程。

就理论价值而言,描述本次司法体制改革顶层政策怎样被执行这种研究可以解释中国司法体制改革为何会如此顺利,而且为研究第 4 轮司法体制改革积累宝贵第一手原始资料。我们总结司法体制改革的地方模式,可以看到各地的司法制度如何从涓涓细流汇集成中国模式的,解释司法体制改革的中国奇迹。更进一步说,这种解释也可以看到伟大的中国共产党的政治动员能力和执政能力,看到我党推行改革的规律,为加强党的执政能力和维护中国共产党党中央的集中统一领导提供理论支持。按照唐德刚先生的“历史三峡说”,我们正好行进在走向现代社会和中华民族伟大复兴的历史征程上,描述这个征程本身就是为人类社会现代化理论增添新的理论素材,为“反西方的现代化”和走中国特色的社会主义道路理论添砖加瓦!

二、文献综述

本书研究的问题是,本次司法体制改革顶层政策是怎样被执行的?之所以研究这个问题,是因为本轮司法体制改革是由中央顶层政策启动并推动的,因此,它带有强烈的地方执行政策的特征。要回答这个问题,我们需要首先寻找可资借鉴的理论资源。中国司法体制改革理论对本轮司法体制改革的研究和公共政策学中的政策执行理论当属和本课题最为接近的理论文献。

1. 本轮司法体制改革的理论研究现状

学者们非常重视本轮司法体制改革并进行了卓有成效的研究。新一轮司法体制改革刚拉开序幕,全国300多位领导、专家与司法实务人士就聚集一堂,根据新形势重新审视司法体制改革的意义、定性、理念等基本理论,并提出应着力解决司法地方化、行政化、职权配置不当化、公信力弱化、职业标准异质化五大问题。①

司法体制改革前期的研究主要是对政策解读和改革期盼。学者们倡导,必须认真对待司法体制改革。②《法制与社会发展》杂志还开辟了专栏,邀请学者探讨本轮司法体制改革。有学者给司法体制改革进行政治定性;③有学者进行理论追问;④还有学者提出了自己的期盼,⑤等等。自此,学界对新一轮司法体制改革的研究也拉开了序幕。

近几年的司法体制改革研究则多有反思和建言的味道。比如,有学者从中央与地方的关系角度思考本轮司法体制改革并指出,本轮司法体制改革的根本动力和目的是打破司法地方保护主义,将涌入上访渠道的社会矛盾以诉讼方式重新地方化。这种对司法功能高度期待的改革会被中央强力推进,但由于具体改革措施既与法理规律存在紧张,也将加

① 参见汪习根:《新一轮司法改革的理念创新与制度构建——全国“深化司法体制改革”高端论坛综述》,载《中南民族大学学报》(人文社会科学版)2014年第2期。

② 参见姚建宗:《认真对待司法改革》,载《法制与社会发展》2014年第4期。

③ 参见张文显:《司法改革的政治定性》,载《法制与社会发展》2014年第6期。

④ 参见郑成良:《司法改革四问》,载《法制与社会发展》2014年第6期。

⑤ 参见高其才:《司法改革三盼》,载《法制与社会发展》2014年第6期。

重地方法院本已沉重的案件压力和功能负荷，削弱司法赖以安身立命的独立、专业和稳定品质，长远来看反而不利于既定改革目标的实现。该学者建议，当前一方面应凭借中央权威平衡中央地方人、事、财权关系以减少滋生社会矛盾的外部激励；另一方面是促进央地关系的优化，将“矛盾回应型”司法体制改革转向“规则确认型”司法体制改革。① 又如，有学者指出，本轮司法体制改革取得了很大的成绩，但还是面临着种种挑战。面对挑战，首先是根据十八届四中全会《决定》指明的方向和提出的要求，以实现司法公正为目标，修订《宪法》《人民法院组织法》《人民检察院组织法》《刑事诉讼法》《民事诉讼法》《行政诉讼法》，改变原有的司法权力运行机制，在制度上保证法官审判立场的中立性和司法人格的独立性，构建以审判为中心的诉讼制度；建议全国人大设立法律监督委员会（常设机构）负责行使法律监督权；明确法官助理和书记员这两种司法辅助人员的职业标准和管理制度等。② 还如，周永坤先生指出，“顶层设计”型司法体制改革成功的必要前提是确立正确的改革方向，而正确的改革方向有赖于正确的司法理念。司法理念最重要的内容包含司法属性理念、司法目的理念、司法方法理念和司法组织活动原则理念。在法治社会，司法的属性是裁判，司法的目的是公平和正义，司法方法论的原则是形式主义，司法组织活动的原则是依法独立行使审判权。因此，司法体制改革的正确方向应当是切实做到依法独立行使审判权，而其中最关键的任务就是在法治原则下处理好依法独立行使审判权与党的领导之间的关系。③ 龙宗智先生则指出，改革推进中司法逻辑与社会逻辑的矛盾、司法责任加重与司法资源不足的矛盾都会日益突出，制度不协调的情况较为明显，司法队伍建设状况堪忧问题。因此，下一阶段改革，应当继续推进和完善党的十八大确定的司法体制改革举措，应适应司法体制改革要求，修改、完善相关法律制度，尤其应当协调国家监察制度与刑

① 参见姜峰：《央地关系视角下的司法改革：动力与挑战》，载《中国法学》2016 年第 4 期。

② 参见徐静村：《中国司法改革的动态、展望与挑战》，载《甘肃政法学院学报》2017 年第 1 期。

③ 参见周永坤：《有关司法改革方向的几个司法理念与实践问题》，载《政治与法律》2007 年第 1 期。

事司法制度的关系,进一步推动"以审判为中心"的诉讼制度改革,体现"以人民为中心"的司法。①

2. 公共政策学中的政策执行理论

20 世纪 70 年代中期以来,西方尤其是美国公共政策研究领域出现了一场研究政策执行的热潮,形成了声势浩大的"执行研究运动",其兴起以 1973 年加州大学的普雷斯曼和韦达夫斯基的专著《执行——华盛顿的美好期待是如何在奥克兰破灭的》出版为标志。总体上看,虽然西方政策执行的研究并没有达成广泛的一致,以至于出现自上而下与自下而上、实证研究与后实证研究、宏观执行与微观执行之类的研究范式之间的竞争、冲突与争论。但是,他们的研究大大地拓展了政策科学的研究范围,将长期被人们所忽视的政策执行纳入政策科学的研究领域。②从 20 世纪 90 年代中后期起,我国学者对公共政策执行的研究迅速形成热潮并产生了一批研究成果。可喜的是,最近的研究越来越注重中国经验和中国政策执行特色的总结,试图进一步形成基于中国经验的独特理论。③

无论是司法体制改革研究还是公共政策研究,既有研究成果都是丰富且充满启发性的,不过既有研究也存在以下几个问题:(1)从研究视角来看,少有人从政策执行的角度研究司法体制改革。现有的对于司法体制改革的研究,多局限于法学研究,很少从公共政策或者法律社会学视角进行研究。(2)从研究策略来看,既有研究多集中于司法体制改革政策文本本身及所出现的实践问题的静态分析,几乎没有见到动态分析。但诚如有学者所说,司法体制改革首先是一个过程,一个具有本体意义的过程。④ 离开了对司法体制改革过程的关注和描述,我们可能难以准确地把握各项新型司法体制改革制度的前因后果。(3)从研究方法来

---

① 参见龙宗智:《司法改革:回顾、检视与前瞻》,载《法学》2017 年第 7 期。

② 参见丁煌、定明捷:《国外政策执行理论前沿评述》,载《公共行政评论》2010 年第 1 期。

③ 诸如此类的文献可以参见贺东航、孔繁斌:《公共政策执行的中国经验》,载《中国社会科学》2011 年第 5 期;李瑞昌:《中国公共政策实施中的"政策空传"现象研究》,载《公共行政评论》2012 年第 3 期;陈家建、张琼文:《政策执行波动与基层治理问题》,载《社会学研究》2015 年第 3 期等。

④ 参见孙莉:《论作为过程的司法改革的过程正当化》,载《法制与社会发展》2014 年第 6 期。

看，规范研究多而实证研究少。有学者甚至认为，目前的关于司法体制改革的系统的实证调查似乎从未真正予以开展。① 这或许是司法体制改革研究目前缺乏动态分析的研究方法的原因。总之，法学学者看到了本次司法体制改革具有的顶层政策特征，但是并没有将其作为一个政策执行过程来研究。而公共政策学研究了中国政策执行难问题或者执行的中国经验，但是，还没有人研究司法政策以及它为什么成功。看来，我们似乎可以在既有研究上推进一步，以本轮司法体制改革的顶层政策的推定为研究对象，来分析和解释公共政策执行的中国经验，尤其是中国司法政策执行的成功经验。

三、研究设计

我们试图将本轮司法体制改革置放在公共政策执行的理论领域中去进行观察，追问"本次司法体制改革顶层政策是怎样被执行的"。本书的研究对象是司法体制改革顶层政策的中基层执行，我们的研究尝试解释与揭示中央政策在地方的执行过程。

（一）对象限定

我们的研究对象主要集中在本轮司法体制改革的司法责任制上。这种限定有两个原因：一是因为本轮司法体制改革主要包括司法人员分类管理制度、司法责任制、司法人员职业保障制度和省以下地方法院、检察院人财物统一管理四项改革。其中，司法责任制改革是核心。诚如习近平总书记所说，司法责任制是本次改革的"牛鼻子"。第二个原因是，2014～2017年，司法责任制是推进得最快的。司法人员职业保障制度和省以下地方法院、检察院人财物统一管理两项的推进速度相对较慢，还在改革进程中，改革措施还没有完全落地，改革效果和问题还没有充分展现，一切都还在变化之中，还不宜进行法律社会学的研究。

（二）研究方法

本课题的研究方法是法律社会学的方法，主要是一种质性的法律社

---

① 参见王峰：《司法改革从"机制调整"到"制度设计"：一个法社会学的视角》，载《学海》2018年第1期。

会学研究。

我们的研究会采用社会研究中的文献分析、实地考察和访谈等方法。当然,我们也会采用法学独有的研究方法——法律解释学的方法。但是,这主要限于对司法体制改革有关的现行法律、司法体制改革政策的理解与解释。

我们追求对司法体制改革的一种动态的过程的实证研究。我们力图描述本轮司法体制改革从顶层政策到基层制度的动态过程。我们觉得,这种描述和理论解释对我们理解中国自改革开放以来的中国奇迹有着非同寻常的理论价值,至少也可以给中国司法体制改革的研究增添真实的原始素材。

(三)数据来源

我们的分析对象主要是四川省乐山市法院系统的4个试点法院。之所以选择乐山法院系统的试点法院,不仅仅是因为我们熟悉这里的情况,也不完全是因为我们亲身经历了司法体制改革,还因为乐山司法体制改革对四川省而言具有一定的代表性。乐山素有“小四川”之称,全市地理结构差异大,包含平原、丘陵与山地。同时乐山市内部经济社会发展水平不均,包括经济发达地区、经济发达水平中等地区以及少数民族地区。乐山市市中区地处平原,经济发展状况处于全省一二类地区水平,法院“案多人少”的矛盾相对突出;夹江县地处丘陵,经济发展状况接近四川省中部地区水平,法院人员与案件比例相对均衡;马边彝族自治县多山,服务半径宽,办案成本高,双语人才紧缺,人才流失较为严重。3个基层试点法院各有特色,可作为全省法院差异情况的一个缩影。因此,乐山法院能够很好地作为司法体制改革的样本,展现出改革方方面面可能面临的问题,并可能尝试出解决各种问题的经验和教训。

我们的数据来源也主要来源对这些法院的社会学调查。2018年1月~10月,课题组先后在这4个法院进行了实地考察和多次非正式访谈,并取得了众多宝贵的第一手资料。乐山中级人民法院是本次调查的核心场所。为了验证在乐山中级人民法院的发现,我们又对马边、夹江、市中区3个基层人民法院的司法体制改革实施情况进行了调查。我们课题组到这些试点法院,亲自感受了司法体制改革试点 3 年以后这些法院发生的变化,然后与试点法院的法官进行了非正式访谈。访谈是分类别按顺序进行的。我们一般是先同各个法院的司法体制改革领导小组的领导或者成员进行访谈,然后分别同员额法官、法官助理、书记员、执行人员和行政人员进行访谈。我们对绝大部分的访谈做了书面记录,在被访谈人员的同意下,我们对一些被访谈人员进行了录音。

(四)编号方法

本书采用的访谈编号方式是“访谈的年月日 + 受访法院拼音的第一个大写字母 + 受访者姓氏拼音的第一个大写字母”;如果当天受访者的姓氏重复,则按照受访时间顺序在姓氏的第一个大写字母后边加上“(序号)”。比如,20180127LW(2)表示,我们于 2018 年 1 月 27 日在乐山市中级人民法院对 L 姓的第二个受访者进行了访谈。

另外,出于保护受访单位的需要,本书将隐去乐山市 3 个试点基层人民法院的名称,分别用 S 法院、J 法院和 M 法院指代。

四、研究内容

本书的研究目的是,要描述出本轮司法体制改革的顶层政策如何转化为基层制度的过程及其运行机制。因此,研究者们就围绕本轮司法体制改革的核心内容——司法责任制来进行探索。在对乐山中级人民法院系统司法体制改革实证研究基础上,研究者们试图让人们明白这个政策制度化的过程。

本书的基本内容包括:

导　论

第一章　司法体制改革政策制度化的实施准备:学习调研协调

第二章　司法责任制的制度基础:人员分类管理

第三章　司法责任制的主体基础:员额法官选任

第四章　司法责任制的组织模式:审判团队建构

第五章　司法责任制的核心内容:审判权责分配

第六章　司法责任制的自治规则:工作绩效考核

结语　继续深化和走向法治的司法体制改革

最后，期望这本书能够顺利面世，以感谢在乐山司法体制改革试点工作中鼓励、支持、帮助我们和参与到这场改革中来的所有的制度变迁的行动者们！

第一章　司法体制改革政策制度化的实施准备：学习调研协调

王伦刚　邹　松

从2014年12月到2016年3月近一年半的时间，是乐山市法院系统司法体制改革4个试点法院进行改革准备的期间。2014年12月，依据四川省委政法委和省社会体制改革领导小组的决定，乐山市被列为2015年全国第三批、四川省第一批司法体制改革试点地区，乐山市中级人民法院（以下简称乐山中院）及S区、J县、M县3个基层人民法院被确定为司法体制改革试点法院。2016年5月29日，第一批法官入额遴选笔试考试开始进行，标志着乐山中院系统4个法院的改革试点工作正式启动。①

没有充分的准备，乐山司法体制改革试点工作绝不会进展得那么顺利。那么，试点法院是如何为改革做准备的？这正是本章要解决的问题。本章准备采用法律社会学的文献分析法和非正式访谈法来回答这个问题。我们收集到了乐山中院、S法院、M法院、J法院关于司法体制改革改革准备的原始资料以及对这些法院司法体制改革领导小组成员和参与者进行了非正式访谈。这些资料和访谈内容是本章写作的基础。

我们将揭示和描述，各个法院的改革准备过程实际上就是了解学习顶层和上级政策以及结合本法院做司法体制具体改革方案的过程。各个法院在这个过程要解决谁来主管司法体制改革试点工作的进行、顶层

---

① 《乐山市首批员额制法官遴选考核办法》和《法官入额遴选笔试考试操作规程》，2016年5月29日。

司法体制改革政策是如何上传下达的、他们如何向先行试点法院借鉴经验教训的、如何进行摸底调研工作以及如何赢得党委政府等机关的支持等5个问题。对这5个问题的回答就构成了本书的基本结构。各法院的司法体制改革准备工作为乐山法院司法体制改革试点工作的有序推开打下坚实基础，创造了有利的社会环境。

第一节　司法体制改革试点工作领导小组

在中央层面，本轮司法体制改革是在中国共产党全面深化改革委员会的直接领导下，由中央政法委牵头，最高人民法院带头贯彻实施的新一轮司法体制的大规模变革。那么，谁来主管各试点法院司法体制改革试点工作？司法体制改革试点工作领导小组是指在本轮司法体制改革过程中各个法院主管各法院司法体制改革试点工作的机构。本节将对其成立、构成、内部职责分工进行介绍，以全面了解这个机构。

一、领导小组的相继成立

成立司法体制改革领导小组，是司法体制改革的组织要求。早在2003年，中央就成立了司法体制改革领导小组。有学者还专门为此撰文，阐述了中央司法体制改革领导小组成立的意义和作用，指出成立中央司法体制改革领导小组才能破除司法体制改革进程中的非理性色彩；才能沟通司法体制改革中的精英意识与大众诉求；才能协调司法体制与政治体制的深层冲突。[①] 笔者同意这种分析。的确，统一的改革机构有利于全国、各部门和各单位集中领导和安排部署改革工作，有力地推进改革进程，既符合我们中国政治文化的传统，也屡屡被证明契合现实。事实上，中央政法部门也纷纷成立了本部门的司法体制改革领导小组，负责专门领导和安排本部门的司法体制改革工作。

2014年12月12日，四川省高级人民法院召开了司法体制改革领导小组会议。会议传达了四川省社会体制改革专项小组召开的司法体制

① 参见万毅：《转折与展望：评中央成立司法改革领导小组》，载《法学》2003年第8期。

改革试点工作专题会议情况，同时通报了成都、乐山和巴中三市法院被确定为四川省司法体制改革试点单位的情况。会议还对四川省法院系统的司法体制改革试点工作做了任务部署，包括完善司法体制改革组织领导机构、明确各专项组和司法体制改革办的职责划分，并抓紧开展调查摸底工作、明确时间进度要求和建立定期会议制度等六大任务。① 这次会议的召开，标志着四川省法院系统的司法体制改革试点工作正式开始贯彻实施。

司法体制改革试点工作领导小组类似于中央和省级的司法体制改革领导小组，只是它是负责统筹安排司法体制改革试点工作的，因此是各试点单位在被确定后才成立的。为了做好试点工作，四川省深化司法体制改革领导小组完善了司法体制改革组织领导机构，下设了人事管理改革专项组、财物省级统管专项组和司法责任 3 个专项组，并分别任命了主管领导。上行下效，这为下级试点法院成立司法体制改革试点工作的领导组织机构作出了表率，也提出了要求。

乐山市各试点法院成立司法体制改革试点工作领导小组就是对于这种指导和要求的及时回应。2015 年 1 月 5 日，乐山中院院党组参考四川省高级人民法院司法体制改革领导小组的设置方式，决定成立全市法院司法体制改革试点领导小组，负责全市法院司法体制改革试点工作的统筹领导和安排布署。② 3 个基层试点法院相继成立了试点工作的领导机构。2015 年 1 月 13 日，M 法院成立了司法体制改革试点工作领导小组。③ 2015 年 1 月 15 日，S 法院司法体制改革试点工作领导小组成立；2015 年 1 月 27 日，J 法院党组研究决定，成立 J 法院司法体制改革领导小组。④ 至此，4 个试点法院都成立司法体制改革领导机构。

司法体制改革试点工作领导小组的成立是乐山市司法体制改革试

① 四川省高级人民法院：《司法体制改革领导小组会议纪要》，2014 年 12 月 12 日。

② 乐山市中级人民法院：《关于成立全市法院司法体制改革试点工作领导小组的通知》（乐中法〔2015〕1 号）。

③ M 法院：《关于成立 M 法院司法体制改革试点工作领导小组的通知》（M 法党组〔2015〕4 号）。

④ J 法院：《关于成立司法体制改革试点工作领导小组的通知》（J 法发〔2015〕1 号）。

点工作的里程碑。从此,各单位的司法体制改革试点工作就有了领路人和负责人,由他们有条不紊地推进试点工作。形象地说,好像打仗有了前敌总指挥。

二、领导小组的人员构成

乐山中院的司法体制改革试点工作领导小组共8人。设小组组长1人,由党组书记、院长担任;副组长3人,党组副书记、副院长1人和党组成员、副院长2人;成员4人,包括党组成员、政治部主任;党组成员、执行局局长;党组成员、机关党委书记和1名审判委员会专职委员。① 乐山中院所有的8名院领导都是小组成员,其中包括院党组所有7名党组成员。

三个基层人民法院的司法体制改革试点工作领导小组成员和乐山市中级人民法院基本保持一致,如表1-1所示。

表1-1 三个基层法院司法体制改革试点工作领导小组人员构成

构 成	组 长	副组长	主要成员	合 计
S法院	党组书记、院长	党组成员、副院长3名,副院长1名	党组成员、纪检组长,党组成员、政治处主任,党组成员、审判委员会专职委员2名	9人(党组成员7人)
J法院	党组书记、院长	党组成员、副院长5名	党组成员、纪检组长,党组成员、政治处主任,党组成员、执行局局长,审判委员会专职委员2名	11人(党组成员9人)
M法院	党组书记、院长	党组成员、副院长3名,党组成员、纪检组长	—	5人(党组成员5人)

资料来源:S法院、J法院和M法院档案室。

从四个试点法院的司法体制改革领导小组的组成人员来看,各试点法院均实行的是“一把手负责制”。司法体制改革领导小组组长均由本院的

① 乐山市中级人民法院:《关于成立全市法院司法体制改革试点工作领导小组的通知》(乐中法〔2015〕1号)。

"一把手"——党组书记、法院院长担任。俗话说得好，"老大难，老大难，老大出现就不难"。"一把手负责制"能保证在执行顶层司法体制改革政策的过程中更能做好司法体制改革的牵头工作，各部门间的相互协调配合能更好的推进司法体制改革工作，尤其是更能汇集全院活力、凝聚全院人心。

同时，这样的司法体制改革试点工作领导小组也有利于发挥单位党组织的领导核心作用。各个司法体制改革试点工作领导小组共计 33 人，其中属于院党组成员的有 28 人，占司法体制改革领导小组总数的 84.85%。《中国共产党党章》第 48 条规定："在中央和地方国家机关、人民团体、经济组织、文化组织和其他非党组织的领导机关中，可以成立党组。党组发挥领导核心作用。党组的任务，主要是负责贯彻执行党的路线、方针、政策；加强对本单位党的建设的领导，履行全面从严治党责任；讨论和决定本单位的重大问题；做好干部管理工作；讨论和决定基层党组织设置调整和发展党员、处分党员等重要事项；团结党外干部和群众，完成党和国家交给的任务；领导机关和直属单位党组织的工作。"①乐山中院系统四个试点法院司法体制改革试点工作领导小组的构成完全符合上述规定，符合党的组织原则，符合本轮司法体制改革确立的首要的基本原则即坚持党的领导。党组织的核心领导作用保障司法体制改革领导小组时刻在思想上保持先进性和时代性，在工作上保持创新性和灵活性，这就保证了其在执行顶层政策的高效和权威性。

三、领导小组的内部机构

乐山市各试点法院的司法体制改革领导小组成立的同时，其内部就进行了十分明确的职责分工。整体并不等于各个部分的简单相加。要使整体的功能得到最大限度的发挥，必须使各个部分实现最优的组合。

因此，乐山中院司法体制改革试点工作领导小组成立之时，就同时下设了 3 个小组，包括领导小组办公室、人财物管理体制改革专项组和审判权运行机制改革专项组，并委任了各小组组长，指定了依托的内部机构，赋

---

① 《中国共产党章程》(中国共产党第十九次全国代表大会部分修改，2017 年 10 月 24 日通过)，第 48 条。

予了各小组的主要任务。

三个基层试点法院，包括 M 法院、J 法院和 S 法院司法体制改革试点工作领导小组，其内部都设立了类似乐山中院的内部机构。这几个法院的司法体制改革试点工作领导小组均下设领导小组办公室、人财物管理体制改革专项组和审判权运行机制改革专项组。略有不同的是，J 法院多设立了一个“经费装备后勤保障改革专项组”，院办公室为牵头部门，主要任务按照省高级人民法院和省财政厅相关统一要求做好改革试点过程中的经费、装备和后勤保障工作，以配合建立省以下法院人员和财物统一管理体制。另外，各个试点法院领导小组下设小组依托的内部机构不大相同。

无论有什么具体的不同，司法体制改革试点工作领导小组的内部分工都是按照本轮司法体制改革的“四梁八柱”的内容来进行的。也就是说，本轮司法体制改革的内容决定了司法体制改革试点工作领导小组的内部职能分工与机构设置。

第二节　改革政策的多层互动

一、中央：顶层政策的传达与反馈

在下级法院眼中，中央是中国最高层级权力机关的复合概念，是指中央层面党和国家的所有机构。一般而言，最核心的应该是中国共产党中央委员会及其政治局，其次是中共中央全面深化改革委员会，最后是中央政法委、最高人民法院等。

下级法院能够接触到的司法体制改革的顶层政策，主要来源于中央发布的司法体制改革的政策文件。例如，较早的文件有最高人民法院的《关于审判权运行机制改革试点方案》(法〔2013〕227 号)、(原)中共中央全面深化改革领导小组《关于司法体制改革试点若干问题的框架意见》(中政委〔2014〕22 号)和《关于司法体制改革试点中有关问题的意见》(中政委〔2014〕53 号)等。这些早期的纲领性文件描绘了本次司法体制改革的制度框架，绘制了本轮司法体制改革的蓝图，指明了司法体制改革的方向。

同时还有中央举办的各种有关司法体制改革的会议，传达中央司法体制改革政策和指导组织全国法院交流学习。乐山中院司法体制改革领导小组某成员在访谈中提到，中央提出司法体制改革后，无论是中央政法委、最高人民法院召集的还是四川省政法委、四川省高级人民法院召集的司法体制改革大大小小的会议不计其数，有时候以正式的文件通知，有时候通过电话的的形式通知开会，会议讨论的内容都是事关司法体制改革的机密事项。① 四川省乐山市M法院的司法体制改革领导小组某负责人在访谈中提到2014年12月，中央政法委将四川省列为司法责任制改革试点后，中央政法委、最高人民法院、四川省委政法委、四川省高级人民法院召开司法体制改革会议的频率极高。②

有的会议是研讨和征求意见性质的。2015年9月，M法院原某负责人曾有幸到北京参与中央政法委召集的全国试点法院司法责任制改革研讨会以及最高人民法院召集的由全国司法责任制试点法院参与的司法责任制意见征求会，就司法体制改革应如何推进发表了自己的建设性意见。③ 2015年9月，M法院司法体制改革领导小组某负责人应邀到北京参加由最高人民法院组织司法责任制改革培训会，并在会上向沈德咏主任汇报了M法院就处理当地彝族之间的婚姻纠纷问题的独特处理方式，体现出法律与民族习惯的有效融合，既注重了发挥法律的规范作用，同时又做到了尊重当地民风俗习惯，有利于地方稳定和促进民族团结……得到了沈德咏主任的积极肯定和高度认可。④

有的会议是培训会和经验交流会。2015年12月，中央政法委在吉林省召开了司法体制改革试点工作培训会。从会议文件来看，主要是中央政法委、最高人民法院和最高人民检察院等领导对全国试点法院与会人员关于改革的政策辅导；另一个方面就是吉林省司法机关介绍自己的司法体制改革试点工作情况汇报。⑤ 这些书面辅导交流材料被带回了各个试点法院

① 访谈编号#20180203LT。

② 访谈编号#20180202MZ。

③ 访谈编号#20180202MD。

④ 访谈编号#20180201MP。

⑤ 在此次会议上，中央政法委副秘书长姜伟、最高人民法院党组成员、副院长李少平和最高人民检察院党组成员、政治部主任王少峰都做了《在司法体制改革试点培训工作上的辅导报告》；吉林省高级人民法院党组书记、院长王常松和吉林省人民检察院常务副检察长陈风超都做了《在司法体制改革试点工作上的发言》。

被认真地传阅。我们在一个司法体制改革领导小组成员手中找到的一份会议资料还勾画了不少文字,可见他阅读文件是非常认真的。

有的会议是改革推进性质的。2017 年 7 月 10 日,中央政法委就召开了全国司法体制改革推进会。中央政法委书记孟建柱同志做了《主动拥抱新一轮科技革命,全面深化司法体制改革,努力创造更高水平的社会主义司法文明》的报告,并有贵州、上海的政法委和高级人民法院做了经验交流发言,会议还印发了书面交流材料。这些会议极大地鼓舞了士气,推进了司法体制改革的进行,积累了司法体制改革人员的直接经验。

中央还会适时派出督察组,分派到各地进行司法体制改革情况的调研,并在督查推进会上通报情况,充分肯定并表扬改革推进好的法院和亮点,并布置下一阶段的任务。比如,2016 年 11 月 ~12 月,最高人民法院就组成四个督察组,分赴北京、上海、浙江、四川和海南等 12 个省、直辖市对司法责任制改革开展督查。在后来的会议上,督导组点名表扬四川高院对普通地区法院实行"以案定额",对民族地区实行"以功能定额",使员额分配接近各法院实际需求的做法。①

此外,最高人民法院在深入推进司法体制改革过程中还印发了一些有关司法体制改革政策理解的文件、情况通报和案例选编,供全国正在进行司法体制改革试点的法院交流学习。我们收集到的文件资料至少有三种。第一种是关于司法体制改革政策解读的文件,包括最高人民法院《关于深入做好司法改革政策解读工作的通知》(法〔2017〕86 号)和《印发〈人民法院司法改革热点问题解答(二)〉的通知》。这些文件主要是针对"各地改革情况参差不齐,一些地方改革落实情况落后于计划,对改革政策的误读误解、消极观望仍然存在"的情况,为加强司法体制改革政策的解读与宣传而颁布的。第二种是最高人民法院办公厅印发的若干期《情况通报》。《情况通报》公布了最高人民法院的院领导包括周强、李少平、沈德咏、姜伟等对于司法体制改革某些专题比如"案件繁简分流机制""司法责任制督查整改情况"等的讲话、情况通报和批示。第三种是最高人民法院司法体制改革领导小组颁布的《印发〈人民法院司法改革案例选编(一)〉的通知》(法

① 《四川省高级人民法院简报》2017 年第 1 期。

改组〔2017〕1号）和《印发〈人民法院司法改革案例选编（二）〉的通知》（法改组〔2017〕2号）等。最高人民法院收集了各地报送的经验材料，总结提炼了部分探索创新性强、具有典型示范意义的改革案例，形成了案例汇编，供各地法院交流。

中央政法委和最高人民法院召开会议和编选案例等举措其实非常符合中共中央关于本轮司法体制改革的精神。中央全面深化改革领导小组在《关于司法体制改革试点若干问题的框架意见》明确要求，中央有关部门，要及时了解试点情况，总结成功经验，加强指导协调。① 可以说，中央政法部门是不折不扣完成了党中央交给的任务。

二、省级：试点方案的制定与统筹

和"中央"这个概念一样，四川省也是复合概念，是指省级层面党和国家的所有机关。最核心的应该是中国共产党四川省委，其次是四川省委全面深化改革领导小组，最后是四川省政法委、四川省高级人民法院等。四川省也颁发了一系列有关司法体制改革顶层政策的文件，并召开了一系列会议。

不完全的材料表明，四川省司法体制改革政策文件的制定者是非常认真的。比如，我们手中的《四川省司法体制改革试点方案》就有报审稿、清样稿。又如，《四川省法院司法体制改革试点方案》就有草稿、初稿、征求意见稿等。这些文件都在2015年初较短时间内成稿的，可以想象，省级司法体制改革试点工作的同仁们有多么的紧张和辛劳。

和中央不同的是，省级层面的文件很多是上传下达作用的。有的是直接转发中央的文件，例如，2015年10月10日四川省高级人民法院《转发〈关于完善人民法院司法责任制的若干意见〉的通知》（川高法发〔2015〕5号）；2015年12月四川省高级人民法院政治部《关于转发最高人民法院〈关于认真做好司法改革政策解读工作的通知〉的通知》（川高法政〔2015〕488号）；《关于转发中央政法委〈关于严格执行法官、检察官遴选标准和程序的

① 中共中央全面深化改革领导小组：《关于司法体制改革试点若干问题的框架意见》（中政委〔2014〕22号）。

通知〉的通知》（川高法〔2017〕130 号）等。

有的是落实中央某项政策任务。如 2016 年 6 月 23 日，四川省高级人民法院发布了《关于印发〈关于落实司法责任制的实施方案等六个改革文件〉的通知》（川高法〔2016〕287 号）等。

还有的是根据四川省的具体情况有创造性地制定的司法体制改革的政策文件。如 2014 年初四川省委全面深化改革领导小组的《四川省深化司法体制和社会体制改革实施方案》（摘录）；2014 年 11 月四川省高级人民法院《关于在审判执行工作中对非因履行职责过问案件全程留痕的暂行规定》（川高法〔2014〕361 号）；以及 2015 年 12 月 9 日中央全面深化改革领导小组第十九次会议审议通过《四川省司法体制改革试点方案》等。其中，《四川省司法体制改革试点方案》的颁布，不仅细化了司法体制改革的顶层框架性政策，而且也中基层法院的试点工作奠定了政策贯彻落实的基础。

2016 ~ 2017 年，四川省司法体制改革政策文件逐渐走向专项具体制度。如 2016 年 3 月 1 日四川省高级人民法院颁布《四川法院工作人员分类管理办法》和《四川省法院司法体制改革试点法院首批员额法官入额遴选考试工作细则》；2016 年 3 月 24 日四川省社会体制改革专项小组《四川省司法体制改革试点法院首批法官入额遴选工作实施方案》；2016 年 10 月 12 日《关于印发〈四川法院人员定岗及审判（执行）团队编配指导方案〉的通知》（川高法〔2016〕429 号）等。这些细致的文件给四川省内正在紧密锣鼓进行司法体制改革的试点法院提供了可直接操作的规范。2017 年则更是将顶层政策贯彻落实到具体制度的一年，比如四川省高级人民法院《四川法院员额法官、审判辅助人员绩效考核实施办法（试行）》（川高法〔2017〕63 号）、《院机关员额法官、审判辅助人员绩效考核实施细则（试行）》（川高法〔2017〕64 号）、《关于修订〈关于庭长审判监督管理职责的规定（试行）〉等 3 个司法文件的通知》（川高法〔2017〕284 号）等。

四川省省级层面有关司法体制改革试点工作的会议也不少。比如，前述的 2014 年 12 月 12 日召开的四川省社会体制改革专项小组召开的司法体制改革试点工作专项会议就是四川省司法体制改革试点工作的第一次会议。在 2015 年 1 月初，四川省高院召开了法院系统司法体制改革试点工作的会议，通报了试点法院确定的情况，并进行了工作部署。又如，2015 年

3 月 20 日，四川省高级人民法院院长王海萍带队到乐山中院召开座谈会，了解中基层法院司法体制改革的情况，并布署了乐山中院系统司法体制改革试点方案的推进。此后两年里，召开了许多关于司法体制改革试点工作的培训会、座谈会、经验交流会、推进会等。受到氛围鼓励的参会人员回到院里，就会在第一时间传达会议精神、转达任务布署、带回会议资料。

参会的司法体制改革试点工作领导小组的人员都记忆深刻，能够准确回忆会议的情况和内容。例如，时任乐山中院司法体制改革试点工作领导小组某负责人谈道："我在 2016 年 9 月代表乐山中院参加四川省省委政法委组织召开的为期 3 天的司法责任制改革动员大会。本次司法责任制改革动员大会在成都市青羊区新华大道江汉路 29 号新华宾馆举行，主要由四川省各地市州法院系统内部司法责任制改革的分管负责人、财政、人事、组织的相关负责人参加，主要围绕司法责任制改革相关政策解读、改革步骤及分工、改革展望等内容进行，向本省的成都市中级人民法院、乐山市中级人民法院、巴中市中级人民法院印发关于四川省司法责任制改革方案。"这次会议号召各中级人民法院在司法责任制改革的进行中充当好政策传播者、创新者、解读者和落实者的角色，为打赢司法责任制改革这场"攻坚战"不断贡献智慧和做好把关工作。①

此外，四川省高级人民法院也有自己的司法体制改革专刊简报，大体每 1 旬 1 期。简报一般会及时提供有关司法体制改革的信息，包括全国司法体制改革的进展情况、领导相关讲话、全省法院司法体制改革经验、督查信息等。例如，2017 年 3 月，四川省高级人民法院就组成 3 个督察组，分赴成都、巴中和乐山 3 个试点法院，进行司法责任制落实情况的全面督查，并对督查情况进行了通报。②

三、基层：实施方案的形成与落实

将 2015 年称为"司法体制改革试点工作准备年"，是很准确的描述。

---

① 访谈编号#20180119LT。

② 四川省高级人民法院：《省法院组织对试点法院司法责任制改革落实开展专项督查》，载《四川省高级人民法院简报》2017 年第 109 期。

2015 年 1 月,乐山中院司法体制改革试点工作领导小组成立到 2016 年 4 月试点法院启动首批员额法官遴选,乐山中院系统的试点法院都在进行着改革准备。如果说中央与四川省主要是下发政策文件、传达政策精神和修改订正政策,那么中基层法院主要在于落实政策和及时地将实践经验反馈给上级。因此,起草本级《司法体制改革试点工作实施方案》就是改革准备年的主要工作。

要起草本级《司法体制改革试点工作实施方案》,首先,需要吃透诸多的顶层和上级的各种政策文件以及本系统的实际情况。这主要通过传达学习文件以及参加上级、召开本级各种会议和学习借鉴来完成。其次,要熟悉本级法院的具体情况,这主要通过深入调研来完成。再次,还要将顶层政策与本地情况相结合。这主要通过异地先行试点法院的借鉴交流来完成。最后,司法体制改革要争取党和其他国家机关以及民众的支持。这主要通过争取支持和协调来完成。因此,学习传达文件、深入调研、异地交流和争取各级党委、国家机关以及民众的支持就构成了中基层人民法院改革准备的主要内容。关于深入调研、异地先行试点法院的借鉴交流和争取各级党委、国家机关的支持将在第三节、第四节及第五节进行详细描述,本节只是介绍文件传达和本级会议的召开。

改革准备的第一步,是要“两头吃透”。一头是“吃透上级政策”。中基层人民法院对于改革政策的了解仍然来源于上级政策文件的下发和会议交流。无论是乐山中院还是其他的三个试点的基层法院,他们要做的就是准确把握党和上级的司法体制改革政策,并将政策精神传达到参与改革的每个人,并且还要及时了解参与人员的情况并反馈给上级。时任乐山中院司法体制改革试点工作领导小组某负责人说:“司法体制改革在推开之初各种政策是不明朗的,从最高人民法院到四川省高级人民法院的政策都只是框架性的且都是通过法院的内网系统进行传递。其次,从四川省高级人民法院到乐山中院的司法体制改革政策显得十分宽泛,很多时候上级在传递政策的时候并没有固定的会议形式更多的是通过打电话或者发文件的形式进行政策传达,最初大多数的司法体制改革政策都是人们口耳相传。由于政策的不明朗,地方法院进行深度摸索的过程中主要是依托四川省高级人民法院的指导,同时由乐山中院将若干的司法体制改革的相关政策进行细化，以此来给基层的试点法院提供借鉴。"①

另一头是"吃透基层情况"。从中央和省级司法体制改革文件来看，2015年底以前框架性政策比较多，虽然指明了改革的方向，但是，要准确理解其内容并与本地情况相结合，还是有一定的距离。值得一提的是，乐山中院系统实行的"征求意见座谈会"和"全覆盖交心谈心"做法。

乐山中院于2015年1月底2月初举行了3次司法体制改革征求意见的座谈会。根据院党组关于司法体制改革试点工作的部署和安排，2015年春节前领导小组就要完成司法体制改革实施方案初稿的制定。为确保实施方案的科学性和合理性，经领导小组研究决定，按法官年龄和职别依次召开座谈会，以全面了解全体法官对于司法体制改革的想法和建议，掌握司法体制改革试点工作中可能存在的问题。这次座谈会氛围分3批次进行，分别是40岁以上法官和执行员、40岁以下法官和执行员、各部门正副职领导的座谈会，如表1－2所示。

表1－2　乐山中院历次司法体制改革征求意见座谈会一览

时 间	性 质	主要内容	参会人员
2015年1月29日	征求意见	司法体制改革座谈会(上)	40岁以上法官、执行员(不含中层)
2015年1月30日	征求意见	司法体制改革座谈会(中)	40岁以上法官、执行员(不含中层)
2015年2月3日	征求意见	司法体制改革座谈会(下)	各部门正、副职领导

谈话的问题包括12个问题，包括改革后是否保留原有庭室设置，如果保留，是仅保留大庭(民事审判庭、刑事审判庭……)还是保留到小庭(民一庭、民二庭、民三庭、刑一庭……)；全院将共设置22个合议庭，每个合议庭应当由哪些人员构成，各法官应当如何组合；案件如何分配，每个合议庭是否应当大致固定其审理的案件的类型；案件分配至每个合议庭之后，又当如何分配案件，如何保证办理案件均衡度；每个合议庭是否设立审判长，负责领导、管理、协调合议庭事宜，审判长如何选任；主审法官是否定位为案件承办法官，主审法官与审判长关系如何定位；审判长职权、主审法官职

① 访谈编号#20180118LT。

权、合议庭其他法官职权、法官助理职权、书记员职权、合议庭职权分别是什么;案件签发权由谁行使;合议庭如何承担责任;合议庭如何考核;司法体制改革中的其他问题等。

会议通知要求,由于司法体制改革不仅关系着中国法治事业的进步,也关系着每位法官的切身利益,希望各位法官认真思考,大胆畅谈自己的真实想法,主动参与,积极献策,为乐山中院的司法体制改革试点工作提供最真实、最客观、最原始的数据和资料。①

会议对很多问题都进行了深入具体的讨论,比如,对于"法官、法官助理、书记员的职责各是什么"这个话题,大家就讨论到"法官助理是否需要起草裁判文书"这个细节性问题。一些法官赞同法官助理要承担法律文书的写作。而另一些法官就认为,裁判文书不是法官助理的职责范围,因为法官助理没有参加庭审,对于案件的具体情况根本不了解,其与承办法官的思维、观点也可能存在差异,因此,无法写裁判文书。每个法官助理的素质、能力参差不齐,也可能造成每个合议庭运转情况不一样。因此,文书由承办法官自己写,法官助理负责行政性事务,如参加会议、党务工作等。

还比如,在讨论到"改革的其他问题"这个话题时,有法官提出,本轮司法体制改革最好应当给一个过渡期,让年老资深的法官自然退出审判舞台,将新一辈审判人才培养成熟之后再实施比较适合等。

"全覆盖交心谈心"做法是乐山中院自主摸索出的"吃透基层"的工作方法之一。如果说"征求意见座谈会"在面上做工作,那么"全覆盖交心谈心"就是将工作做到点上,做到人头。这也是响应上级的号召,因为中央和上级提倡要"切实加强思想政治工作,最大限度地调动广大司法人员的积极性"。② 乐山中院"全覆盖交心谈心"的具体做法是,由院领导带领领导班子,对每一个改革涉及的司法人员都要进行改革的谈话,倾听他们对于改革的要求和看法。院长针对每个副职院领导谈话,每个主管院领导要对自己主管部门的每个司法人员谈话。全覆盖交心谈心,对个人做好政策交

① 乐山市中级人民法院司法体制改革领导小组办公室:《关于召开司法体制改革座谈会的通知》,2015 年 1 月 27 日。

② 四川省高级人民法院《关于司法体制改革试点有关情况的通报》,2015 年 1 月 4 日。

底，沟通和倾听个人意愿。这种谈话对凝聚改革力量的效果是非常好的。整个改革期间，全市两级法院干警思想稳定，审判和执行工作运行良好。

M法院、J法院、S法院在制定司法体制改革试点方案的过程中，其改革的准备工作都是参照乐山中院来进行的。

要特别说明的是，这种改革过程中的准备并非是单向的。试点的经验和教训都会及时反映给中央，中央全面掌握改革的进展情况，及时交流试点工作经验，会加强对于改革的统筹协调和督促指导。

第三节　改革政策实施前的外部借鉴

前已述及，本轮司法体制改革的特点在于，它有中央顶层政策的指引。但对于中基层试点法院来讲，顶层政策仅仅是一个高瞻远瞩的方向性指南。这些政策如何转化为中基层的具体制度，除了省级党和国家机关的细化之外，还需要中基层法院结合自己院里的具体情况进行进一步的落实。那么如何将上级政策与乐山各试点法院的具体情况有机结合起来？司法体制试点改革者们认为，全国先行试点的法院给我们提供了相应的经验与教训，乐山各试点法院可以向他们学习与借鉴。

一、为何借鉴

乐山中院在学习、领会顶层司法体制改革政策的过程中，有很多具体的司法体制改革方案都是司法体制改革领导小组不断在实践中反复进行摸索、向先行试点法院借鉴学习后才得以形成的。在访谈时任乐山中院司法体制改革领导小组某负责人说：“改革初期，我市中院在内部调研改革方案之后，院司改领导小组认为我院在很多重要改革措施上缺乏相关经验，亟需向其他先行试点的兄弟法院学习调研。”①那么，哪些相关经验的缺乏促使乐山中院向其他法院学习借鉴呢？

首先，乐山中院缺乏协调落实上级改革政策与保护地方民族自治地区特殊习惯的经验。司法体制改革者发现很多中央和省级的改革政策无法

① 访谈编号#20180118LT。

直接适用到该市下辖的少数民族自治县法院。在访谈M法院司法体制改革领导小组某负责人时,他便提道:“最高人民法院和四川省高级人民法院所提供的司法体制改革政策很模糊而且与有‘小凉山’之称的以彝族为主的地方的实际十分不相符,很多政策到了M县都是要根据当地的实际情况进行大调整的,但是好多政策进行调整后又显得有点突兀……”①事实上,乐山中院下辖了两个少数民族自治县法院,在有效处理上级改革政策与少数民族特殊习惯的过程中,乐山中院自身缺乏实践经验。

其次,乐山中院还缺乏细化上级改革政策的经验。在本轮司法体制改革初期,上级传达的改革政策较为粗略,中基层法院难以细化和领悟改革要点。在访谈J法院司法体制改革领导小组某负责人时,他提到:“在选中J法院作为四川省司法体制改革试点法院时,四川省高级人民法院就传达司法体制改革政策召开十分频繁,但是,试点的基层法院院领导参会时却总感觉司法体制改革的政策不清晰不具体,更多的是需要结合J县的基本实际同时参考乐山中院将司法体制改革政策细化后的一些方案,有的实在捉摸不透的政策就索性照抄乐山中院制定的方案,从而成为自己法院的司法体制改革方案……”②

这场自上而下的司法体制改革,顶层司法体制改革政策在层层传递中不断细化。乐山市各级试点法院结合本地实际进行积极探索,在不断的摸索中奋勇前进,在努力保持试点法院探索的大方向不变的情况下,积极进行自我摸底和自我探索。由于每个地区都有各自的特殊性且改革本来就不是一蹴而就的大盘赢棋,必定会经历一些磨难,在司法体制改革逐渐推开的过程中,新问题频繁出现,司法体制改革顺利推进遇到重重障碍,需要向先行试点的法院调研“取经”。

乐山中院在司法体制改革的过程中遇到很多问题,尤其是在如何实现人员分类管理、绩效考核如何设定、办案人员经费如何保障、行政人员比例如何分配等问题,十分有必要向全国最早开始试点的第一批法院、第二批法院展开调研,学习他们试点过程中积累的宝贵经验。

---

① 访谈编号#20180201MZ。

② 访谈编号#20180206JZ。

二、怎样借鉴

下面我们以湖北省恩施中级人民法院，描述乐山中院的司法体制改革者们是怎样借鉴改革先行法院的改革经验的。2015 年 3 月 17 日，在试点改革之初，乐山中院司法体制改革领导小组带队来到湖北省恩施州中级人民法院，与湖北省汉江州中级人民法院、葛洲坝基层人民法院在恩施州中级人民法院进行了司法体制改革工作交流会，学习湖北省恩施州中级人民法院司法体制改革的先进经验。

据介绍，湖北省恩施州辖区面积 2.4 万平方公里，人口 406 万，其中，土家族、苗族等 29 个少数民族占 54%。恩施州中级人民法院下辖 8 个县市法院和 46 个中心人民法庭及 27 个巡回办案点。该院于 2014 年 12 月被确定为司法体制改革试点法院，目前两级法院中具有中央政法编制干警有 968 人，实有在编干警 854 人，其中，恩施州中级人民法院政法编 128 人、在编 118 人。2015 年全州收案 32,330 件，同比上升 22.58%，上升幅度为全省第三。

乐山中院所派遣的考察人员发现，恩施州中级人民法院有以下改革经验：

1. 人员分类管理平稳完成

按照“五个一批”指导意见，即优中选优入额一批、双向择业分流一批、挂职锻炼消化一批、教育引导候补一批、坚持任用条件提高职级让出员额一批，化解分流了一批法官，减轻首次入额压力。最终，首次入额 41 名，占中央政法编制的 32%，占原有法官总数的 52.56%。改革后，法官队伍结构进一步优化，入额法官有硕士学位的占比提高 0.8 个百分点，平均年龄下降 1.6 岁。

2. 司法责任制落实有了抓手

2018 年初在全省法院率先实行审判长签发裁判文书，建立“问题案件”评查制度，以被上级法院发回、改判、指令再审和检察机关抗诉、当事人强烈申诉或投诉等案件为重点，建立“问题案件”清单库，由审管办逐案评查，审委会对评查情况逐件研究，确认是否存在应当追责的情形，以此作为落实司法责任制的重要抓手，构建权责明晰、权责一致、监督有序、制约有效的审判权力运行机制。

3. 司法体制改革成效显著

从改革后的运行情况看，成效初显。一是院领导办案逐渐常态化，三个试点法院结案数与改革前相比上升33.8%，院领导主办和参与办案占审结案件总数的5.85%。其中，恩施州中级人民法院结案数同比上升42.8%，院领导办案占本院审结案件8.35%。全州法院结案增幅上升19.67%，上升幅度全省法院第二。

乐山中院在恩施还重点考察了利川市人民法院。湖北省是第一批全国司法体制改革试点单位之一，利川市人民法院则是恩施州第一批试点的基层法院。利川市是恩施州中面积最大、人口最多、案件数第二、法官在职在岗人数第二（仅次于恩施市）的县级市，具有中央政法编制的法院干警有139人。乐山中院所派遣的考察人员去调研时，利川法院司法体制改革已基本完成。

利川市人民法院介绍了他们各个方面的改革情况。首先是法官员额制改革情况。一是成立调研组，做好摸底调研工作。召开座谈会、设计并发放调查问卷，针对是否愿意入额，采用什么方式入额，入额后是保留原有架构不变，还是改变原有架构等问题，了解干警想法，征求干警意见。二是制定实施细则和方案。制定了法官遴选办法，考核定岗办法，书记员、法官助理选任办法，各种考核办法等共19个文件。三是组织法官入额考试。按照中央政法编制的36%首次选任49名法官，但只有46人报名，动员后有49人报名。上报法官遴选委员会审核后，政治部主任、纪检组长未被准入额，一名法官入额后不久便退休了。四是组织人员定岗。利川市人民法院于2015年9月8日完成人员定岗。

其次是审判权运行机制改革。一是立案、执行口无法官员额。需要裁决的事项由分管领导与审监庭法官组成合议庭处理。二是办案数量。院长的办案数量为该院法官平均办案数量的15%，院长以外的其他院领导为20%（包含专委），庭长为90%，审判委员会委员为95%。三是审判团队中员额法官、法官助理和书记员的配置比例为2:2:1。但经过实践证明按照1:1(2:1:1)的比例配置时效率最高。四是增加司法辅助人员数量。如果按照上述比例组建审判团队，法官助理、书记员的数量明显不足，于是，全省统一核定了16%的政府购买服务人员用于补充法院司法辅助人员。最后是人财物统一管理。人财物统一上划，每季度核实。资产上划省级统一管理，得到了中央司法体制改革领导小组办公室的肯定。政治部主任、纪检组长不入额，也得到了中央司法体制改革办的肯定。

利川市人民法院司法体制改革取得了很大成效。主要表现为：虽然办案人员减少（真正办案法官仅 33 名），但办案效率提高；干警思想基本平稳；案件质量基本稳定。

回到乐山中院以后，考察组形成了书面报告并向院党组报告了此次考察的情况，并对院里的司法体制改革的试点工作提出了建议。这些建议如下：

第一，党组把控能力很重要。从恩施州中级人民法院、利川法院法官选任情况来看，法官入额考试（占 30% 的分值）分值相差不大，法官测评（占 40% 的分值）、考核（占 30% 的分值）是决定能否入额的关键。因此，在法官选任的过程中，党组一定要发挥好把控能力，真正将优秀的人才选拔进法官序列。

第二，调研工作必不可少。此次司法体制改革，无论是人员分类管理还是司法责任制，对法院干警而言，都将是前所未有的变化。因此，做好前期调研工作，了解法院、干警基本状况，疏通干警思想，动员干警热情，激发干警工作积极性，做好民主测评工作，凝聚共识，才能确保改革顺利、平稳进行。

第三，制定可行实施方案是关键。改革不能随意，一定要制定出切实可操作的方案，才能使改革有所预期，才能使改革顺利平稳进行。方案的制定宜粗不宜细，应当尽量原则化，才能确保操作的灵活性。在试点过程中，也应当根据实际情况，进行相应的调整。

第四，案件质量监督不可或缺。此次改革的目的，就是要让审理者裁判，由裁判者负责，这就意味着改革后院庭长不再签发文书。由于法官素质的参差不齐，案件质量将难以保证。为确保让人民群众在每一个司法案件中感受到公平正义，加强对法官的监督，加强对案件质量的监控，对于确保案件质量不下降具有重要作用。

据此，乐山中院在考察组提出的建议之基础上，制定了司法体制改革下一步的工作规划。首先，进一步加强调研。进一步了解法院干警的想法，征求法院干警对审判权运行机制改革的想法，发挥法院干警主人翁精神，激发干警工作积极性，凝聚共识，确保试点工作顺利开展。其次，加强方案的制定。加强司法体制改革方案的制定，结合省院要求和乐山中院实际，对司法体制改革实施总方案进行修改，结合利川市人民法院、恩施州中级人民法院司法体制改革经验，完善法官测评、考核方案，加强审判权运行机制改革方案和司法责任制方案的修改。最后，根据中央精神，对未入额法官做好预期安排。在利川市人民法院、恩施州中级人民法院中，虽然政治部主任、纪检组长未入额，但是仍保留了审判委员会资格，仍然要履行审判委员会委员的职责。可以借鉴他们的经验，对乐山中院未来不能入额的法官进行规划，让年轻暂时没有入额考试资格的法官参与合议庭审理案件，但不担任审判长，不签发文书，也可让其办理简易程序案件。发挥即将退休的但是具有丰富办案经验的资深法官的作用，安排其参与审管办案件评查工作。①

三、多地借鉴

为了更好地向走在司法体制改革前沿的试点法院学习借鉴，在乐山中院司法体制改革试点工作领导小组的组长、副组长及分管小组负责人组成学习调研团队，曾 5 次出省前往北京市第二中级人民法院、北京市第四中级人民法院、海淀区人民法院；上海市第二中级人民法院；浙江省台州市中级人民法院、广东省深圳市中级人民法院、深圳市福田区人民法院、龙岗区人民法院、湖北省恩施土家族苗族自治州中级人民法院等法院开展实地调研考察和学习。

乐山中院在司法体制改革过程中缺乏相关经验，非常有必要向其他中基层异地先行法院进行学习。在访谈乐山中院司法体制改革领导小组某负责人时，他谈道："在乐山市中级人民法院司法体制改革试点工作领导小组的带领下，乐山市中级人民法院的调研交流小组先后到北京市第二中级人民法院、北京市第四中级人民法院、海淀区人民法院，上海市第二中级人民法院，浙江省台州市中级人民法院，深圳市中级人民法院、龙岗区人民法院，湖北省恩施土家族苗族自治州中级人民法院，就上面遇到的问题展开调研。经过调研后发现，这些试点法院都存在作为司法体制改革试点法院

---

① 乐山市中级人民法院司改领导小组：《考察学习恩施法院司改经验的报告》。

的优势，例如，北京市第四中级人民法院制定出的人员分类管理方案制作的很到位，其特色是现有的各类人员完全不按照以前的岗位、身份来进行分类，而是从新配置各类人员，进行人员分类管理的过程进行的顺利，而且各类人员的配备都很到位；这种人员分类管理与法院内部内设机构改革同时进行，实现了一步到位，避免了各类人员切身既得利益受到无情的切割，同时也没有出现改革之初领导们担心的会影响各类人员工作积极性的现象，从总体上讲，人员分类管理的改革是顺利且成功的。上海市第四中级人民法院在办案人员经费保障这一块儿做得很好，在市级财政的和区级财政给予补贴的情形下，主要办案人员的经费补贴 1 年能达到几十万元；深圳市中级人民法院，主要依靠员额法官来办理案件是永远处理不完的，后来人员经费跟上了以后，又将人少案多的形式扭转了；而乐山中院的人员办案经费保障是在 2016 年才开始落实的。"①

接下来，我们详细介绍乐山中院前往上海、北京两地法院学习调研情况。

1. 调研上海市第二中级人民法院

乐山中院在司法体制改革的过程中为正确执行顶层司法体制改革政策，分别向省外的试点法院学习先进试点经验。专门组织了由傅岷雪副院长带队的调研小组前往上海市第二中级人民法院，学习上海市第二中级人民法院如何进行审判权运行机制改革，上海市第二中级人民法院通过规定审判权运行机制改革目标、强化合议庭负责制、完善审判委员会案件讨论机制、优化审判管理健全监督制约机制、推进法官职业保障等多方面的体制机制来进行审判权运行机制改革。此次的交流学习取到了上海市第二中级人民法院有关审判权运行机制改革试点的实施方法的"真经"，回川后参照顶层司法体制改革文件的精神以及本市、本院的具体情况，乐山中院的审判权运行机制改革试点方案新鲜出炉。

2. 调研北京市第二中级人民法院

同时司法体制改革试点工作领导小组也前往北京市第二中级人民法院进行政策借鉴，学习北京市第二中级人民法院如何对法官业绩考评的相关规定，了解到北京市第二中级人民法院在对法官业绩进行考核时首先确

① 访谈编号#20180119LT。

定业绩考核的主要指标。这种考核以3种指标作为主要的考核点：第一，基础指标，是反映审判工作量的基本指标，按照工作量的多少进行加量计分；第二，质效指标，是反映案件质量、效率、效果情况的指标，按照工作量瑕疵情况进行减量计分；第三，动态指标，是反映重点审判任务完成情况的指标，按照工作导向性，动态设置计分标准。

对中基层异地先行法院除了线下亲自实地考察学习先行试点法院经验外，也通过线上获取了一些先行试点法院的司法体制改革资料，这些资料对乐山中院的司法体制改革具有重要作用。乐山中院司法体制改革领导小组某负责人在访谈中提道："我通过西南政法大学的校友关系网，主要通过网上查阅获取了贵州法院的司法体制改革试点总方案、获得了江西法院司法体制改革试点总方案，这些资料的获得为乐山市中级人民法院司法体制改革方案的制定提供了有利的借鉴。"①

乐山中院在进行多次调研以后形成了若干的司法体制改革调研考察报告，为乐山中院执行顶层司法体制改革政策，制定本院的司法体制改革方案提供了有力的参考。

第四节　改革政策实施前的内部调研

在乐山中院被确定为试点法院之前的2014年9月25日，中央政法委副秘书长姜伟就在司法体制改革试点工作会议上提出，要"注重深入调研"。强调各地试点法院要把调查研究作为试点工作的基础，组织力量进行深入细致的调研摸底，摸清情况、找准问题，为制定改革试点方案奠定良好基础。② 四川省委重申了司法体制试点改革中调查摸底工作的重要性。强调各法院要及时拿出准确的底数，完成摸底项目并形成报告，作为制定方案的依据。③ 往历史上说，这可以说是中国共产党领导社会主义事业的一贯工作作风和方法。毛泽东正是在调研的基础上写出了《湖南农民运动

① 访谈编号#20180125LF。

② 参见姜伟：《在司法体制改革试点工作会议上的讲话》，2014年9月25日。

③ 参见四川省高级人民法院：《关于司法体制改革试点有关情况的通报》，2015年1月4日。

考察报告》，为后来形成农村包围城市的革命路线奠定了坚实的基础。[①] 目前正在全国如火如荼开展的“大学习、大调研、大改进”也可以看做党的优良作风的创造性延续。乐山中院的改革准备不折不扣地落实了中央政策，在乐山市法院系统内部进行了全方位的调研。

一、第四轮司法体制改革调研的特点

乐山中院的司法体制改革也做了深入的调研工作。针对本次司法体制改革的内容和要求，精准研判法院现状。深入全面做好基础调研工作是打好改革根基的重要举措。这次调研呈现出前所未有的特点：

1. 调研主体全民化

乐山中院党组认为，当前推进的司法体制改革，是一项前无古人的事业，必将对人民法院旧有的体制、工作机制、工作模式产生根本性的改变，是一项复杂的系统工程，涉及方方面面的利益。因此，改革不仅仅只是高层决策者的事、方案执笔者的事、决策咨询者的事，更是所有干警都将面临的大事。司法体制改革领导小组决定进行“全民调研”，全体法院干警共襄司法体制改革。

全民调研的具体表现如下：一是院领导带头调研。试点以来，党组书记、院长王雪梅同志带领司法体制改革小组进行了多次调研，借鉴学习了上海、瑞安、贵州、深圳、云南、北京、恩施等法院的有益经验。二是司法体制改革成员主力调研。乐山中院司法体制改革小组成员为协助领导做好决策、草拟方案，作为调研主力军，积极进行了多方面调研。三是咨询委侧面调研。为配合法院改革试点工作的推进，院里退休老干部仍不辞辛苦，站在决策咨询者的角度到S法院、J法院、M法院进行调研，形成调研报告，分析司法体制改革试点中存在的问题，并提供有益咨询建议。四是法院干警补充调研。为确保调研工作的全面性和准确性，法院干警不仅积极配合司法体制改革成员所进行的调研，还主动针对司法体制改革过程中感兴趣的问题进行补充调研，撰写调研文章，为改革决策提供建议。

---

① 参见毛泽东：《湖南农民运动考察报告》，载《毛泽东选集》（第1卷），人民出版社1991年版，第15页。

2. 调研对象差异化

调研针对不同群体,广泛征求意见建议。一是分层次、分年龄调研法院干警。按照不同层次、不同年龄、不同岗位,对法院干警进行调研,充分了解法院干警的思想动态,征求法院干警对于司法体制改革的意见和建议。二是面向社会征求意见。改革试点开始,乐山中院便征集了人大代表、政协委员、专家学者以及律师代表对于司法体制改革的意见,听取了各群体对于司法体制改革的看法和建议。

3. 调研方式实用化

由于此次改革涉及面广、牵涉利益多,单一的调研方式完全无法满足改革的需要。针对内容以及条件的不同,我们采取了不同的方式进行调研:一是实地调研先行试点法院。为吸取先行试点法院的有益经验,我们采取了实地调研的方式,先后到贵州、深圳、上海、浙江瑞安、北京、湖北恩施等地进行了考察,形成考察报告,供领导参考决策。二是问卷调研法院干警。针对全院干警,发放调查问卷,了解法院干警对团队组建、文件签发权等问题的意见和建议。三是座谈调研基层法院和社会大众。通过召开座谈会的形式,了解人大代表、政协委员、专家学者、律师代表、基层法院干警等对此次司法体制改革的看法和建议。四是统计调研法院财物、人事、案件办理等情况。针对法院财物状况、人事管理、案件审结执等情况进行司法统计,撰写统计分析,为人财物省级统一管理、团队设置等提供了科学依据。五是课题调研核心难题。还权合议庭,让审理者裁判,由裁判者负责,是此次改革的核心难题。为解决这一难题,我们申请并完成了省级重点课题《司法改革背景下的主审法官、合议庭办案机制研究》,为团队的设置、合议庭的运行路径的选择提供了有益建议。六是实战调研团队运行。为了解团队运行的基本情况,井研县人民法院研城法庭组建了办案团队,采取"一审一助一书"模式进行探索。事实证明,办案质效得到大幅度提升,此举也为改革中团队的设置和运行提供了实战经验。

4. 调研内容全覆盖

正在推进的司法体制改革,是涉及机制、体制性变化的大改革,我们针对司法体制改革的调研也是全方位的大调研:一是针对人员分类管理进行调研。这一领域法官员额制改革尤其受到法院干警的青睐,在不同的征文活动中,这一方面的调查研究均有涉及。此外,更有长远眼光者针对法官逐级遴选制度进行了相关探索。二是针对司法责任制改革进行调研。审判权运行机制改革,主审法官、合议庭运行机制改革,法官终身责任制等问题也是法院干警普遍关心的问题。这方面的调研也比较集中,并在“治蜀兴川”等征文活动中获得相应的等次。三是针对人财物省级统一管理进行统计。这方面的调研走在前面,试点之初,我们便对法院的各项资产、财物、人事等情况进行了统计。四是针对司法保障进行调研。由于司法保障更多涉及顶层设计,对这方面的调研大多以问题形式反映,形成的调研文章较少。

5. 调研重点动态化

司法体制改革不仅是一次全面的改革,也是一场持续性的试错,针对不同阶段的不同情况,要持续性地保持警惕,不断加以完善和修正。随着试点工作的深入,调研的深度也逐步加深,调研成果形成也逐步由简单到复杂。从初步的对人财物的统计,到问卷了解干警思想动态,到座谈征求社会各界意见建议,到实地考察先行试点法院有益经验,到课题调研重难问题,到最后形成改革方案,甚至到井研县人民法院研城法庭先行试验团队运行模式,都是由浅入深、由粗到细、从易到难的发展过程。

在乐山中院司法体制改革试点工作领导小组的牵头领导下,各专项小组在调研的基础上形成了各项报告。这些报告包括乐山市中级人民法院《关于全市法院法官员额分配方案的报告》、《乐山市中级人民法院2014年案件审结及法官分布情况分析报告》(2015年1月16日)、《乐山市法院系统人员分类管理数据分析报告》(2015年2月9日)、乐山市中级人民法院《关于全市法院法官员额分配方案的报告》(2016年2月5日)、乐山市中级人民法院《关于政法专项编制及机构管理的报告》(2016年3月1日)、中共乐山市中级人民法院党组《关于县级职务配备情况的报告》(2016年3月1日)、乐山市中级人民法院《关于聘用人员需求测算的报告》(2016年3月1日)等,这些调研报告有些是针对全市法院进行的,有些是限于乐山中院内部,不包括基层法院。由于本书以司法责任制为核心,而员额法官选任又是司法责任制的主体基础,因此,下文主要介绍对法官调研的详细情况。

二、全市法院人员情况的调研

为了准确高效地执行顶层司法体制改革的相关政策，乐山中院在一边领会司法体制改革政策精神的基础上一边进行大量的情况摸索，特别是在前期针对法院人员的基本情况进行了大量的测算与调研。

（一）全市法院人员基本情况

根据四川省委政法委、四川省高级人民法院关于司法体制改革试点工作的安排部署，乐山中院人财物管理体制改革专项组，由院党组成员、副院长傅岷雪带队，于2015年2月就人员分类改革问题，分别深入S法院、J法院、M法院等3个试点基层法院就全市法院人员分类现状进行了实地专题调研，全市11个基层法院均参加了调研座谈。围绕两级法院近3年案件分类分布、法官办案状况、人员结构、经费收支等做了大量的数据测算和分析，并形成专项报告。[①] 该份报告的主要内容如下：

首先是试点改革以前乐山全市法院系统所有人员及岗位分布的总体情况。2015年初，全市法院共有政法编制960人，实有人员877人，其中法官517人。全市法院审判业务部门共有干警681人（不含审管、研究，包括立案、执行），占政法编制的70.93%；其中法官410人，占政法编制的42.70%，占法官数的79.30%；审判辅助人员298人、占政法编制的31.04%，其中法官助理57人，书记员90人，行政人员11人，司法警察97人、网管和法医16人。行政综合部门（不含审管办、研究室）共有干警154人，占政法编制的16.04%；法官72人，占政法编制的7.5%，占法官数的13.92%；法官助理10人；书记员12人；行政人员51人；司法警察3人。审判办、研究室共有干警48人，占政法编制5%；法官人35人，占政法编制3.6%、占法官数的6.76%；其他人员13人，如表1-3所示。

① 乐山市中级人民法院人财物管理体制改革专项组：《乐山法院系统人员分类管理数据分析报告》，2015年2月9日。

表 1－3　乐山中院系统 2015 年司法体制改革前人员岗位一览

单位：人

岗位分布		全市	基层	中院	市中区	沙湾	五通	金口河	峨眉	犍为	井研	夹江	沐川	峨边	马边
政法编制		960	795	165	119	58	77	33	93	91	73	74	63	57	57
实有人员合计		877	721	156	110	57	66	29	82	81	66	69	58	53	50
缺　编		83	74	9	9	1	11	4	11	10	7	5	5	4	7
业务部门人员	法　官	410	340	70	51	28	34	11	43	42	23	35	23	29	21
	辅助人员	271	238	33	40	13	21	10	22	26	30	20	23	15	18
综合部门	法　官	72	54	18	8	5	4	2	6	8	5	5	4	5	2
	其他人员	76	53	23	5	8	5	3	6	1	4	7	5	2	7
审管办研究室	法官	35	27	8	5	3	2	2	4	3	1	0	3	2	2
	其他人员	13	9	4	1	0	0	1	1	1	3	2	0	0	0

单就乐山中院自身而言，2015 年改革以前有政法编制 165 人，实有人员 156 人，法官 96 人。市中院审判业务部门共有干警 103 人，占政法编制的 62.42%；法官 70 人，占政法编制的 42.42%，占法官数的 72.92%；审判辅助人员 33 人、占政法编制的 20%，其中法官助理 6 人，书记员 12 人，司法警察 13 人，法医网管共 2 人。行政综合部门（不含审管办、研究室）共有干警 41 人，占政法编制的 24.84%；法官 18 人，占政法编制的 10.91%，占法官数的 18.75%；法官助理 4 人；书记员 6 人；行政人员 10 人；司法警察 3 人。审判办、研究室共有干警 12 人，占政法编制 7.27%；法官 8 人，占政法编制 4.84%、占法官数的 8.33%；其他人员 4 人。

其次是调研得到的全市法院按照法官、审判辅助人员、司法行政人员 3 类身份划分的分布情况，如表 1－4 所示。全市法院所有 3 类人员共有 877 人在编在岗，包括法官 517 人，审判辅助人员 298 人，司法行政人员 62 人。这些人员分布在审判业务部门、综合业务部门和审管研究部门。从表 1－4

可以看到,各类人员在整个乐山中院系统各个法院以及这些法院的各个部门的分布情况。

表1-4　乐山中院系统2015年司法体制改革前人员身份一览

单位:人

身份情况		全市	基层	中院	市中区	沙湾	五通	金口河	峨眉	犍为	井研	夹江	沐川	峨边	马边
合计		877	721	156	110	57	66	29	82	81	66	69	58	53	50
法官	业务部门	410	340	70	51	28	34	11	43	42	23	35	23	29	21
	综合部门	72	54	18	8	5	4	2	6	8	5	5	4	5	2
	审管研究	35	27	8	5	3	2	2	4	3	1	0	3	2	2
	小计	517	421	96	64	36	40	15	53	53	29	40	30	36	25
审判辅助人员	业务部门	260	227	33	40	11	21	10	22	24	29	20	19	15	16
	综合部门	25	12	13	0	0	1	2	1	0	0	3	1	2	2
	审管研究	13	9	4	1	0	0	1	1	1	3	2	0	0	0
	小计	298	248	50	41	11	22	13	24	25	32	25	20	17	18
司法行政人员	业务部门	11	11	—	—	2	—	—	—	2	1	0	4	0	2
	综合部门	51	41	10	5	8	4	1	5	1	4	4	4	—	5
	审管研究	—	—	—	—	—	—	—	—	—	—	—	—	—	—
	小计	62	52	10	5	10	4	1	5	3	5	4	8	0	7

再次,调研得到了2015年初在编法官年限的人数及其分布情况,如表1-5所示。任法官职务分别不足2年的有67人,不足2年是指2013年1月1日后初任法官。任法官不足3年的有111人,不足3年是指2012年1

月1日后初任法官。任法官不足5年人员数量有156人，不足5年是指2010年1月1日后初任法官。

表1-5　法官任职年限及分布情况

单位：人

项目	全市	基层	中院	市中区	沙湾	五通	金口河	峨眉	犍为	井研	夹江	沐川	峨边	马边
任法官不足2年	67	60	7	5	5	6	—	2	7	1	10	12	7	5
任法官不足3年	111	98	13	7	10	7	3	6	11	2	14	14	10	14
任法官不足5年	156	138	18	17	13	7	5	8	17	10	20	14	12	15
说明：任法官不足2年是指2013年1月1日后初任法官；不足3年是指2012年1月1日后初任法官；不足5年是指2010年1月1日后初任法官。														

最后，全市政法编制960人的年龄现状及地域分布情况也在掌握之中，如表1-6所示。25岁以下4人，占政法编比例0.4%；28岁以下26人，占政法编比例2.7%；35岁以下126人，占政法编比例13.1%；36~45岁140人，占政法编比例14.6%；46~55岁229人，占政法编比例23.9%；56岁以上22占政法编比例2.3%。

表1-6　全市法官各年龄段人数及地域分布

单位：人，%

项目	全市	基层	中院	市中区	沙湾	五通	金口河	峨眉	犍为	井研	夹江	沐川	峨边	马边
政法编制	960	795	165	119	58	77	33	93	91	73	74	63	57	57
25岁以下	4	4	0	1	0	1	0	0	0	0	1	1	0	0
占政法编比例	0.4%	0.5%	—	0.8%	—	1.3%	—	—	—	—	1.4%	1.6%	—	—
28岁以下	26	26	0	3	1	3	0	1	5	0	5	3	1	4
占政法编比例	2.7%	3.3%	—	2.5%	1.7%	3.9%	—	1.1%	5.5%	—	6.8%	4.8%	1.8%	7.0%

续表

项目	全市	基层	中院	市中区	沙湾	五通	金口河	峨眉	犍为	井研	夹江	沐川	峨边	马边
35岁以下	126	107	19	11	9	7	2	10	15	6	13	12	12	10
占政法编比例	13.1%	13.5%	11.5%	9.2%	15.5%	9.1%	6.1%	10.8%	16.5%	8.2%	17.6%	19.0%	21.1%	17.5%
36~45岁	140	112	28	29	8	10	3	5	10	11	11	6	12	7
占政法编比例	14.6%	14.1%	17.0%	24.4%	13.8%	13.0%	9.1%	5.4%	11.0%	15.1%	14.9%	9.5%	21.1%	12.3%
46~55岁	229	184	45	23	18	23	9	29	26	9	16	12	11	8
占政法编比例	23.9%	23.1%	27.3%	19.3%	31.0%	29.9%	27.3%	31.2%	28.6%	12.3%	21.6%	19.0%	19.3%	14.0%
56岁以上	22	18	4	1	1	0	1	9	2	3	0	0	1	0
占政法编比例	2.3%	2.3%	2.4%	0.8%	1.7%	0.0%	3.0%	9.7%	2.2%	4.1%	0.0%	0.0%	1.8%	0.0%

另外,摸底调研还得到了5年内将退休法官情况。全市5年内退休的法官共有64人,其中中院11人,其余基层法院一共53人。法官中助理审判员的数量也是64人,其中中院8人,基层法院共有56人。

(二)全市法院的法官情况

对法官的测算是推进实行法官员额制的重要铺垫,因此,乐山中院将人员摸底清查工作的重点放在了两级法院的法官清查上。

1. 测算方式的确定

本轮司法体制改革初期,乐山中院采用3种方式测算各类人员的员额的基数:一是中央政法专项编制数;二是“政法编+事业编”;三是“政法编+事业编+政府雇员”(财政保障的聘用人员),如表1-7所示。

表 1 - 7　三种测算基数结果的对比分析

单位：人

测算基数	法官配置比例	可配置法官人数													
		全市	基层	中院	市中区	沙湾	五通	金口河	峨眉	犍为	井研	夹江	沐川	峨边	马边
1. 政法编	39%	369	305	64	46	22	30	12	36	35	28	28	24	22	22
2. 政法编 + 事业编	39%	387	322	65	50	23	30	12	41	36	30	30	24	23	23
比第一种方式增加人数		18	17	1	4	1	0	0	5	1	2	2	0	1	1
3. 政法编 + 事业编 + 政府雇员	39%	464	384	80	66	33	33	16	56	39	30	33	28	25	25
比第一种方式增加人数		95	79	16	20	11	3	4	20	4	2	5	4	3	3
4. 政法编 + 事业编 + 政府雇员	33%	393	325	68	56	28	28	13	48	33	25	28	24	21	21
比第一种方式增加人数		24	20	4	10	6	-2	1	12	-2	-3	0	0	-1	-1
说明：全市政法编为 960 人，事业（工勤）编为 45 人，政府雇员（财政已保障的临聘人员）202 人。															

第一种方式是按“政法编制”为测算基数，当限额为 39% 时，全市法院可配备法官 369 人，中级法院可配备法官 64 人（见表 1 - 7“1. 政法编”一栏）。采取政法编为基数的优点是基数稳定，便于操作，对非试点地区具有普遍参照意义，且是目前试点地方的通行做法，也契合中央精神；缺点是相对后面几种方式法官员额较少。

第二种方式则是按“政法编制 + 事业编制”为测算基数，当限额为 39% 时，全市法院可配备 387 人，中级法院可配备法官 65 人（见表 1 - 7“2. 政法编 + 事业编制”一栏）。这种编制的优点是增加了部分法院法官员额；缺点是各基层法院事业编制不均衡，有的没有事业编制（3 个法院），个别事业编制较多（峨眉、市中区）。事业编制人员多为驾驶员，占 15% 的行政人员中，包含了驾驶员，则其他行政人员数量将会减少，行政人员比例中无法消化。

第三种方式是按“政法编制 + 事业编制 + 政府雇员”为测算基数，当限额为39%时（见表1－7“3.政法编＋事业编制＋政府雇员”一栏），全市法院可配备法官464人，中级法院可配备法官80人。采用这种编制的优点是进一步增加了法官员额，并一并解决聘用人员的留用问题；缺点是政府雇员目前无配置依据，全市各法院不均衡，有的法院多，有的法院为0。39%的员额控制预测政策争取的难度较大；按此计算无法保证司法辅助人员与法官配置比例，因此，在全省普遍推广的操作性较低。

第四种方式是按“政法编制＋事业编制＋政府雇员”为测算基数，限额为33%时（见表1－7“4.政法编＋事业编制＋政府雇员”一栏），全市法院可配备法官393人，中级法院可配备法官68人。这种编制的优点是在增加了测算基数的基础上，降低了政策争取的难度，稍为增多了部分法院法官员额，但有的法院员额甚至下降；缺点仍然是各法院不均衡，有个别法院甚至比第一种方式法官人数减少。

综合以上几种测算方式，专项小组建议采用“政法编制”作为测算各类人员员额的基数。

2.法院员额测算

为深入推进法官员额制的实施，乐山中院对两级法院系统的法官数量进行了深入摸查，摸查后发现现有业务法官数量情况，如表1－8所示。

表1－8　乐山市现有业务法官数量情况

单位：人，%

项目	全市	基层	中院	市中区	沙湾	五通	金口河	峨眉	犍为	井研	夹江	沐川	峨边	马边
现有业务法官	445	367	78	56	31	36	13	47	45	24	35	26	31	23
占政法编制比例	46.4%	46.2%	47.3%	47.1%	53.4%	46.8%	39.4%	50.5%	49.5%	32.9%	47.3%	41.3%	54.4%	40.4%
其中立案庭法官	46	35	11	5	3	4	2	4	3	2	5	2	3	2
占政法编制比例	4.8%	4.4%	6.7%	4.2%	5.2%	5.2%	6.1%	4.3%	3.3%	2.7%	6.8%	3.2%	5.3%	3.5%
其中执行局法官	63	57	6	11	7	3	1	7	7	5	4	3	6	3
占政法编制比例	6.6%	7.2%	3.6%	9.2%	12.1%	3.9%	3.0%	7.5%	7.7%	6.8%	5.4%	4.8%	10.5%	5.3%
其中审管办、研究室法官	53	39	14	5	3	3	3	6	5	4	2	3	3	2

续表

项目	全市	基层	中院	市中区	沙湾	五通	金口河	峨眉	犍为	井研	夹江	沐川	峨边	马边
占政法编制比例	5.5%	4.9%	8.5%	4.2%	5.2%	3.9%	9.1%	6.5%	5.5%	5.5%	2.7%	4.8%	5.3%	3.5%
现有法官—立案庭—执行局—审管、研究	336	275	61	40	21	29	10	36	35	17	26	21	22	18
占政法编制比例	35%	35%	37%	34%	36%	38%	30%	39%	38%	23%	35%	33%	39%	32%
说明：表中“业务法官”包括院长副院长、专委、审管办、研究室、立案庭、执行局(庭)，以及其他业务庭的法官。														

结合表1－8，乐山中院针对乐山两级法院系统的实际情况，做出了以下部署：

第一，全市各法院实际投入一线办案的法官(含院领导)占比46.4%(其中含执行、立案部门法官数)，现金口河、井研2个法院法官比例已在39%以下。可见，审判业务部门将法官员额适度压缩(到40%以下)是有可行的。

第二，现阶段立案、执行、审管、研究室法官人数占政法编制的16.9%(4.8%＋6.6%＋5.5%)，其余一线业务部门法官数占政法编的比为29.5%(46.4%－16.9%)。考虑下一步以上4部门法官应进一步压缩，若立案、执行部门安排法官数量为政法编的4%，审管、研究室安排法官数量为政法编的2%，加上29.5%的其余一线法官后，等于35.5%(4%＋2%＋29.5%)。即一线审判业务部门法官数量不减少，行政部门不再安排员额制法官，立案、执行、审管、研究4部门安排少量员额制法官的情况下，35%的法官员额是基本能够满足审判业务实际需要的。

第三，全市各法院法官员额控制在39%，首次选任不超过35%，预留一部分员额，用于过渡期逐步补充法官，为首次未进入法官员额的优秀人才留有空间。具体预留员额的安排，如表1－9所示。

表 1－9　预留员额安排

项　目	全市	基层	中院	市中区	沙湾	五通	金口河	峨眉	犍为	井研	夹江	沐川	峨边	马边
现有法官总人数	517	421	96	64	36	40	15	53	53	29	40	30	36	25
占政法编制比例	53.9%	53.0%	58.2%	53.8%	62.1%	51.9%	45.5%	57.0%	58.2%	39.7%	54.1%	47.6%	63.2%	43.9%
按39%测算应配备	369	305	64	46	22	30	12	36	35	28	28	24	22	22
首次选任按35%应配	328	271	57	41	20	26	11	32	31	25	25	22	19	19
预留员额	41	34	7	5	2	4	1	4	4	3	3	2	3	3
应转岗法官人数	189	150	39	23	16	14	4	21	22	4	15	8	17	6
现有业务法官	445	367	78	56	31	36	13	47	45	24	35	26	31	23
其中业务部门至少应转岗法官数	117	96	21	15	11	10	2	15	14	－1	10	4	12	4
说明："业务部门至少应转岗法官数"是指在假设行政部门法官全部转岗的情况下，业务部门至少还应该转岗117人，中院至少应转岗21人。														

第四，助理审判员应纳入首次入选范围，不宜用"助审员职务"来排除。理由是，根据《法官法》助理审判员也属于法官，若直接排除则有违法嫌疑。

第五，立案、执行部门按政法编制的5%以下配备法官，配备情况如表1－10所示。

表 1－10　立案、执行部门法官配备情况

单位：人

项　目	全市	基层	中院	市中区	沙湾	五通	金口河	峨眉	犍为	井研	夹江	沐川	峨边	马边
政法编制	960	795	165	119	58	77	33	93	91	73	74	63	57	57
建议配备法官人数	38	32	6	5	2	3	2	4	4	3	3	2	2	2
占政法编制的比例	4.0%	4.0%	3.6%	4.2%	3.4%	3.9%	6.1%	4.3%	4.4%	4.1%	4.0%	3.2%	3.5%	3.5%
说明：全市法院立案、执行部门法官按5%以下配备，不足2人的保障2人。（其中市中院只含立案一庭）														

综上所述，全市法院员额制法官按39%选任，可选任369名员额制法官，现有法官517名应转岗148人，其中市中院转岗32人。首次按35%选任员额制法官，可配备328人，全市可预留员额41名，现有法官517人应转岗189人，占现有法官数的36.6%。全市法院业务部门法官至少还应该转岗117人，中院业务部门法官至少应转岗21人。

目前，考虑到立案执行部门的人员配置情况是以法官为主，辅助人员较少，按照目前司法体制改革的方向，立案和执行部门的法官转岗问题将成为难点。立案、执行部门的法官全市需转岗的人数为71人（基于目前执行立案按照5%以下的法官配备测算数为38人，而现有法官为109人）。

（三）司法辅助人员的测算

按照《四川省法院司法体制改革试点方案（草稿）》，乐山市确定法官、司法辅助人员、司法行政人员分别占政法专项编制总数的39%、46%、15%（具体人员数如表1－11所示），各类人员数额不得超过确定的员额比例。

表1－11　法官、司法辅助人员、司法行政人员配置比例

单位 名称	编制数	法官数（39%）	司法辅助人员数（46%）	行政人员数（15%）
S法院	128	49.92	58.88	19.2
J法院	77	30.03	35.42	11.55
M法院	57	22.23	26.22	8.55

1. 司法辅助人员情况

乐山市两级法院系统在本轮司法体制改革初期的司法辅助人员测算情况，如表1－12所示。

表1－12　司法辅助人员测算情况

项　目	全市	基层	中院	市中区	沙湾	五通	金口河	峨眉	犍为	井研	夹江	沐川	峨边	马边
按46%测算辅助人员员额	518	442	76	55	27	35	15	43	42	34	34	29	26	26
扣减12%司法警察	107	88	19	14	6	9	3	11	10	8	8	7	6	6

续表

项　目	全市	基层	中院	市中区	沙湾	五通	金口河	峨眉	犍为	井研	夹江	沐川	峨边	马边
扣减 7% 立案人员	67	56	12	8	4	5	2	7	6	5	5	4	4	4
扣减 10% 执行人员	96	80	17	12	6	8	3	9	9	7	7	6	6	6
扣减后一线辅助人员	171	143	29	21	11	13	7	16	16	13	13	11	11	11
扣减后一线辅助人员占政法编比例	18%	18%	17%	17%	19%	17%	20%	17%	18%	18%	18%	18%	18%	18%

根据对表 1－12 的分析，我们可以得出以下结论：

（1）根据以上测算，如基层法院审判辅助人员按照政法编的 47% 配备（扣除法官 39%、行政人员 14%），扣除 12% 司法警察，7% 的立案人员和 8% 的执行人员后，一线审判辅助人员比例仅为 20%（47% －12% －7% －8%）。如果法官员额按 39% 配备，法官与审判辅助人员（法官助理、书记员）的比例按照 1∶1 确定，现有 39% 的法官员额与 20% 的辅助人员无法达到 1∶1 的比例，无法实现改革目的。缺编数量为政法编制的 19%（39% －20% ＝19%）。

（2）市中院审判辅助人员按照政法编的 41% 配备（扣除法官 39%、行政人员 20%），扣除 12% 司法警察，7% 的立案人员和 8% 的执行人员后，一线审判辅助人员比例仅为 14%。如果法官员额按 39% 配备，法官与审判辅助人员（法官助理、书记员）的比例按照 1∶1 确定，现有 39% 的法官员额与 14% 的辅助人员无法达到 1∶1 的比例，无法实现改革目的。缺编数量为政法编制的 25%（39% －14% ＝25%）。

2. 法官助理测算情况

乐山市两级法院系统在本轮司法体制改革初期的法官助理人员储备情况，如表 1－13 所示。

表 1－13　法官助理人员储备情况

单位:人

项　目	全市	基层	中院	市中区	沙湾	五通	金口河	峨眉	犍为	井研	夹江	沐川	峨边	马边
法律工作经历不足5年的法官	52	49	3	1	6	5	1	4	7	1	14	6	2	2
已通过司法考试的非法官	115	97	18	13	5	5	3	6	10	19	8	20	2	6
合　计	167	146	21	14	11	10	4	10	17	20	22	26	4	8
占政法编比例	17.4%	18.4%	12.7%	11.8%	19.0%	13.0%	12.1%	10.8%	18.7%	27.4%	29.7%	41.3%	7.0%	14.0%
说明:"法律工作经历不足五年的法官"是指本科及以下学历法律工作经历不足5年的法官,硕士研究生及以上学历法律工作经历不足3年的法官,考虑到提高员额制法官入职条件后,这部分人员可能不再符合法官任职条件,可纳入法官助理储备人选;"已通过司法考试的非法官"是指现有政法编的法官助理、书记员、行政人员中已通过司法考试的人数。														

根据对表1－13的分析,我们可以得出以下结论:考虑到今后法官助理的任职要求至少应是通过司法考试人员,测算全市法院法官助理的人员储备情况,从表1－13可以看出,基层法院可任命为法官助理的人数为146人,占政法编的18.4%。与法官员额305人(按各法院政法编39%计算)的比例约为0.48∶1,此部分人员基本能实现法官与法官助理2∶1的配备,另外未进入员额的其他法官,也可作为法官助理人选。

乐山中院可任命为法官助理的人数为21人,占政法编的12.7%。与法官员额64人(按政法编39%计算)的比例约为0.33∶1,此部分人员基本能实现法官与法官助理3∶1的配备。

若首次按35%员额选任法官,基层法院法官与此部分人员的配备比例为1∶0.54(271人∶146人)。乐山中院法官与此部分人员的配备比例为1∶0.37(57人∶21人)。

根据上述分析,乐山中院咨询委向乐山中院司法体制改革领导小组提出的建议如下:一是今后招录中考虑招录一定数量通过司法考试的人员,作为法官助理储备。二是现有法官助理除了通过从已过司法考试人员中选任,还要考虑将未进入员额内的法官担任法官助理工作。如表1－13中167人全部转为法官助理,法官助理仍有202名的缺口(基于法官与法官助理配比1∶1,全市法官员额为369人)。为解决法官与辅助人员按最低

1∶1 配备，主要考虑聘用书记员的问题。

3. 书记员测算情况

乐山市两级法院系统都存在辅助人员短缺的情况，如果按法官与书记员 1∶1 配备，全市法院书记员缺口为政法编的 20%。这一结果的计算方法是：辅助人员为 46%（1 －39% －15%），扣除司法警察占政法编的 12%，立案人员占政法编的 7%，执行人员占政法编的 8% 后，剩余 19% 的书记员（46% －12% －7% －8% ＝19%）。按 39% 的法官员额与 19% 的书记员相比较（39% －19%），即全市需增加 20% 的聘用书记员才能达到法官与辅助人员 1∶1 的最低配比。

而立足于乐山市两级法院的实际情况，全市法院书记员缺口为政法编的 20%，即意味着全市法院应配备 192 名（政法编 960 ×20%），但是目前实际上只配备了 78 名，因此全市还应增加 114 名。乐山市各法院书记员缺额及计划增加情况，如表 1 －14 所示。

表 1 －14　乐山市各法院书记员缺额及计划增加情况

单位：名

项　目	全市	中院	市中区	沙湾	五通	金口河	峨眉	犍为	井研	夹江	沐川	峨边	马边
政法编制	960	165	119	58	77	33	93	91	73	74	63	57	57
应聘用 20% 书记员	192	33	24	12	15	7	19	18	15	15	13	11	11
实际聘用书记员	78	17	11	9	7	6	13	5	0	10	0	0	0
应增加	114	16	13	3	8	1	6	13	15	5	13	11	11

三、改革的困难及对策的调研

为贯彻落实中央、最高人民法院、省委关于深化司法体制改革的决定，了解基层法院在改革中存在的困难与问题，乐山中院咨询委组成调研组先后到 S 法院、J 法院和 M 法院开展调研，通过听取汇报、座谈交流、实地考察等方式，形成了《关于司法改革中存在的困难、问题及建议对策的调研报告》(以下简称《咨询委报告》)。①

《咨询委报告》对开展司法体制改革试点工作的前期准备给予了充分肯定。《咨询委报告》肯定了试点法院及时成立司法体制改革工作领导小组;及时向当地党委、人大、政府和政协通报改革试点工作,积极争取党委、人大、政府和政协对司法体制改革工作的理解和支持;加强调研,非常重视信息、数据的掌握,通过召开专题调研论证、发放调查问卷、征求法官意见等方式,全面掌握了案件、人事、财务信息;各试点法院按照司法体制改革时间表的要求,分别制定了《司法体制改革试点方案(征求意见稿)》,并于 2016 年 3 月上旬提交上级法院审批。

《咨询委报告》也指出了司法体制改革将会面临的困难和问题。一是确保改革后的案件质量问题。司法体制改革将实行案件法官终身负责制,案件的审理及裁判文书的签发权全部交由法官。但我国法院队伍整体素质还有待提高,法官业务能力参差不齐,短时间内并不能完全改变这种历史状况,如何保障案件质量,避免冤假错案的发生,尽可能降低案件质量下滑度,成为摆在法院尤其是基层法院的现实问题。

二是合理分配员额比例问题。按照《四川省法院司法体制改革试点方案(草稿)》,乐山市确定法官、司法辅助人员、司法行政人员分别占政法专项编制总数的 39%、46%、15%,各类人员数额不得超过确定的员额比例,如表 1-15 所示。

表 1-15　三个基层试点法院各类人员编制数额

单位名称	编制数	法官数(39%)	司法辅助人员数(46%)	行政人员数(15%)
S 法院	128	49.92	58.88	19.2
J 法院	77	30.03	35.42	11.55
M 法院	57	22.23	26.22	8.55

我国长期以来就存在案多人少的问题,且案件数量成逐年递增的趋势。按照现有的法官数额,一些案件多的法院,如 S 法院,2014 年法官人均

① 乐山市中级人民法院咨询委:《关于司法改革中存在的困难、问题及建议对策的调研报告》,2016 年 3 月。

结案 115 件,一线法官接近 180 件。而另一些案件少的法院,如 M 法院,人均结案数仅为 19 件(详细数据如图 1 - 1 所示)。改革后,如果法官员额比例不能突破,全市法官员额比例不能实行统筹协调,对于案件逐年增多,法官人数减少或相对减少的法院,案多人少的矛盾将进一步加剧。

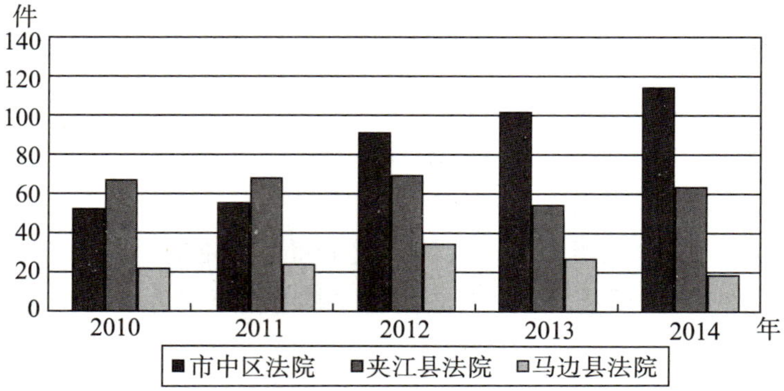

图 1 - 1　三个试点基层法院人均结案数对比

三是设置各类人员职业保障问题。按照改革要求,在严格司法人员任职条件、强化司法人员办案责任的同时,要建立与法官职业特点相符合的职业保障机制。但法官的职业保障机制具体涵盖几方面,除了薪酬保障外,是否包涵必要的业务培训、交流学习的保障?是否包括住房、休假等的保障?缺少顶层设计,各基层法院很难有效推行司法体制改革。此外,法官、司法辅助人员、行政人员实行不同的薪酬待遇,各类人员之间薪酬差距为多少才能既促进各类人员的工作积极性,又能符合法官的职业特点,成为困扰各个基层法院全面推进司法体制改革工作的现实问题。

四是协调法院与地方党委、人大、政府、政协关系的问题。司法体制改革后,法院的"人财物"将实行省级统管,经费将由省级财政统筹。即基本预算由地方财政上划省级财政部门,目的是为了保障法院依法独立行使审判权,减少地方政府的干预。但现实是,虽然法院财政不受地方政府统筹,但各项事务的顺利推进离不开党委、人大、政府、政协及有关部门的支持与帮助。法院的报告需人大审核,法官的任命需人大通过,法院受人大、政协的监督,法院一些文书的送达需要地方政府的协助,刑事案件办理需要公检法 3 家相互配合等。法院作为座落在一个地方的组织,一些工作的推动是离不开当地党委、人大、政府、政协支持与帮助的。"人财物"由省统管后，再如何争取到地方各部门的支持，如何处理与相关部门的关系，成为困扰各基层法院的一个重大问题。

五是解决编外人员去留和保障问题。为解决案多人少的矛盾，在不能改变现有编制的情况下，各法院一般采用临聘人员的方式解决问题。例如，S 法院有临聘人员 41 人，J 法院有临聘人员 22 人，M 法院有临聘人员 15 人。司法体制改革后，临聘人员去留成为一大难题。如果不予保留，现有在编人员根本无法满足 3∶2∶2 或 3∶2∶1 的法官、法官助理、书记员的配备比例；如果予以保留，政策怎样支持？经费如何保障？如何保证临聘人员的稳定性？如果临聘人员去留和保障问题解决不好，在一定程度上影响法院的各项工作。

针对上述问题，《咨询委报告》提出了推动司法体制改革工作的几点建议。

第一，建议落实法院宪法地位。《宪法》第 128 条至第 133 条，明确规定了法院的地位、组织形式、审判原则，明确了法院是国家的审判机关，依法独立行使审判权，不受行政机关、社会团体和个人的干涉。法院同检察院、政府机关是并列的国家机关，是相互监督、相互合作的关系。但现实中，一直以来都存在法院机关被视为当地政府的一个部门，院长只是职级高配，这种现状不符合依法治国精神。司法体制改革，首要的就是从根本上树立法院的宪法地位，只有如此，才能真正推动法院的司法体制改革，解决长期困扰法院司法独立的困境。

第二，建议提高法官职业待遇。司法体制改革后，法官实行案件终身负责制，法官的工作压力将会增大，法官的专业化与高压力，都要求提升法官的职业待遇。《法官法》第 36 条规定：法官的工资制度和工资标准，根据审判工作特点，由国家规定。鉴于司法体制改革后对法官的高要求和审判工作需要保证司法独立的特点，建议提高法官的薪资待遇，原则上应该不低于当地公安机关的标准，同时在住房、学习培训、休假等方面，给予法官特殊的保障。考虑边远地区办案经费高的问题，在经费保障上要倾斜于边远少数民族地区。

第三，建议合理解决法院人员编制。为保障案件质量，提高审判效率，保障最优秀的法官留在审判一线，最高人民法院确定了法官员额比例为 39%。但案多人少一直是我国基层法院长期存在的一个问题。随着经济的发展,社会矛盾的复杂化,群众法律意识的提高,案件数量呈逐年递增趋势。在法官员额比例不能突破的情况下,建议合理确定各个法院的人员编制,根据各地现有编制人员,结合案件数量和增长情况,充分考虑边远地区、少数民族地区现状,逐年进行调整,从根本上解决案多人少的困境,减轻法官压力,提升案件质量与效率。

第四,建议畅通人员流动渠道。根据马斯洛的需求层次理论,人最大的需要就是自我实现,每一个进入法院的学法人员,都有一个法官的梦想。司法体制改革后,实行法官、司法辅助人员、司法行政人员单独序列管理,但各个序列单独管理不能成为阻碍优秀的司法辅助人员、司法行政人员进入到法官序列的障碍,否则可能影响法院队伍的稳定,也影响干警的工作积极性。畅通法院内部各序列人员、上下级法院法官之间、法院与外部优秀法律人才之间的流通渠道,不仅可以保证最优秀的法官向办案一线倾斜,也有利于法院的和谐稳定。

第五,建议争取地方支持帮助。司法体制改革的推动,离不开党委的领导、地方的支持和社会各界的理解。改革中,必须加强与地方各机关的沟通,主动向党委、人大、政府、政协汇报、通报司法体制改革情况,做好舆论宣传引导工作,并在今后工作中,一如既往地加强与地方各界的联系,争取地方党委政府的支持与协助,共同推进我国司法体制改革工作的顺利进行。

第五节　改革政策实施前的横向协调

司法体制改革的推动,离不开党委的领导、地方政府的支持和社会各界的理解。改革中,必须加强与地方各机关的沟通,主动向党委、人大、政府、政协汇报与通报司法体制改革情况,并对社会群众做好舆论宣传引导工作。在今后工作中,乐山中院需要一如既往的加强与地方各界的联系,争取地方党委政府的支持与协助,共同推进我国司法体制改革工作的顺利进行。[①] 这就要求乐山中院加强与其他各个部门、单位的协调。

---

① 乐山市中级人民法院咨询委:《关于司法改革中存在的困难、问题及建议对策的调研报告》,2016 年 3 月。

一、多部门协调的原因

乐山中院在本轮司法体制改革过程中与多部门进行协调，以便为法院系统谋求良好的改革环境。究其原因，主要在于有很多改革中的难题是乐山中院无法独立完成的，这些难题主要包括：

（一）重大事项汇报制度的要求

2017 年 10 月，中国共产党第十九次全国代表大会（以下简称党的十九大）顺利召开。党的十九大报告指出，坚持和加强党的全面领导，是党和国家的根本所在，命脉所在[①]。党的领导是中国特色社会主义制度的最大优势，必须把党的领导落实到司法体制综合配套改革的全过程。

乐山中院的重要改革事项都需向市委汇报。乐山中院司法体制改革领导小组某负责人在访谈中说："我们要接受市委的领导，尤其是十九大以后，要加强党对一切工作的领导，实际上法院的一些重要工作，我们都要给党委汇报。而且我们认为院里做得比较好的工作，我们也会给市委专报。我们在审判中的重大问题，涉及到党委的重要决策，也会向他们专报。比如说 2017 年审理了许多破产案件，发现很多企业都没给员工买社保，所以，会向市委汇报加强劳动监督。"[②]因此可以说，乐山中院要顺利推进司法体制改革，离不开党委的支持。也正是由于得到党委的有力支持，乐山中院的司法体制改革才能如此顺利得取得成果。

（二）创造司法体制改革环境的需求

纳入改革试点基层法院的工作开展也需要得到地方基层政府的支持。乐山的试点法院包括中级法院和基层法院两级，乐山中院在与同级其他部门协调的同时，还会帮助下辖基层法院与所在地的基层相关部门协调。

乐山中院院长在本轮改革初期，轮流会见了下辖基层法院所在地党委、政府的领导，向他们做好司法体制改革的解释工作。在访谈乐山中院司法体制改革领导小组某负责人时，她说："本轮司法体制改革初期，为了

---

① 参见习近平：《决胜全面建成小康社会　夺取新时代中国特色社会主义伟大胜利——在中国共产党第十九次全国代表大会上的报告》（2017 年 10 月 18 日），载中国共产党新闻网：http://cpc.people.com.cn/n1/2017/1028/c64094－29613660.html，2018 年 3 月 2 日访问。

② 访谈编号#20180126LW。

给辖区基层法院的改革创造有利的环境,我和司改领导小组的其他同志挨个走遍了辖区的县级党委政府,给他们讲司法体制改革,希望获得他们的支持与帮助。”①由此可见,为了给乐山各级法院创造有利的改革环境,乐山中院也必须与多部门进行协调。

(三)法院人事任免程序的要求

乐山中院在推进司法体制改革的过程中,对内部的人事安排进行了相应的调整,迫切需要乐山市人民代表大会的支持与帮助。这些必要的人事调整主要是由遴选法官带来的。首先,乐山中院围绕正规化、专业化、职业化的法院队伍,遵循司法规律,制定了员额法官遴选办法,坚持公平公正公开的遴选原则,全市法院从517名法官(含行政部门法官78名)中择优遴选出优秀员额法官287名。新遴选的员额法官,根据《法官法》的规定,需要由同级人大及时任命。其次,乐山试点法院中有部分领导岗位的人员因进入法院员额,放弃了领导职位,法院将进行新的人事调整。这些领导岗位的人事调整仍然需要得到同级人大的及时任命。

乐山中院经过人员测算后,发现了新的人事缺口,需要党委编制部门解决编制需求。如前所述,乐山中院目前司法辅助资源匮乏,需要聘用更多法官助理与书记员。而新聘用的法官助理和书记员的数量主要取决于党委编制部门是否通过聘用方案。这也意味着,解决乐山中院司法辅助资源短缺的问题,需要党委相关部门的支持与帮助。

(四)法院人员待遇调整的需要

本轮司法体制改革中,提升法官的履职保障和提升法官的薪酬待遇给乐山中院带来了资金压力。切实提升法官的履职保障是本轮司法体制改革的重要改革方向,而提升法院的薪酬待遇则是加强法官履职保障的重要措施。乐山中院计划在本轮司法体制改革中提升法官的薪酬保障,提高法官的基本工资和津贴补贴。这一计划为乐山中院带来了资金压力。

目前乐山市法院系统的资金来源,主要还是依赖于地方政府的财政供给。目前,法院系统的“人财物省级统管”改革仍然没有全面落实,所以乐山中院用于支付工作人员工资、奖金的资金主要来源于乐山市的财政供给。

① 访谈编号#20180126LW。

用于提升待遇的资金需法院向相关地方政府部门沟通协调。根据乐山中院司法体制改革领导小组某负责人的讲述："我们要给法院系统的法官提升待遇，就必须获得地方政府的财政支持，就必须跟有关政府部门协调沟通。比如说在待遇的解决上，我们的方案先要由人社局核定，然后财政局才会拨款。"[①]由此可见，为了获得改革所需的资金支持，乐山中院需要与地方政府部门协调沟通。

二、多部门协调的进展

乐山中院在本轮司法体制改革中，为了创造有利的改革环境，切实解决改革难题，加强了与地方党委、政府、人大、政协的协调和通报；强化了与下级部门的沟通交流，扩大了法院内部的调研与摸查，拓展了对社会群众的宣传与引导。

（一）与"四大班子"协调

乐山中院坚持最高人民法院和四川省高级人民法院条线指导、引领试点方向，市"四大班子"加强领导，在市委、人事、组织等部门全力保障支持下，坚定了全市改革试点的信心。市县法院领导干部切实履行改革主体责任，带头研制方案，亲自部署协调，主动承办案件，与广大干部一起"撸起袖子"做试点改革的实干家。

特别是在利益调整的时候，面对法官入额不入额的选择、人员分类与重组的去留、领导放权与监管的平衡，乐山市法院系统干警经受住层层考验，表现出高度的政治意识、大局观念和牺牲精神。许多干警表示，无论司法体制改革将如何改，心中永远钟爱法律事业和法院事业、放不下对审判工作多年的感情，仍旧会在自己的岗位上继续奋斗。

（二）与下级党政部门协调

乐山中院认真贯彻执行顶层司法体制改革政策，保证执法办案的公正与效率，增强司法权威性，提升司法公信，实现让人民群众在每一个司法案件中感受到公平正义。在认真消化吸收顶层司法体制改革政策的同时积极将顶层司法体制改革政策融入地方特色，这就需要与基层各级部门在顶

---

① 访谈编号#20180126LW。

层政策到达地方后开展相关的协调工作。为此,乐山中院院长王雪梅,亲自带队前往各个基层的试点法院,走访各个与基层法院同级的县委(市委)、组织、人社、财政等部门,向各部门传达顶层司法体制改革的政策精神,以此,希望各部门知晓司法体制改革的重要性,同时尽己所能支持基层法院进行司法体制改革,在财政上予以更大的支持。

(三)法院系统的内部协调

此外,乐山中院还到基层试点法院以座谈会的形式向基层试点法院的干警征求司法体制改革的宝贵意见;以“送法下乡”开设巡回法庭的形式,深入少数民族聚居区——彝族地区,在解决矛盾和纠纷的同时听取当地广大人民群众的心声和意见。

在走访调研中,我们发现乐山市各个基层试点法院都存在审判团队之间受案不均的问题,而各法院比较一致的做法就是由法院的审管办不分案由,统一给每个庭室分案件,M法院将其称为“大调解”;对于法院年龄较长的法官,即使没有入额也按照各自的工作经验和个人特长安排了较为适合的岗位,例如M法院的某法官助理,考虑到未入额且具有多年审判经验的情况,M法院的院领导将其安排在法官助理的位置上。①

在访谈S法院司法体制改革领导小组某成员时,他提道:“他们在制定本院司法体制改革试点总方案时都是根据乐山中院制定的司法体制改革试点方案结合各自地区的实际情况来制定各自的改革方案,甚至在制定方案时由于缺乏经验就直接照抄照搬中院的司法体制改革总方案,但是,最终方案都是经过党组会议讨论决定出本院的司法体制改革试点方案。司法体制改革总方案的新鲜出炉为本院的司法体制改革工作做好政策细化和做出方向指引,坚定了全院干警打赢这场司法体制改革攻坚战的信心、勇气和决心。”②

(四)与社会群众沟通

在司法体制改革不断推进的过程中,乐山中院召开了多次座谈会,其中起着举足轻重作用的是召开座谈会征求人大代表、政协委员、律师、法学

① 访谈编号#20180201MA。

② 访谈编号#20180208SH。

专家等的建设性意见。在访谈乐山中院司法体制改革领导小组某负责人时，他说："我们在推进改革的过程中，非常重视社会群众的意见建议。在这个改革过程中，我们还召开了座谈会，邀请了来自人大、政协和律所的同志们给我们提提意见，交流经验。2017 年 9 月，我们还邀请了著名法学家、清华大学法学院教授何海波来做讲座，倾听他对司法体制改革的意见建议。"①

通过乐山中院多途径的宣传、解释，乐山试点法院的司法体制改革工作得到了社会群众的理解与支持。在赢得了社会支持的基础上，乐山市各试点法院充分利用优势资源，大胆改革，锐意创新，取得了良好的改革成果。

三、多部门协调的结果

在乐山中院与多部门的协调沟通后，乐山各试点法院的改革工作得到了有力推进。回顾与多部门的协调过程，乐山中院主要在以下方面取得了突出成果。

（一）领导支持，部门联动

乐山中院在司法体制改革的过程中，各级领导、人大代表、政协委员对乐山法院司法体制改革试点工作高度重视、倾心关爱、鼎力支持。最高人民法院、四川省高级人民法院、四川省省级相关部门领导多次莅临乐山展开调研，指明试点改革方向，引领改革进程；市"四大班子"领导及组织、政法、人社、财政等部门为试点法院开辟"绿色通道"，从政策、组织、资金等方面为试点法院提供了坚实保障，其中试点期间，财政投入增加 500 万元。

四川省政法委领导小组到乐山展开司法体制改革调研并召开座谈会指导乐山法院司法体制改革试点工作。四川省高级人民法院王海萍院长在乐山中院院长王雪梅等人的陪同下莅临 J 法院亲自指导司法体制改革试点工作。最高人民法院政治部法官管理部陈海光部长曾来乐山指导司法体制改革试点法院的相关工作。

此外，省级部门领导也率队莅临乐山调研指导司法体制改革试点工

---

① 访谈编号#20180126LW。

作；乐山市市委书记高度重视乐山法院司法体制改革并就司法体制改革发表重要讲话，由市委常委审议通过了乐山法院司法体制改革试点方案；市委常委、政法委书记廖磊主持研究司法体制改革试点工作；省政协领导到乐山调研指导司法体制改革试点工作；全国人大代表亲临乐山调研指导司法体制改革试点工作。

从 2018 年 2 月 1 日 ~2 日，对作为乐山市司法体制改革试点法院之一的 M 法院展开调研，对法院内部的不同类别的干警进行分别访谈后得知：在 M 法院开展司法体制改革的过程中当地县委、县政府、人大、政协、组织、财政等部门给予法院很多支持，例如，在彝族地区遇到“送达难”的案件，可向当地财政申请执行的补助，并可请求当地公安部门予以协助办案。

在 2018 年 2 月 6 日 ~7 日对乐山市司法体制改革试点法院之一的 J 法院展开为期两天的调研中，该院某负责人说：“我曾代表 J 法院参加过国家法官学院和最高人民法院司法体制改革办联合举行的全国试点法院司法体制改革政策讲解大会；也曾 5 次参与四川省高级人民法院王海萍院长召集的主要围绕人员的分类管理、审判权运行、人财物的省级以下统管等几个方面来讨论如何推进司法体制改革的研讨会，经过讨论让人感到最难推进的还是人员的分类管理；同时结合 J 县本地的实际情况，与 J 县的组织、财政、人事等部门约谈司法体制改革在 J 法院试点的相关方案，其中对于最难的人员分类的改革方案，他们是反复做了十几稿，最终上报到四川省高级人民法院后所有的方案都石沉大海，同时四川省高级人民法院要求各试点法院必须在 2015 年 3 月制定出司法体制改革的实施方案，时间紧任务重，于是在立足当地实情并参考了上海市第二中级人民法院、贵州省遵义市花兴区人民法院有关人员分类管理、法官职业保障、员额法官选任等方面司法体制改革方案后形成 J 法院司法体制改革总方案，向四川省高级人民法院提交后获得了四川省高级人民法院的认同。此外，周春兵院长也多次到乐山中院参与中院组织的司法体制改革交流会，将几个试点法院的主要负责人召集在一起进行政策探讨和学习交流外地法院关于司法体制改革的有益经验。”①

① 访谈编号#20180206JZ。

（二）干警团结，上下齐心

乐山中院积极扮演司法体制改革顶层政策的解读者和传递者。召开乐山全市司法体制改革动员大会、答疑会、培训会等会议70余场，及时解读司法体制改革的相关政策，征集共性意见，有针对性地完善工作举措。全覆盖开展交心谈心，做好政策交底，沟通个人意见。组织党课报告，严肃政治纪律，统一干警思想，全市两级法院干警的思想积极稳定，审执工作有条不紊的运行，当好改革的实践者和推动者。

乐山中院召开全市司法体制改革试点动员部署大会、召开全市司法体制改革试点工作培训会、召开全市基层法院院长会对司法体制改革工作进行现场推进、召开院务会督促推进司法体制改革试点工作、展开基层法院政策宣讲会等，同时也召开新闻发布会以及院领导主导的法院干警全覆盖交心谈心会。使司法体制改革在乐山法院系统内深得人心，没有酿成严重的矛盾。

经过调研发现在乐山基层试点法院在推进司法体制改革的过程中依靠干警齐心这方面M法院、J法院、S法院都做得很好。例如，M法院面对绩效考核初步制定出台后进行首轮考核中出现的干警怨言和不满情形，主要由分管的院领导对有情绪的干警在办公室进行1对1的政策讲解和思想劝导，最终使干警们都打消顾虑的说出自己的真实想法并从整体和大局出发以坦然的心态来看待个人在司法体制改革过程中的个人得失。[①]

S法院在员额法官遴选的时候遇到绝大多数院领导不愿意进入员额法官的序列，很多老同志更愿意退出审判一线，而年轻的干警们却考虑到自身工作年限短、资历不够等一系列原因，对于法官遴选的考试报名持观望态度，院领导洞察到这种情形后，以院长为代表的谈话小组与全院干警有关年龄、职务问题进行了促膝长谈，领导们一方面积极挽留以前在审判一线丰富审判经验的老同志退出审判一线的意愿，同时充分尊重老同志们的选择，并尽量根据老同志的后期意愿对其进行适当的岗位调整；另一方面也积极给年轻同志做好思想动员工作，鼓励年轻同志报考参加员额法官的选拔考试，并为他们打消从事一线审判工作的心理压力和顾虑，为此为S

① 访谈编号#201802101MS。

法院的审判队伍引进了新鲜的血液。J 法院在司法体制改革的过程中,院领导会将每一项司法体制改革的政策向每一位干警同志传达并详细讲解,在岗位调整中即使将干警安排到最艰辛的岗位干执行工作,干警们也没有怨言。正如 S 法院某执行员说:"改革就是一场有人牺牲的社会大变革,我们要顺应时代发展的大流,真正做到效率优先兼顾公平。"①

(三)团队组建,审判优化

乐山中院在司法体制改革的过程中积极探索审判资源的"同素异构",实现人力资源的"帕累托最优"。乐山中院在保持内设机构数量不变的情况下,整合内设机构,打破原有的庭室设置,以庭为单元组建了包括 2 个刑事审判团队、6 个民事审判团队、1 个行政审判团队、1 个资源与环境审判团队在内的共计 10 个标准审判团队和包括综合团队、审监团队、立案团队、法警支队在内的 4 个特殊审判执行团队。突出以团队为单元的办案地位,促进审判执行权的高效运行。综合考虑案件类型专业化、案件数量均衡化以及案件审理难易程度等因素,合理划分各审判团队受案类型、调研方向和对下指导等职责范围,构建起具有乐山特色的由 2 个法官、1 个法官助理、1 个书记员组成的审判团队,体现出审判团队的专业化和优质化。

新构建起来的审判团队已经于 2016 年 9 月开始进行运转,从 2016 年 9 月到 2017 年 12 月这段时间内,审判团队运行良好,受理案件数量节节攀升,审判业绩创历史新高,极大地激发了法官的积极性和工作热情,成效颇丰。

在 M 法院调研时发现其每个庭都配有法官助理,但是 1 个法官助理至少要辅助 2 个法官,虽然配有书记员但是书记员存在年龄老化且人员不足需要外聘书记员的形式来解决团队配置书记员的问题。

在 S 法院调研中发现,S 法院在构建审判团队的时候考虑到法官助理人数不足的特殊情况,将仅有的几个法官助理转为书记员,让书记员"双肩挑",即所有的庭都采取不设置法官助理的方式来组建审判团队且这种团队运行模式在实践中提高了运行效率。

在对 J 法院的调研中发现他们的 1 个团队就是 1 个庭,1 个庭就是 1 个

① 访谈编号#20180207JH。

审判团队，总体上是按照 4∶2∶2 的比例来组建的审判团队，审监审判团队是按照 3∶2∶2 的比例来组建的审判团队，避免了由于法官因病因事请假而无法组成合议庭的情形，使至少有 1 个法官助理或者书记员能够协助法官开展审判工作，以确保法院审判工作的顺利进行。

在各个试点法院构建的不同审判团队的运行过程中都没有遇到障碍，极大地提高了审判效率和激发了法官的工作激情，有力地推动了乐山司法体制改革的进程。

（四）权责落实，运行顺畅

乐山中院坚持以审判权为核心、以审判管理权和审判监督权为保障的审判权运行机制改革方向，明确独任法官、合议庭、法官助理和书记员的 57 项工作职责，建立法官独立办案机制，院、庭长不再对其未参与审理的案件签发法律文书，切实做到“让审理者裁判”；加强对审判执行权的监督制约，完善院、庭长监督管理职责，做到“放权不放任”。对此，乐山中院司法体制改革领导小组某负责人在谈话中指出：“有必要对整个审判流程进行监管，员额法官签署裁判文书后需要报给庭长，由庭长进行把关，庭长不能把握的文书由庭长报给分管的院领导进行把关，不能权衡时最终报给院长，由院长进行最后的把关。”①

建立专业法官会议制度，为法官审理重大、疑难、复杂案件提供咨询意见。在调研中，乐山中院司法体制改革领导小组某负责人提到：“以民事审判团队为例，最初的专业法官会议是由各自团队的负责人和 2 个分管的院领导组成，在运行一段时间后发现存在明显的弊端，后来调整为 2 个审判团队组建 1 个专业法官会议，但是，破产案件还是专属于民六庭；此外审判监督团队和执行团队组建一个专业法官会议，行政团队也按照这种组成方式组建了专业法官会议，需注意的是所有的专业法官会议组成人员中可以有法官助理参加并且法官助理可以在讨论案件时大胆发表自己的意见。”完善审判委员会制度，突出其宏观指导职能。落实案件终身负责制，明确违法审判责任的范围与承担方式，切实做到“由裁判者负责”。

① 访谈编号#20180119LW。

四、小结

乐山中院在本轮司法体制改革初期做了充分的准备。在成立司法体制改革领导小组之后,乐山中院通过纵向互动、横向协调、外部交流、内部调研的方式,为司法体制改革在乐山法院系统全面推进做出了充足准备。

首先,在纵向互动上,乐山中院细化落实中央和四川省的司法体制改革政策,将上级设计的试点方案与本市两级法院的实际情况有机结合起来,将上级部署的改革任务坚决落实在中基层法院。

其次,在横向协调上,积极与地方党委、政府、人大、政协沟通交流,以获得有利的支持。同时为创造有利的改革环境,走访各个与基层法院同级的县委(市委)、组织、人社、财政等部门。在改革推进过程中,积极听取社会群众的声音,并向社会群众解释司法体制改革政策,以便取得社会支持。

再次,在外部交流上,乐山中院司法体制改革试点工作领导小组组织人员五次出省,前往北京、上海、广东、湖北等地,向全国最早开始试点的第一批法院、第二批法院展开调研,学习先进的改革经验。

最后,在内部调研上,乐山中院对乐山两级法院进行深入调研,摸查各类人员基本情况,特别是摸查并测算法官、法官助理和书记员的基本情况。这为法官员额制以及审判团队的建构提供了坚实基础。

基于此,我们可以得出以下结论:乐山中院主要通过学习经验政策,调研人员情况和协调各级部门来实现司法体制改革的准备的。乐山中院在司法体制改革前期的准备工作为乐山两级法院司法体制改革试点工作的有序推开打下了坚实基础,创造了有利的社会环境。

第二章　司法责任制的制度基础：人员分类管理

王一君　何洪兰

本章要探讨的问题是，法院是如何进行人员分类管理改革的，人员分类管理对审判质效有哪些影响？因此，本章将以审判质效为核心线索。在样本及数据的选择上，由于获取全国法院人员分类管理的海量数据存在现实障碍，各地对审判质效数据的统计口径、指标涉及均存在地区差异，不具备进行海量数据提取和分析的现实可能性和对比意义。所以，本章以乐山法院作为研究样本，在人员分类管理2年后对上述问题进行了实证分析。

乐山法院作为研究样本具有一定的典型性和代表性。乐山市中级人民法院（以下简称乐山中院）、S法院、J法院、M法院于2016年9月完成司法责任制改革及人员分类管理，其余8个基层法院司法责任制改革及人员分类管理于2017年3月完成。乐山中院经济水平在全省处于中等水平，3家基层法院分别具有经济较发达地区、一般地区及欠发达地区法院特征，具备样本抽取的典型性和代表性。

为收集到具有对比性的数据，本章确定了数据收集的两个基准时间点。由于人员分类改革后的团队运行情况需要较长的时间来检验，以剔除数据的偶然性及其他因素的干扰，因此，审判质效的对比需有较长时间的跨度，在审判质效数据对比基准点上，分别以4家试点法院试点改革前后1年，即2016年9月前1年及后1年的质效数据对比；以及全市法院试点改革完成前后1年，即2017年3月前1年及后1年的数据进行对比分析，既能体现人员分类改革前后的质效数据对比情况，又能避免偶发因素及短期行为对质效数据的影响。

第一节 改革前后人员分类对比分析

一、改革前后法院人员分类对比

1. 乐山中院人员分类前后对比。司法责任制改革前,乐山中院共有人员156人,其中法官96人,占总人数的61.54%,审判辅助人员33人,占总人数的21.15%,其他工作人员27人,占总人数的17.31%。法官配置情况为:业务庭办案法官59人,占总人数37.82%,占法官总人数61.46%;综合部门法官(含院领导11人)37人,占总人数23.72%,占法官总人数38.54%。

乐山中院在司法责任制试点改革工作中,结合自身工作实际,对人员进行了分类改革。改革后,乐山中院共有人员172人,其中法官55人,占总人数31.98%;审判辅助人员93人,占总人数54.07%;司法行政人员24人,占总人数13.95%。

在团队配置上,乐山中院按照各审判领域人数与案件基本均衡的原则设置了若干办案团队,其中刑事、民事、行政3大诉讼领域设立11个办案团队,原则上按照4∶2∶2的人员比例配置,即法官4名,法官助理2名,书记员2名;立案申诉团队、综合审判团队、审判监督团队按照3∶1∶2的人员比例配置,即法官3名,法官助理1名,书记员2名。乐山中院司法体制改革前后人员配置的详细情况,如图2-1、图2-2所示。

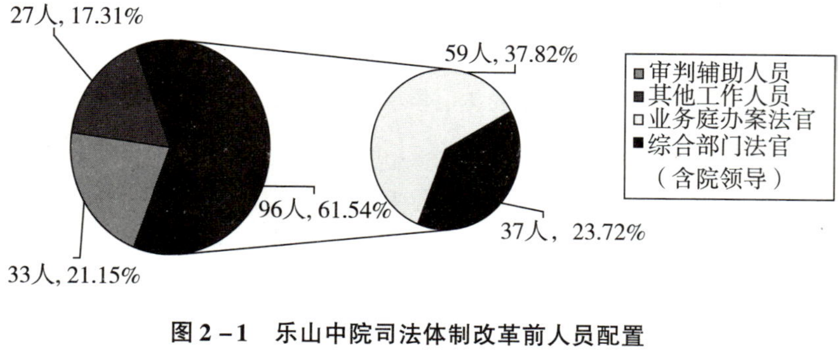

图2-1 乐山中院司法体制改革前人员配置

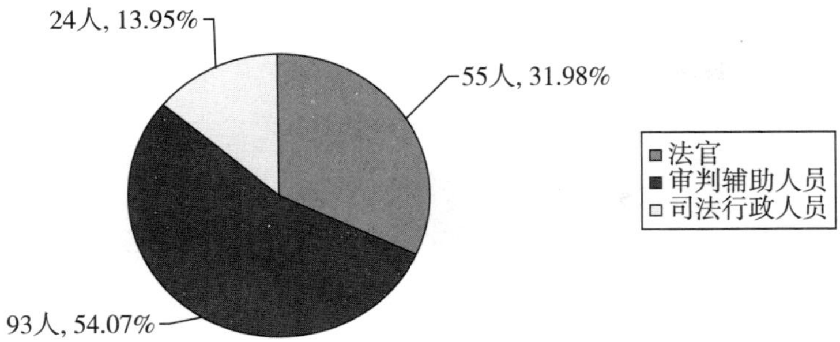

图 2－2　乐山中院司法体制改革后人员配置

2. S 法院人员分类前后对比。司法责任制改革前，S 法院共有人员 110 人，其中法官 64 人，占总人数的 58. 18%；审判辅助人员 40 人（含法官助理，书记员，司法警察等），占总人数的 36. 36%；其他人员 6 人，占总人数 0. 55%。法官序列中，业务庭办案法官 40 人，占总人数的 36. 36%，占法官总人数的 62. 5%；综合部门法官 24 人（含院领导 9 人），占总人数 21. 82%，占法官总数 37. 5%。S 法院司法体制改革前后人员配置的详细数据，如图 2－3、图 2－4 所示。

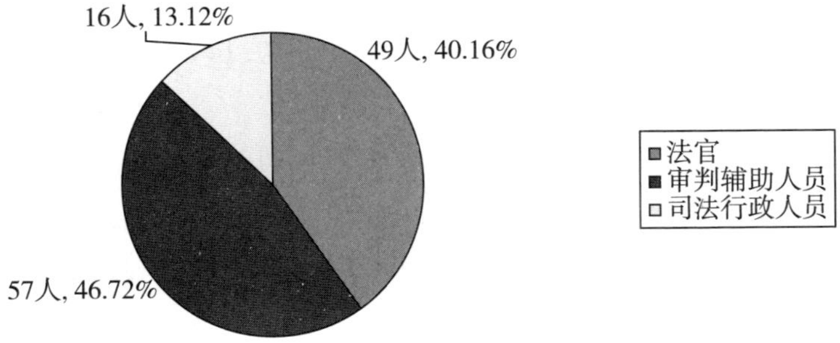

图 2－3　S 法院司法体制改革前人员配置

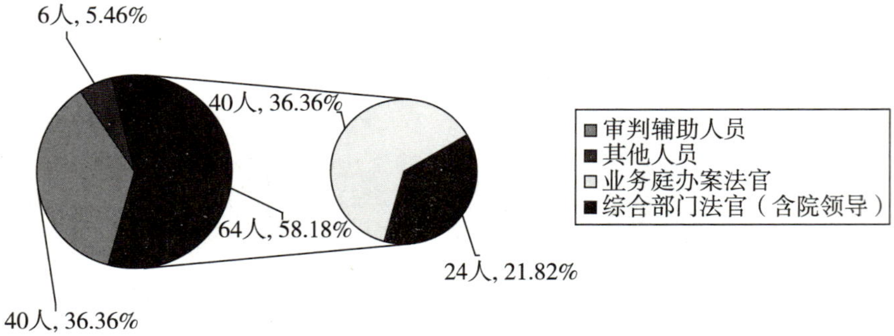

图 2－4　S 法院司法体制改革后人员配置

3. J 法院人员分类前后对比。司法责任制改革前,J 法院共有人员 69 人,其中法官 40 人,占总人数的 57. 97%;审判辅助人员 20 人(含法官助理,书记员,司法警察等),占总人数的 28. 99%;其他工作人员 9 人,占总人数的 13. 04%。法官序列中,业务庭办案法官 26 人,占总人数 37. 68%,占法官人数 37. 68%;综合部门法官 14 人(含院领导 9 人),占总人数 37. 68%,占法官总数 35%。

司法责任制改革后,J 法院共有人员 70 人,其中法官 20 人,占总人数的 28. 57%;审判辅助人员 40 人,占总人数的 57. 14%;司法行政人员 10 人,占总人数 14. 29%。

J 法院结合本院实际情况,将员额法官与司法辅助人员的比例设置为 1∶1,即审判团队的员额法官配置 1 名法官助理或者 1 名书记员。共设置了 8 个审判团队,配置 26 个辅助人员。J 法院司法体制改革前后人员配置的详细数据,如图 2－5、图 2－6 所示。

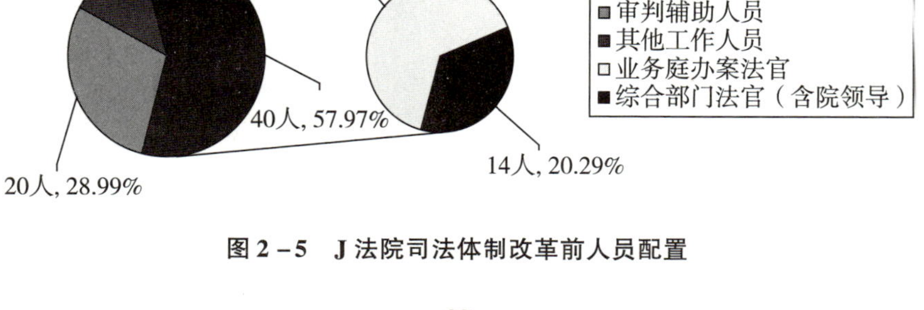

图 2－5　J 法院司法体制改革前人员配置

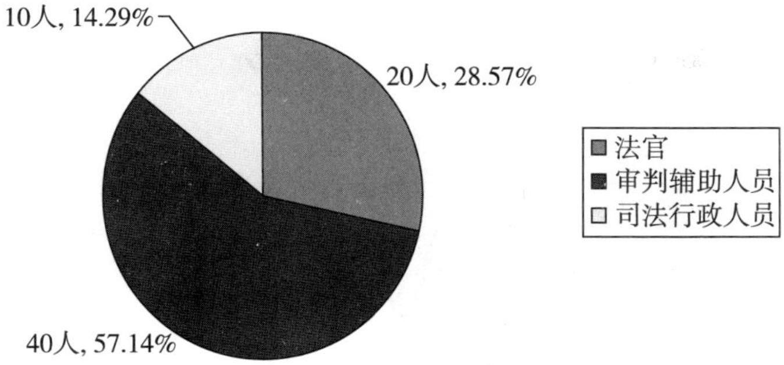

图 2－6　J 法院司法体制改革后人员配置

4. M 法院人员分类前后对比。司法责任制改革前，M 法院共有人员 50 人，其中法官 25 人，占总人数的 50%，审判辅助人员 18 人（含法官助理，书记员，司法警察等），占总人数的 36%，其他工作人员 7 人，占总人数的 14%。法官序列中，业务庭办案法官 12 人，占总人数 24%，占法官人数 48%；综合部门法官 13 人（含院领导 9 人），占总人数 26%，占法官总人数 52%。

司法责任制改革后，M 法院共有人员 47 人，其中法官 13 人，占总人数的 27.66%；审判辅助人员 27 人，占总人数的 57.45%；司法行政人员 7 人，占总人数的 14.89%，M 法院司法体制改革前后人员配置的详细数据可参见图 2－7、图 2－8。

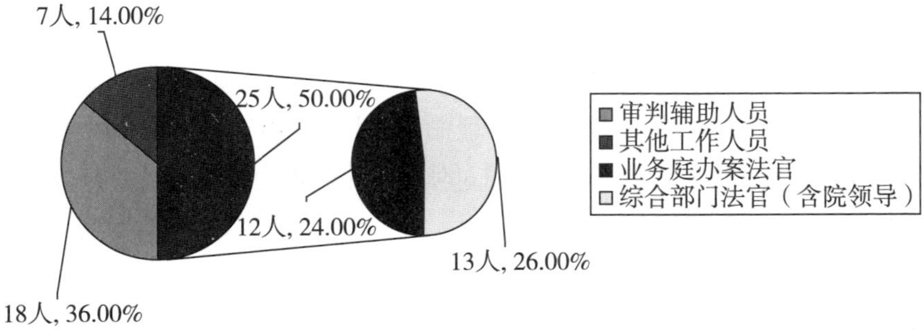

图 2－7　M 法院司法体制改革前人员配置

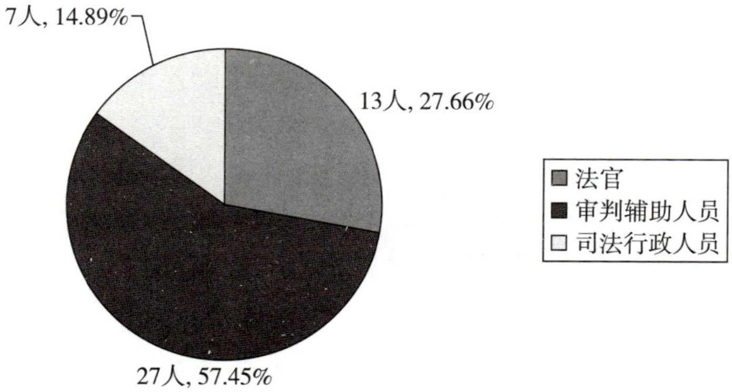

图 2-8　M 法院司法体制改革后人员配置

M 法院在结合本院实际的基础上,为民事审判团队配置法官、法官助理和书记员的比例是 2∶2∶1,刑事审判团队配置法官、法官助理和书记员的比例是 1∶2∶1。

二、改革前后法官基本情况对比

推进法官员额制改革,是法院深化司法体制改革的重要内容,其目的是要确保法官数量与案件数量相匹配,改变以前长期存在的人案失衡、忙闲不均的状况,确保优秀法官配置在一线办案岗位,确保品行端正、经验丰富、专业水平较高的优秀法律人才成为员额法官。换言之,改革的目标,是要通过优化人员结构、科学分类管理和精确划分职能,推动建立分类科学、结构合理、分工明确的法院人员管理制度,为推进法院队伍正规化、专业化、职业化建设打下坚实基础。① 通过实证分析,乐山试点法院的员额制改革基本实现了这一目标。

1. 法官比例下降至中央政法专项编制 32% 以内

按照中央关于推进法官员额制改革的要求,法官员额比例应当控制在中央政法专项编制的 39% 以内,该比例是针对各省、自治区、直辖市法院的

① 《最高人民法院关于深入做好司法改革政策解读工作的通知》(法〔2017〕86 号)第 4 条。

中央政法专项编制而言，可以在不同审级地域进行调剂。[①]

根据《四川省司法体制改革试点法院首批法官入额遴选工作实施方案》的规定，首批入额比例应当严格控制在中央政法专项编制的35%以内，适当预留员额用于逐步遴选，为暂时未能入额、有发展潜力的优秀人员留下发展空间。在试点改革中，采用“以案定额”[②]及“以岗定额”[③]两种方式确定员额比例，各市州的员额法官数量控制在该比例。

乐山法院通过员额制试点改革，员额法官比例大幅下降。员额制改革前，全市法院、乐山中院、S法院、J法院、M法院的法官比例分别为58.86%、61.54%、58.18%、57.97%、50%，员额制改革后，法官比例分别下降至31.58%、31.98%、40.16%[④]、28.57%、27.66%，如图2-9所示。

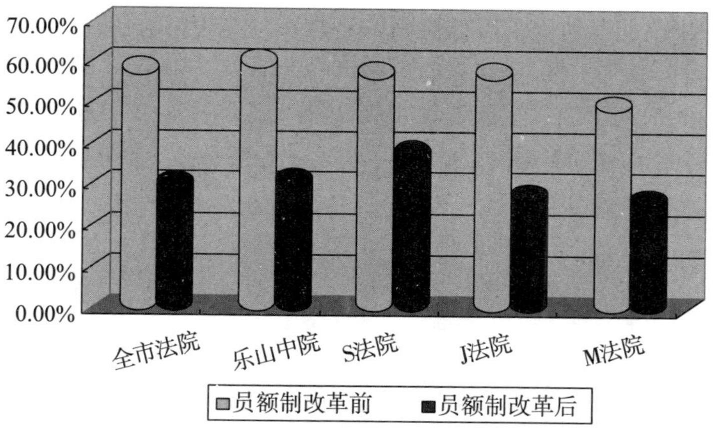

图2-9　员额制改革前后法官比例对比

① 中央组织部、最高人民法院：《人民法院工作人员人类管理制度改革意见》（中组发〔2013〕12号）。

② 以案定额：以案件量和法官人均办案数为主要依据，结合审判辅助人员配备、经济社会发展、人口数量、交通条件、审级功能等综合因素，合理分配法官员额。在法官和审判辅助人员1:1的配备模式下，试点中级、基层法院入额法官人均办案应不低于65件、130件。

③ 以岗定额：民族地区及边远山区法院按照定岗定员的原则分配法官员额并明确自治民族法官员额，首批遴选要有适当数量的自治民族法官入额。

④ S法院是乐山市基层法院中案件最多的法院。2017年结案数为9568件，员额法官人均结案数为191.36件，2018年1月至10月结案数为8287件，人均结案165.74件，预计2018年人均结案数将突破200件。

2. 审判一线法官力量大幅充实

推进法官员额制改革，要确保优秀法官配置在一线办案岗位，办公室、政工党务、培训教育、纪检监察、司法技术等部门不得配置员额，政工部门负责人、纪检组长入额后应当免职。此外，进入法官员额的院庭长应当办理一定数量案件，基层、中级人民法院的庭长每年办案量应当达到本部门法官平均办案量的50% ~70%。基层人民法院院长办案量应当达到本院法官平均办案量的5% ~10%，其他入额院领导应当达到本院法官平均办案量的30% ~40%。中级人民法院院长办案量应当达到本院法官平均办案量的5%，其他入额院领导应当达到本院法官平均办案量的20% ~30%。

因此，法官员额制改革，并非简单让更少的法官办更多的案件，而是充实审判一线法官力量，优化审判团队结构，发挥团队合力。通过司法责任制改革，乐山法院一线办案力量得到大幅充实。司法责任制改革前，全市法院、乐山中院、S 法院、J 法院、M 法院一线法官比例分别为：33. 83%、37. 82%、36. 36%、37. 68%、24%，法官员额制改革后，一线法官比例提升至31. 58%、31. 98%、40. 16%①、28. 57%、27. 66%，如图 2 -10 所示。

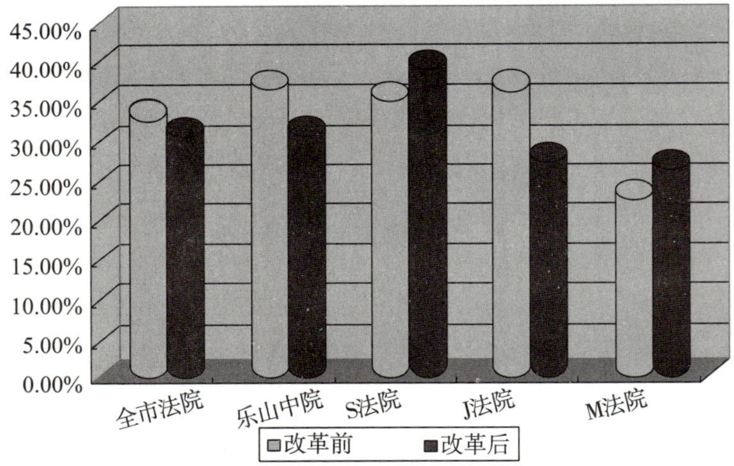

图 2 -10　员额制改革前后一线法官比例对比

① S 法院是乐山市基层法院中案件最多的法院。2017 年结案数为 9568 件，员额法官人均结案数为 191. 36 件，2018 年 1 月至 10 月结案数为 8287 件，人均结案 165. 74 件，预计 2018 年人均结案数将突破 200 件。

3. 审判一线法官结构优化明显

法官是一个知识积累和经验沉淀的职业，既需要有专业体系化的理论知识，又需要丰富的人生阅历和社会经验。同时，法律还是一门知识更新较快的行业，要求法官具备持续不断的学习能力，年轻法官因人生阅历的缺乏对案件的判断少了一些天理人情的悲悯，年老的法官又少了持续不断的学习能力及干事创业的精神，因此 36 岁至 50 岁的法官被业内公认为审判业务骨干。

经过员额制改革，乐山法院一线法官的年龄结构有了较大调整和优化：全市法院、S 法院、J 法院、M 法院 36 岁至 50 岁的法官比例分别为 52.2%、59.6%、50%、55.5%，如图 2－11、图 2－12 所示。

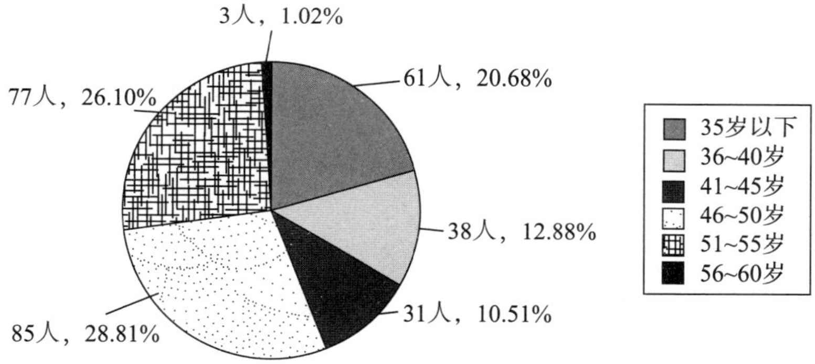

图 2－11　员额制改革后全市法院一线法官年龄结构

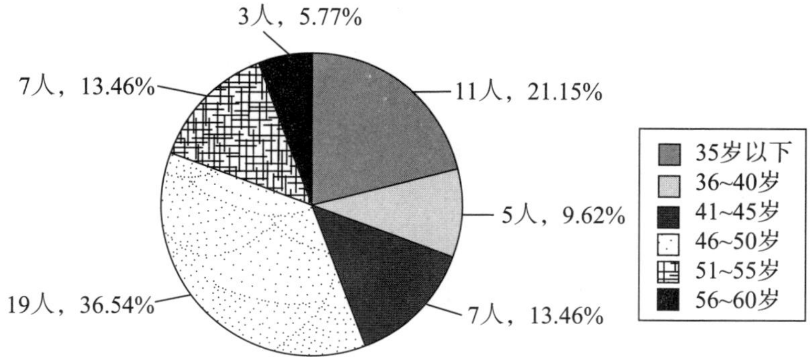

图 2－12　员额制改革后 S 法院一线法官年龄结构

员额制改革后，法官学历层次也有了较大程度提高，全市法院、市中院、S 法院、J 法院硕士研究生以上学历分别占法官总人数的 14.9%、32.7%、10.20%、20%，本科学历分别占法官总人数的 83.7%、67.2%、89.8%、80%，如图 2－13、图 2－14 所示。

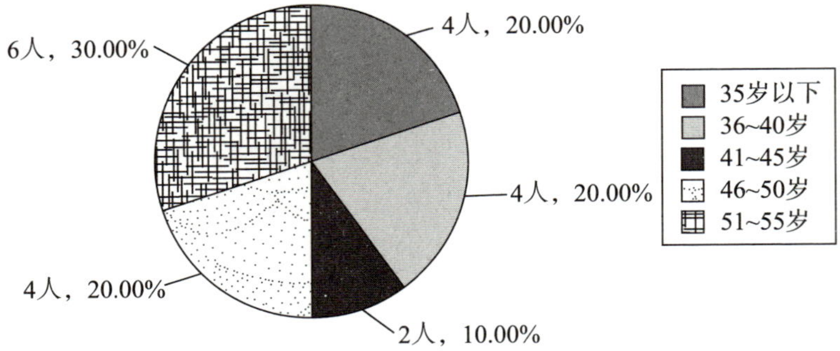

图 2－13　员额制改革后 J 法院一线法官年龄结构

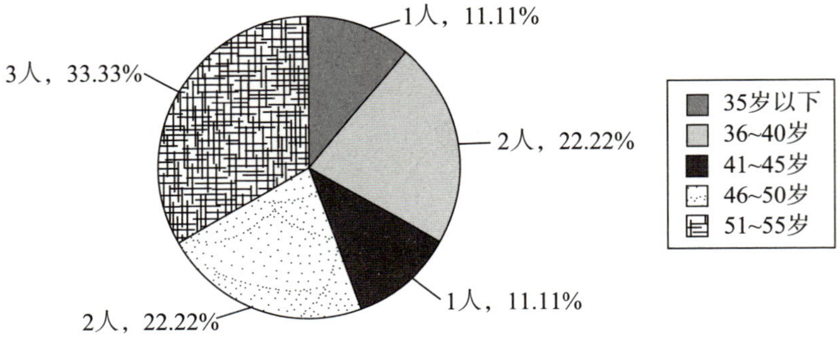

图 2－14　员额制改革后 M 法院一线法官年龄结构

三、改革前后司法辅助人员对比

1. 司法辅助人员数量大幅上升

司法体制改革前全市有司法辅助人员 260 人，其中法官助理 57 人，书记员 90 人，司法警察 97 人、网管和法医 16 人。

司法体制改革后，全市有审判辅助人员 450 人，其中法官助理 254 人，书记员 47 人（有中央政法编制的书记员，不含聘用制书记员）、司法警察 97 人，司法技术人员 23 人，其他辅助人员 29 人，如图 2－15、图 2－16、图 2－17、图 2－18 所示。

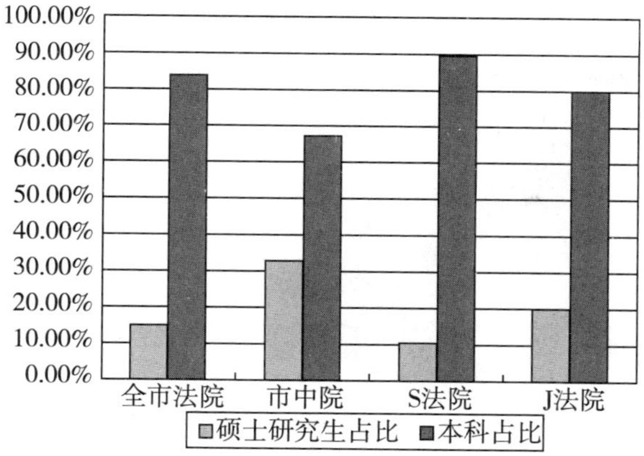

图 2－15　员额制改革后试点法院审判一线法官学历层次占比

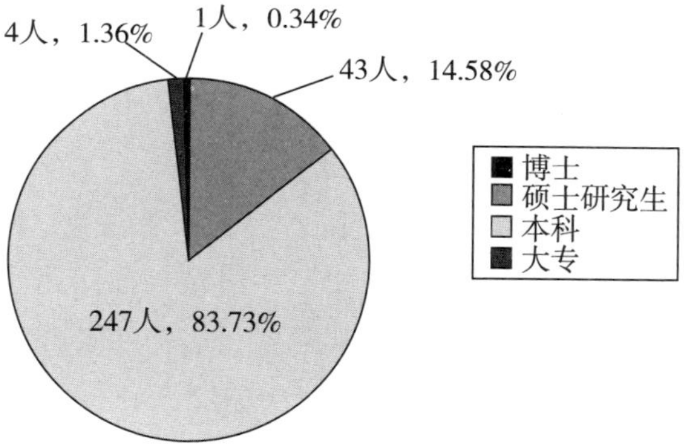

图 2－16　司法体制改革前全市法院司法辅助人员配置

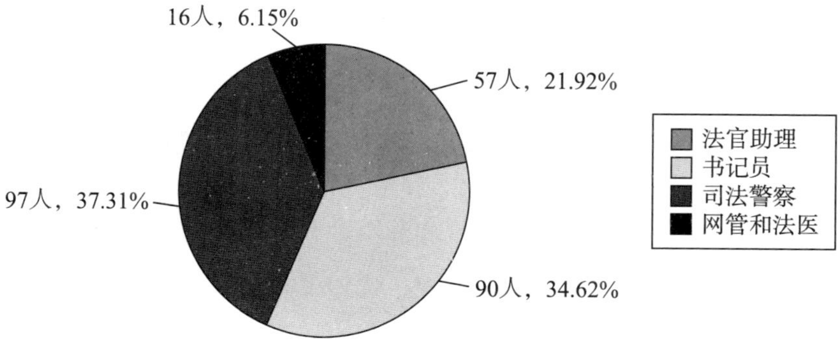

图 2－17　员额制改革后全市法院审判一线法官学历层次结构

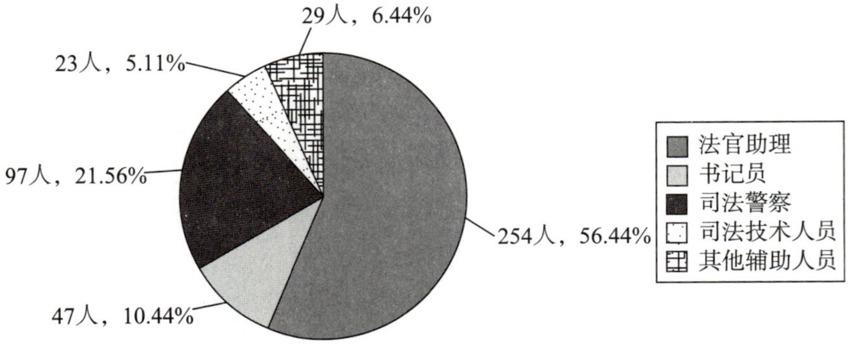

图 2－18　司法体制改革后全市法院司法辅助人员配置

2. 一线审判部门司法辅助人员大大充实

员额制改革过程中,原来具有法官身份但是未进入员额的法官,以及符合条件的书记员,转岗为法官助理。书记员原则上不再占用中央政法编制,主要实行聘用制管理,通过适当降低书记员任职门槛,实行等级管理,建设一支较为专业又相对稳定的书记员队伍。①

在人员分类管理过程中,乐山中院通过未入额法官、书记员转任以及争取经费招录书记员的方式,大大充实了一线审判部门司法辅助人员。司法体制改革前,市中院一线审判部门共配备司法辅助人员 14 人(含聘用制书记员 10 人),司法体制改革后,配备司法辅助人员 58 人(含聘用人员 33 人),增配比例 314%。

S 法院司法体制改革前一线审判部门共配备司法辅助人员 61 名(含 33 名聘用书记员),司法体制改革后共配备司法辅助人员 83 名(含 53 名聘用书记员),增配比例 36%。

J 法院司法体制改革前一线审判部门共配备司法辅助人员 20 人(含聘用制书记员 11 人),司法体制改革后配备 36 人(含聘用制书记员 16 人),增配比例 80%。

M 法院司法体制改革前一线审判部门配备司法辅助人员 13 人(含聘用制 1 人),司法体制改革后配备 31 人(含聘用制 6 人),增配比例 138%,

① 《最高人民法院关于深入做好司法改革政策解读工作的通知》(法〔2017〕86 号),第 16 条。

如图 2－19 所示。

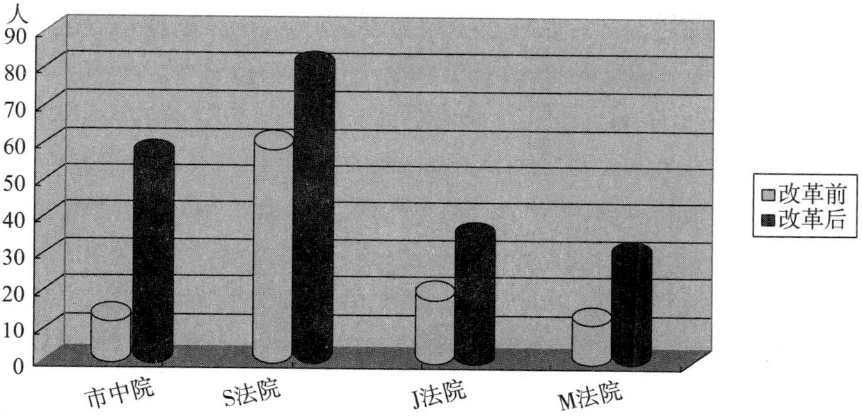

图 2－19　司法体制改革前后试点法院审判一线审判部门司法辅助人员配置对比

3. 一线审判部门法官助理年龄结构呈“两大一小”

实行员额制改革和人员分类管理后，法官助理的构成主要有 3 类：第 1 类是以“法官助理”岗位招录进法院，未取得助理审判员的人员，这类法官助理通常年纪轻、学历高、可塑性强，员额制改革中所受到的利益冲击小。第 2 类是具有助理审判员资格，但未进入员额的年轻法官，此类人员通常因审判年限不足、审判经验不足，在入额考核及综合测评中处于不利地位，是受到影响最大的利益群体。第 3 类是因为身体、任职回避、业务能力不足、审判工作压力等原因未进入员额的年长法官，这类法官转岗为法官助理后，在工作意愿、干事创意劲头方面存在一定不足，一定程度影响了审判团队合力。

乐山法院在员额制改革过程中，在法官助理年龄结构上，也存在“两头大中间小”的问题。全市审判业务部门 35 岁以下的法官助理 176 人，占审判一线法官助理总数的 55.3%；35～45 岁的法官助理 35 人，占审判一线法官助理总数的 11%；46～60 岁的法官助理 79 人，占审判一线法官助理总数的 24.84%。前两类法官助理对晋职晋级的意愿强，如在近几年内没有入额的希望，较容易出现人才流失、队伍不稳定的情况。

司法体制改革后，乐山法院法官助理学历层次有较大程度提升，硕士研究生31人、本科208人、大专15人，如图2-20、图2-21所示。

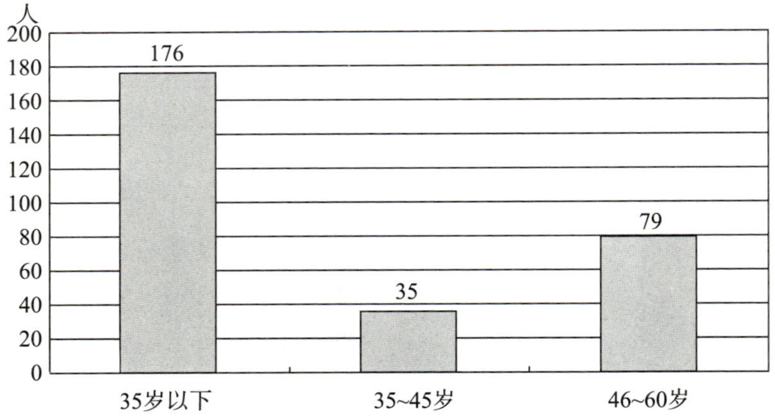

图2-20　司法体制改革后一线审判部门法官助理年龄结构

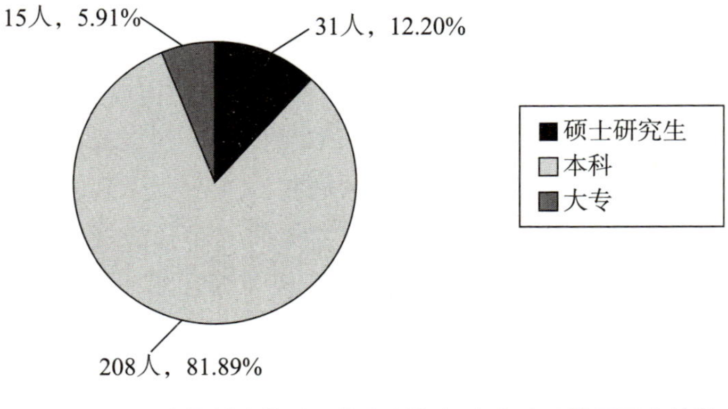

图2-21　司法体制改革后一线审判部门法官助理学历层次结构

员额制是实现法官专业化、职业化的重要基础制度，是实行司法责任制的前提。乐山法院在员额制改革过程中，确保了法官数量与案件数量相匹配，改变目前人案失衡、忙闲不均的状况；把最优秀的法官配置在一线办案岗位，确保了入额法官政治素养、专业素质、办案能力、职业操守过硬；使品行端正、经验丰富、专业水平较高的优秀法律人才成为员额法官人选，为推进司法责任制改革务实基础。

然而，在基层法院人员分类改革过程中，出现了两个问题，使审判团队合力的优势无法充分发挥：一是审判辅助人员与法官数量匹配的问题上，没有为员额法官配备充足的法官助理，没有为法官切实减少事务性工作负担。二是对未入额的老同志、暂未入额的年轻同志、不再履行管理职能的中层副职、未能入额的综合部门骨干等，虽然放在一线审判部门，但是对于他们的工作积极性调动不够，影响了审判团队合力的发挥。

第二节　改革前后审判质效情况对比分析

一、审判质效数据的提取

1. 司法体制改革前后考核指标体系有较大调整

自 2012 年起到 2018 年止，四川法院建立了全省统一的审判质效指标体系，但指标项目前后有较大变化。

2012 年至 2015 年期间，四川全省法院质效评估指标体系共包含 3 个二级指标，分别为公正指标、效率指标、效果指标。二级指标下共有 26 项指标。公正指标下包含 10 项指标，包括立案变更率、一审案件陪审率、一审判决案件改判率、一审判决案件发回重审率、二审开庭率、生效案件改判率、生效案件发回重审率、执行中止终结率、再审审查询问（听证）率、司法赔偿率。效率指标下包含 9 项指标，它们是一审简易程序适用率、当庭裁判率、结案率、法定（正常）审限内结案率、法定（正常）审限内执结率、平均审理时间指数、平均执行时间指数、结案均衡度、法官人均结案数。效果指标下包含一审服判息诉率、调解率、撤诉率、实际执行率、执行标的到位率、再审审查率、信访投诉率共 7 项指标。

2016 年至 2018 年，四川法院将质效考核指标调整为考核 7 项重点指标，但 3 年间也有调整变化。2016 年，公正指标 2 项（含开庭审理率、申诉申请再审案件启动再审率）、效率指标 3 项（法定审执限内结案率、平均审理天数、法官人均结案数）、效果指标 2 项（服判息诉率、执行标的到位率）。2017 年，公正指标 1 项（生效案件发改率）、效率指标 4 项（法定审执限内结案率、平均审理天数、法官人均结案数、当庭裁判率）、效果指标 2 项（服判息诉率、实际执结率）。2018 年，公正指标 2 项（案件改发率、决定司法赔偿案件数）、效率指标 4 项（法定审限内结案率、平均审理天数、法官人均结案数、收结案均衡度）、效果指标1项（服判息诉率）。

2. 改革前后指标统计口径有较大调整

对于部分指标，虽然考核项目相同，但是，在统计口径及考核内容方面有了较大变化。

以法定审限内结案率指标为例。在司法体制改革前，统计公式为（1－超审限案件）/全部案件，该指标中的超审限案件不包含法律、司法解释中应当中止、延长、扣除审限的案件。司法体制改革后，该指标中的超审限案件则指一审案件超出180天、二审案件超出90天的案件，不扣除依法中止、扣除、延长审限的案件。再如服判息诉率指标，在司法体制改革前仅指一审案件的服判息诉率，在司法体制改革后既包含了一审案件服判息诉率，也包含了生效案件申请再审率。

3. 对审判质效指标数据提取的说明

法官员额制改革及人员分类管理，最终目标是建立科学的审判权力运行机制、明晰的审判组织权限和审判人员职责，让审理者裁判，让裁判者负责。而检验法官员额制及人员分类改革的效果，最重要的标准为在新型审判组织运行机制下，审判效率是否得到提高、案件质量是否稳定并有所提升、人民群众对判决的认同度如何。

本书在审判质效对比指标提取上，分别从案件的效率指标（法定审限内结案率、平均审理天数、法官人均结案数）、质量指标（发回改判率）及效果指标（服判息诉率）方面入手，并考虑前文所述的指标调整的影响，以司法体制改革后的统计口径和考核内容为标准，通过提取全市法院案件清单，用计算机语言设定条件进行抽取，获取数据进行前后对比，从而使数据具有可比性和参考性。

二、案件效率指标的变化

（一）法定审限内结案率

从表2－1、表2－2的数据可以看出，有3家司法体制改革试点法院法定审限内结案率在2016年第四季度同比有所提升。从全市法院近3年指标数据看，大部分法院指标值逐年稳步提升，特别是司法责任制全面落实后，2017年全市法院指标值高于90%的法院从1家增加到6家，效率明显提升。

表2-1　试点法院法定审限结案率同比情况

单位：%

法　院	2015年9月至12月	2016年9月至12月	同比情况
S法院	69.06	71.84	2.78
J法院	80.05	81.28	1.23
M法院	87.13	86.06	-1.07
乐山中院	86.11	87.52	1.41

表2-2　近3年乐山全市法院法定审限内结案率情况

单位：%

法　院	2015年	2016年	2017年
市中区	71.28	72.34	80.70
沙　湾	84.08	84.22	96.54
五通桥	92.31	92.49	92.67
金口河	86.17	86.98	88.89
峨眉山	76.27	76.20	83.70
犍　为	89.28	89.93	89.54
井　研	80.47	80.46	89.91
夹　江	84.31	85.31	92.86
沐　川	88.57	88.61	89.01
峨边彝族	82.29	80.12	92.50
马边彝族	87.06	86.86	95.93
乐山中院	87.35	88.87	92.20
全　市	81.04	82.37	87.98

（二）平均审理天数

从以表2-3和表2-4的数据可以看出，近3年来，2016年全市法院效率普遍最低，案件体量大的法院达到100天以上。2017年效率普遍最高，平均审理天数小于60天的法院最多，各法院平均审理天数基本达到近3年来的最小值。2017年效率明显提升。

表 2-3 试点法院平均审理天数同比情况

单位:天

法 院	2015 年 9 月至 12 月	2016 年 9 月至 12 月	同比情况
S 法院	98.95	105.06	6.11
J 法院	66.10	87.44	21.34
M 法院	102.96	70.98	-31.98
乐山中院	65.31	54.34	-10.97

表 2-4 近 3 年乐山全市法院平均审理天数情况

单位:天

法 院	2015 年	2016 年	2017 年
市中区	87.27	101.25	88.76
沙 湾	60.59	73.65	38.81
五通桥	51.05	51.96	51.69
金口河	58.28	73.69	53.55
峨眉山	87.52	102.56	80.19
犍 为	56.79	65.10	61.77
井 研	56.15	65.20	47.75
夹 江	53.62	71.77	52.80
沐 川	59.66	55.69	55.49
峨边彝族	86.69	85.13	47.53
马边彝族	76.10	67.61	39.84
乐山中院	51.39	50.81	47.57
全 市	70.03	76.44	64.05

(三)法官人均结案数

从表 2-5 和表 2-6 的数据可以看出,法官员额制改革及人员分类管理后,审判团队配置更加科学,绝大部分法院人均结案数逐年增加。2017 年人均结案数与 2015 年相比,所有法院均成倍增加,沙湾法院、峨边法院增幅高于 200%;2017 年人均结案数与 2016 年相比,所有法院均增加,大部分法院增幅高于 100%。2017 年效率提升显著。

表 2-5　试点法院人均结案数同比情况

单位：件

法　院	2015 年 9 月至 12 月	2016 年 9 月至 12 月	同比情况
S 法院	45. 81	48. 07	2. 26
J 法院	18. 19	19. 00	0. 81
M 法院	2. 65	17. 65	15
乐山中院	15. 14	26. 71	11. 57

表 2-6　近 3 年乐山全市法院人均结案数情况

单位：件

法　院	2015 年	2016 年	2017 年
市中区	105. 78	113. 40	217. 55
沙　湾	48. 54	51. 05	169. 67
五通桥	50. 33	47. 28	117. 76
金口河	30. 80	34. 20	63. 83
峨眉山	71. 09	99. 96	167. 91
犍　为	46. 53	50. 60	134. 56
井　研	53. 26	65. 26	146. 06
夹　江	50. 30	59. 84	139. 15
沐　川	42. 68	77. 10	103. 56
峨边彝族	18. 46	19. 69	59. 27
马边彝族	28. 57	37. 09	74. 27
乐山中院	41. 98	50. 56	86. 65
全　市	53. 38	63. 29	131. 73

三、案件质量指标的变化

法官员额制改革及人员分类管理后，全市法院案件改判发回率整体出现较大幅度反弹，四个试点法院案件的发回改判率也不例外，反映出司法体制改革后案件质量有待提升。具体数据情况如表 2-7 和表 2-8 所示。

表 2-7 试点法院案件发回改判率同比情况

单位:%

法　院	2015 年 9 月至 12 月	2016 年 9 月至 12 月	同比情况
S 法院	0.12	0.92	0.80
J 法院	0.14	0.70	0.56
M 法院	0.35	0.37	0.02
乐山中院	1.31	2.78	1.47

表 2-8 近 3 年乐山全市法院案件发回改判率情况

单位:%

法　院	2015 年	2016 年	2017 年
市中区	0.27	0.75	0.59
沙　湾	0.17	0.68	0.40
五通桥	0.31	0.97	1.04
金口河	0.00	0.93	0.68
峨眉山	0.32	0.54	1.24
犍　为	0.39	1.41	0.70
井　研	0.13	0.59	1.00
夹　江	0.35	0.45	0.95
沐　川	0.11	0.65	0.82
峨边彝族	0.00	1.30	2.20
马边彝族	0.15	1.02	1.33
乐山中院	0.89	2.38	2.56
全　市	0.66	0.79	0.90

四、案件效果指标的变化

从服判息诉率来看,改革前后全市法院的指标发生了有效的变化,如表 2-9、表 2-10 所示。

表2-9　试点法院案件服判息诉率同比情况

单位：%

法　院	2015年9月至12月	2016年9月至12月	同比情况
S法院	92.34	87.82	-4.52
J法院	95.01	90.35	-4.66
M法院	85.00	91.67	6.67
乐山中院	82.58	93.67	11.09

表2-10　近3年乐山全市法院案件服判息诉率情况

单位：%

法　院	2015年	2016年	2017年
市中区	88.60	86.45	83.90
沙　湾	89.45	90.97	94.18
五通桥	91.61	89.82	89.84
金口河	94.38	92.59	91.61
峨眉山	87.27	93.61	84.48
犍　为	90.53	93.98	94.18
井　研	92.85	92.43	90.46
夹　江	92.16	91.42	91.54
沐　川	91.86	96.44	93.02
峨边彝族	86.14	91.10	74.91
马边彝族	87.17	89.16	88.27
乐山中院	68.87	90.33	86.13
全　市	90.24	91.08	87.74

从以上数据可以看出，全市仅有2家法院服判息诉率逐年升高，2016年案件服判息诉率整体情况较好，2017年服判息诉率下滑较多，个别法院群体性案件批量上诉，服判息诉率创3年来新低。

通过上述分析，我们可以得出以下结论：

1. 人员分类管理对审判效率促进明显

从审判质效数据中的法定审限内结案率、平均审理天数、法官人均结案数3个指标分析,员额制改革及人员分类管理后,审判效率指标有了大幅提升。

简单分析原因,不难发现,员额制改革后,将法官及法官助理配置在审判一线,审判经验丰富的院庭长重回审判一线,办理一定比例的案件,充实了一线审判力量。建立了员额法官、法官助理、书记员配置有序的审判团队,剥离了法官的事务性工作,使法官专注于与裁判相关的核心事物。在文书审签机制上,放权于合议庭及独任法官,压缩了层级决策的中间环节,大大提高了审判效率。

2. 改革后审判质量有所滑坡

从审判质效数据中的发回改判率指标可以看出,试点法院和非试点法院在司法责任制改革后,该项指标连续两年出现反弹,这一现象值得高度重视。

从司法责任制改革政策初步分析,该指标的反弹需从正反两个反面来看待:一审法官审理案件时,缺少了院庭长等优秀法官对审判质量的把关,放权的同时,难免出现个别案件的“放任”。二审法官审理案件时,缺少了院庭长的总关口把控,对裁判尺度的掌握不一,或者出于对审判责任的规避,案件改判及发回的数量上升。但该指标的相关因素较为复杂,后文将从更深层的角度进行研究。

3. 改革后案件社会效果出现两极分化

从前文中的审判质效数据中标中的服判息诉率可以看出,乐山两级法院出现了两极分化,市中院出现了较大程度上升、沙湾区法院和犍为县法院稳步提升,其他法院则出现了不同程度的下滑。

服判息诉率指标中,考核一审案件服判息诉率和生效案件申请再审率,这两项指标虽然与法官的业务能力、判后释疑工作、工作作风等有正相关作用,但影响最大的是当事人对诉权的行使。这一问题的相关因素较为复杂,既与员额法官的业务素质、年龄结构、审判团队中辅助人员的业务水平及配备情况相关,也与当地院庭长对内对外的沟通协调能力密切相关,还与法官的职业尊荣感及司法权威、社会法治氛围紧密相连,后文将从更深层、更广阔的角度进行详细分析。

第三节　分类管理与审判质效相关度分析

一、审判团队配置对审判质效的影响

（一）审判团队配置比较分析

法官、法官助理、书记员以及其他司法辅助人员应当按照何种比例配置到审判团队中，才能实现团队运行效果最佳？最高人民法院和地方各个法院均作了积极探索。

2017 年 7 月 31 日，最高人民法院发布了《最高人民法院司法责任制实施意见（试行）》，其中关于审判团队的规定为，最高人民法院各审判业务庭室合议庭配备适当数量的法官助理和书记员，在巡回法庭则以法官、法官助理、书记员“1 +1 +1”的模式配置审判团队。①

而四川省高级人民法院结合本省实际情况，在《关于印发四川法院人员定岗和审判（执行）团队编配指导方案的通知》（川高法〔2016〕429 号）中也对审判团队的比例做出了规定——各级法院原则上要按照员额法官、法官助理、书记员 1∶1∶1 的模式组建办案团队，各级法院可以根据案件数量情况增减②。

在司法责任制试点改革中，乐山中院、S 法院、J 法院、M 法院均针对本院实际，建构了审判团队，率先完成了审判团队的搭建。

1. 乐山中院团队配置检视

乐山中院按照各审判领域人数与案件基本均衡的原则设置了若干办案团队，其中刑事、民事、行政 3 大诉讼领域设立 11 个办案团队，原则上按照 4∶4∶4 的人员比例配置，即法官 4 人，法官助理 4 人，书记员 4 人；过渡期内，由于现有的编制无法满足上述比例，所以，按照不低于 4∶1∶3 或者 4∶2∶2 的人员比例配置；立案申诉团队、审判监督团队按照 3∶1∶2 的人员比例配置，即法官 3 名，法官助理 1 名，书记员 2 名。乐山市的各个基层

① 参见《最高人民法院司法责任制实施意见（试行）》（法发〔2017〕20 号）。

② 四川省高级人民法院：《关于印发四川法院人员定岗和审判（执行）团队编配指导方案的通知》（川高法〔2016〕429 号），2016 年 10 月 12 日。

法院则参照中级法院团队组建的原则和方式，探索建立适合本院实际情况的办案团队。

在本轮司法体制改革中，各个法院均积极探索审判团队这一新的组织模式，大多数的法院实施的是1∶1∶1的模式。而乐山中院目前按照4∶2∶2的比例配置审判团队的法官、法官助理和书记员，主要是出于以下考量：

（1）结合乐山中院实际案件数量。乐山中院每年受理的案件数量约为3000余件，案件压力并不如经济发达地区，审判团队的搭建必须以法院案件数量和法官工作量为基础，不能盲目照搬照抄第1批和第2批试点法院，否则即无法满足人员和经费的配套支持，也不能科学有效的发挥审判团队的优势。正如时任中央政法委书记孟建柱在全国司法体制改革推进会上作的《主动拥抱新一轮科技革命，全面深化司法体制改革，努力创造更高水平的社会主义司法文明》讲话所说，组建办案团队，不宜简单搞“一审一助一书”模式，要综合考虑不同地区、层级、业务特点，从案件类型、难易程度和人员结构等实际情况出发，组建灵活多样的专业化办案团队，实现人员配置最优化、办案效能最大化①。因此，从案件数量和司法资源合理配置的角度来看，乐山中院并不需要为每个法官都配备1个法官助理和书记员。

（2）基于乐山中院客观现实的司法人力资源状况。司法责任制改革前，由于法官助理和书记员的工作职责不明，工作运行过程中，法官助理和书记员的职责和工作存在一定程度的交叉和混同。一些法官将审判事务1人揽下，1人包干，使法官助理的工作弱化。司法责任制改革后，乐山中院结合司法责任制的具体要求，对法官、法官助理和书记员的工作，出台了《乐山市中级人民法院办案人员权力清单（试行）》，明确了法官、法官助理和书记员3类人员的具体职责，从内部规则层面将法官助理和书记员清晰地分开。

《乐山市中级人民法院办案人员权力清单（试行）》实施过程中，乐山中院对本院的职工进行了分类摸查，发现本院的法官助理和书记员的数量并

① 孟建柱：《主动拥抱新一轮科技革命，全面深化司法体制改革，努力创造更高水平的社会主义司法文明》，全国司法体制改革推进会会议论文，贵阳，2017年7月，第9页。

不足以达到 1∶1∶1 的比例配置。面对这一情况，乐山中院一方面引进一定数量的聘用制书记员，一方面探索合理的比例建构审判团队。经过反复研究和推演，最终乐山中院采取了 4∶2∶2 的模式配置审判团队的法官、法官助理和书记员。

（3）有利于审判团队内随机组成合议庭。此轮司法体制改革中，创新建构的审判团队只是作为法院内部去科层化，实现扁平化的管理单元，而并非是创建了一个新的审判组织。根据《人民法院组织法》的规定，独任庭、合议庭和审判委员会才是法定的审判组织。同时，根据我国诉讼法的规定，结合乐山中院在审理案件时，多采用 3 个法官组成的合议庭的实际状况，乐山中院在一个审判团队中配置 4 个法官，则是充分考虑了在审判团队中随机构成合议庭的的工作需要。另外，即使审判团队中有 1 位法官临时请假，不能参与案件的审理活动，该审判团队也能正常运转。

（4）促进庭长（审判团队负责人）积极参与案件的审理。庭长（审判团队负责人）是法院的中流砥柱，也是法官队伍中审判经验丰富的业务骨干。

在司法责任制改革中，乐山中院为鼓励庭长多办案，办好案，在《乐山市中级人民法院关于落实司法责任制的实施办法》中规定，进入法官员额的庭长应当承办案件，庭长参加合议庭审理的案件数量不低于本团队年人均办案数量的 100%，其中承办案件数量不低于本团队法官年人均办案数量的 50%。在一个审判团队中配置 4 名员额法官，可以方便其他法官与庭长随机组成合议庭，参与案件的审理，也便于将庭长的办案能力和专业素养积极发挥出来。

在司法体制改革开展的一年多来，课题组经实证研究后发现，按照 4∶2∶2的模式建构的审判团队运行情况良好，乐山中院审判质效中的效率指标和社会效果指标均得到大幅提升。这与乐山中院先行先试，勇于创新，破除阻力，科学组建审判团队，界定各类人员权力清单密不可分。同时，审判团队的科学组建也为后续进行人员分类绩效考核、进一步促进质效提升奠定了坚实的基础。

2. S 法院团队配置检视

S 法院是乐山案件量最大的基层法院，根据最高人民法院“以案定额”的政策，该院有员额法官 49 名，占政法编制总人数的 40. 16%，该比例已经超出了中央政法委核定的39%以及四川省委政法委核定的35%的比例,是由乐山中院调剂其他基层法院的员额补充到S法院,应该说在全国范围内这一比例都属于较高比例。

然而在审判团队建构时,面对较大数量的员额法官,该院无法为每个员额法官配置1名法官助理,由于审判辅助人员数量严重不足,该院并没有为审判团队中的员额法官配置法官助理,只能勉强为每个员额法官配置1名书记员,即S法院审判团队中法官与书记员的比例为1∶1。

此外,由于S法院案件数量大,员额法官名额多,很多报名参加遴选的法官如愿以偿的成为了员额制法官,只剩很小数量的具有法官身份的法官需要调整工作岗位。在未入额法官分流转任过程中,这些法官全部分流至审判管理部门、执行部门和行政部门等,未入额法官并未调配至审判一线担任法官助理职位,这也是该院司法辅助力量薄弱的原因之一。

从该院审判团队运行两年多的情况来看,该院2016年和2017年的法官人均结案数分别为113.40件、217.55件,虽然在乐山地区人均结案数第1,但是与经济发达地区相比,该院案多人少的压力并未显得特别突出。此外,该院的另外两项效率指标平均审理天数及法定审限内结案率两项指标均位列全市法院倒数第1,2016年、2017年的案件服判息诉率也位列全市法院倒数第一。这些指标均反映出,该院审判团队运行情况并不乐观,虽然法官员额数量充足,但由于审判辅助人员尤其是法官助理配置不到位,未实行繁简分流、审判实务性工作剥离不够,制约了法官的办案效率。同时法官时间精力有限,也没有多余的时间为当事人做调解及判后释疑工作,导致服判息诉率指标不理想。

3. J法院团队配置检视

J法院为审判团队的员额法官配置了1名法官助理或者1名书记员,即员额法官与司法辅助人员的比例为1∶1。该院采取1∶1模式的主要原因如下:第一,该院案件数量相对较少,根据最高人民法院按照“以案定额”遴选员额法官的原则,该院只有20人,占政法编制的28.57%。由于员额法官数量较少,与之相匹配的司法辅助人员数量也少,加上该院案件数量较少,法官的工作量较S法院较轻,无需配置过多的司法辅助人员。第二,J法院的司法人力资源并不充裕,尤其是该院司法辅助人员的数量也不足以支撑该院为审判团队按照“一审一助一书”配置。既然如此，根据法官、法官助理和书记员的工作能力、年龄结构、性别比例等因素合理配置审判团队的人员很有必要。

J法院审判团队配置模式经过2年的实践，运行情况也较为顺畅，法定审限内结案率、平均审理天数、法官人均结案数均有大幅提升。

4. M法院团队配置检视

M法院是少数民族地区法院，案件数量不大，按照以岗定额的方式确定员额法官数量，法官员额制改革后，共有员额法官13人，占中央政法编制的27.66%。该院为民事审判团队配置法官、法官助理和书记员的比例是2∶2∶1，刑事审判团队配置法官、法官助理和书记员的比例是1∶2∶1。该院采取这种团队配备模式的主要原因如下：第一，该院司法人力资源相对充裕。M法院的司法辅助人员数量较J法院和S法院的数量相对较多，因此该院可以为审判团队中的员额法官配置更多的法官助理和书记员。第二，该院虽然案件数量不多，结合该院地处少数民族同胞聚居地区，为正确适用法律和尊重少数民族同胞的风俗习惯，办理案件的过程中多涉及调解。根据多元纠纷化解及诉源治理的精神，人民法院要注重发挥法院外部资源作用，通过完善多元化纠纷解决机制，充分发挥综治组织、行政机关、人民调解组织等各类治理主体预防与化解矛盾纠纷的作用，促进诉外分流①。该院于当地党委建立了大调解机制，灵活运用社会力量，先有当事人所在地的乡、镇政府的成员组织调解，也经常邀请本地区德高望重的少数民族长辈参与案件的调解工作，调解工作程序很多，花费的时间也很长，但调解在缓和社会矛盾方面比法官依法做出判决效用更强，该院法官也因此也一直重视对案件的调解工作。因此，法官需要更多的司法辅助人员协助组织当事人调解，以达到良好的法律效果。第三，该院此前在为未入额法官调整工作岗位时，将很多未入额的法官安排到法官助理这一岗位。这些未入额法官长期在少数民族聚居地区办理案件，具有丰富的与少数民族群众打交道的经验，跟少数民族同胞的当事人沟通交流起来更加方便，将他们安排至法官助理岗位，也可以更好地协助员额法官组织调

① 最高人民法院：《情况通报》2017年第30期，第9页。

解，办理好案件。

该院审判团队运行两年来，运行效果比较理想，审判效率指标和社会效果指标均出现了大幅提升，尤其是服判息诉率指标，是全市基层法院中唯一一个呈上升趋势的法院，这与该院审判团队中，配备熟悉精通少数民族工作的法官助理，通过多元化解、调解结案的工作方式密切相关。

（二）审判团队配置对审判质效的影响

1. 审判辅助人员数量对审判效率有决定性影响

司法辅助人员，尤其是法官助理编入审判团队提升了审判效率。人员分类管理改革前，法官办理案件只能孤军奋战，有关办案的事情只能自己去做，只有为数不多的记录、归档等简单事务可以交由书记员处理。人员分类管理改革后，大量的司法辅助人员被编入审判团队之中。法官助理的配置减轻了法官的办案压力，庭前询问，庭后研判等多个办案程序中均有法官助理的参与。法官助理参与办案对提升办案效率具有十分明显的作用。从几个试点法院审判团队配置的检视情况可知，4 个法院的审判效率指标均有不同程度的上升。尤其值得注意的是，S 法院的额法官数量非常充足，但因为审判辅助人员尤其是法官助理数量不足，严重影响了审判效率，法定审限内结案率及平均审理天数两项指标居全市倒数第1，未通过优化人员结构、科学分类管理和精确划分职能达到人员分类改革的目标。

2. 法官助理素质能力对社会效果指标有关键性影响

人员分类改革后，法官助理有两类人员。一类是转化型法官助理，即具有法官身份但未进入员额，在人员分类改革中转任为法官助理岗位的审判员。这类法官助理往往有着丰富的审判经验，虽然因为这样或那样的原因没有进入员额，但是，他们对案件的审理活动和法律适用有着不容小觑的实力。另一类则是法院近年来新招录的法官助理，他们一般均具有硕士研究生以上的学历，大多受过系统的法学理论教育，通过公招、选调等层层选拔进入法院，具有较好的法学基本功及可塑性。

法官助理的主要职责有撰写裁判文书、协助法官组织当事人调解、协助法官进行判后释疑。而裁判文书的说理性、做人民群众工作的能力以及接待当事人的司法作风，均会影响人民群众对司法公信力和司法权威的判断，进而影响服判息诉率指标。从 4 个试点法院审判团队 2 年来的运行情况分析，全市 12 个法院中仅有市中院和 M 法院两个法院服判息诉率指标出现上升。从两个法院法官助理的人员结构分析，S 法院将年轻、学历高的法官助理全部配置在审判一线，将年纪大未入额法官配置在审判管理、信访等部门，M 法院将熟悉精通群众工作的法官助理配置在审判一线，通过大调解、诉讼调解，化解了大量矛盾纠纷。两个法院中法官助理的素质和能力对服判息诉率指标的提升有不可或缺的影响。

3. 聘用制书记员流失对审判质效的影响不容小觑

人员分类改革后，主要通过聘用制的方式招录书记员，聘用制书记员大多年纪轻、具备一定的法律功底，但是因为身份及待遇问题，工作稳定性不强，人员流动及流失较为严重。

书记员的职责主要包括送达、庭审记录、合议记录、文书校对、文书上网、归档等相关工作。审判实务中，因为书记员对送达工作相关法律及司法解释不熟悉，导致案件程序违法被发挥重审；因文书校对不仔细，导致当事人信访或申请再审；还有书记员因为对裁判文书应当上网和不能上网的规定不清楚，导致大量涉及当事人隐私的离婚案件裁判文书上网。这些问题都反应出聘用制书记员的流失对审判质量和审判效果的影响不容小觑。

二、审判权运行机制对审判绩效的影响

从全面深化改革的总体部署来看，人员分类管理与司法责任制完善同是司法体制改革的重要内容，是解决影响司法公正、制约司法能力的深层次问题的重要途径；人员分类管理是逻辑起点，司法责任制改革是核心内容，是必须牢牢牵住的“牛鼻子”。因此，课题组认为，在全面深化改革背景下，人民法院案件质效的应然走向，不仅受到上述 3 方面因素的驱动影响，还与人员分类管理后，审判权运行机制转型变革息息相关；而“让审理者裁判，由裁判者负责，确保人民法院依法独立公正行使审判权”目标要求的兑现落实情况，也必将深入制约和牵引着案件质效的实然变化。事实上，通过独任庭、合议庭、专业法官会议、审判委员会等组织机制转型运转情况的深入检视，审判权运行与审判质效的逻辑关联联系密切。

(一)权力行使:独任或合议庭的运转情况检视

1. 审判权层级缩减与审判效率的相关性

人员分类管理改革前,由于政权体制的科层结构影响,审判权力运行的“行政化色彩”浓厚,权力行使层级较多,普通案件的裁判文书需经庭长审签,经审判委员会讨论或者重大改判、发回重审的案件,需要由庭长审核后提请分管副院长甚至院长审签。人员分类管理改革后,按照最高人民法院《关于完善人民法院司法责任制的若干意见》(法发〔2015〕13 号)①(以下简称最高人民法院《意见》)的规定,法官依法独立行使审判权,院庭长不再具有文书签发权,裁判文书经独任法官/合议庭签署后即可制作并送达,权力行使链条由“独任法官/合议庭—庭长—副院长/院长”缩短为“独任法官/合议庭”(见图 2-22),客观上有利于节约审理时间,提升审判效率。

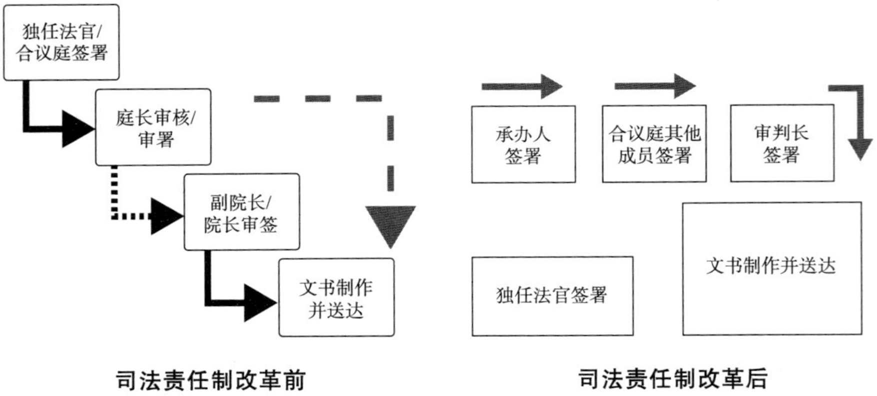

图 2-22 司法责任制改革前后裁判文书审签流程

2. 权责分工细化完善与审判质量的相关性

从最高人民法院《意见》的规定来看,人员分类管理后,独任法官/合议庭权责划分更加明晰,法官审理案件亲历性更强,民主协商氛围更加浓厚;同时,受案件质量终身负责制影响,法官必须对自己发表的意见负责,合议庭审理案件便不再是承办人个人的职责,合议庭其他成员便不再只是坐庭走过场,而是更加注重对案件的实质审理,合议过程中发表意见更加充分

① 最高人民法院《关于完善人民法院司法责任制的若干意见》(法发〔2015〕13 号)。

有依据，案件质量得到保证。

3. 独立行使权力能力与审判质效的相关性

“法官是法律帝国的王侯，法律借助于法官而降临尘世”，由此可见，法律适用与独任法官/合议庭独立行使审判权力的能力息息相关。虽然，按照人员分类管理要求，全市法院已经奔着法官队伍专业化、职业化、正规化目标，分别于2016年5月、2016年11月完成了首批员额制法官选任工作，优中选优产生289名员额法官，为司法责任制的推行在一定程度上奠定了主体基础。

（二）智力支持：专业法官会议运转情况检视

审判权力行使主体对于司法责任制的要求，不仅存在主观怯弱，而且在客观能力上存在一定差距，严重制约和影响了审判质效的提升。专业法官会议作为新创法律咨询机制，为独任法官/合议庭依法独立正确行使裁判权提供智力支持，提升裁判自信，补给了法官能力对审判效率和质量的削弱。因此，专业法官会议运行情况与审判质效也具有相关性。

1. 专业法官会议制度逐步建立

自司法责任制改革以来，全市两级12家法院逐步制定了《专业法官会议工作规则》（以下简称《工作规则》），确定了专业法官会议组成人员，并细分了刑事、民事、商事、行政、执行、综合等类型化专业法官研讨会，明确了讨论对象、范围和流程。经过1年多的运行，部分法院结合工作实际，对本院专业法官会议制度进行了修订完善。如沙湾、五通进一步细分了专业法官会议的类型；金口河、峨眉增设了例会制度，固定了专业法官会议召开的时间。专业法官会议制度在全市范围内基本建立并逐步完善。

2. 专业法官会议运行基本顺畅

按照专业法官会议制度的相关规定，各法院纷纷启动并实际运行了专业法官会议，如表2－11所示。自制度建立以来，市中区、沙湾、峨眉、夹江法院召开专业法官会议次数相对较多，达到20次以上；市中区、沙湾、峨眉、犍为法院讨论案件数量20件以上，其中峨眉法院讨论案件数量为30件；市中区、犍为法院讨论案件类型较为全面，既有民事、刑事类案件，又有行政、综合类案件；同时，夹江、峨眉、五通、峨边法院还注重发挥专业法官会议统一裁判尺度的功能，通过专业法官会议反思案件发改原因，提升裁判质量，其中夹江法院讨论发改案件12次，峨眉法院组织研讨了繁简分流工作规程、办案时效管控等事项，五通法院讨论后形成规范性文件2份，峨边法院讨论发改案件1次。由此可见，专业法官会议制度运行较为顺畅。

表2-11　全市法院专业法官会议讨论数据统计

法　院	制度（制定0，未制定1，修改2）	刑事	民事	行政	执行	统一裁判尺度	总计
乐山中院	0：《专业法官会议议事规则（试行）》 2：2018年2月修订	10	19	8	2	3	42
市中区	0：《专业法官会议工作规则（试行）》	9	10	2	0	0	21
沙　湾	0：《专业法官会议工作规则（试行）》 2：调整为刑事、民事	7	14	0	0	0	21
五　通	0：《专业法官会议工作规则》刑事、民事、商事、执行	5	6	0	1	2	14
金口河	0：《专业法官会议工作规则（试行）》 2：2018年3月增加例会制度	0	3	0	0	0	3
峨　眉	0：《专业法官会议工作规则》民事、刑事、行政 2：例会制度，每月召开2次	5	20	4	0	3	32
犍　为	0：《专业法官会议工作规则（试行）》	4	14	0	3	3	24
井　研	0：《专业法官会议工作规则（试行）》	1	5	0	0	0	6
夹　江	0：《专业法官会议工作规则》	3	6	0	0	12	21
沐　川	0：《专业法官会议工作规则（试行）》	2	10	0	0	0	12
峨　边	0：《专业法官会议工作规则（试行）》	0	4	0	0	1	5

续表

法　院	制度(制定0,未制定1,修改2)	刑事	民事	行政	执行	统一裁判尺度	总计
马　边	0:《审判委员会、法官专业会议工作规则》	0	9	0	0	0	9
合　计		46	120	14	6	24	210

3. 专业法官会议成效初步显现。专业法官会议的召开,为重大、疑难、复杂案件的法律适用问题提供咨询参考意见,坚定了独任法官、合议庭的裁判自信,确保了裁判质量;专业法官会议对发改案件、规范性文件的讨论,有利于统一裁判尺度,提升案件质效;同时,专业法官会议有效发挥了审判委员会过滤机制作用,有效减轻了法官对审判委员会的决议依赖,增强了法官独立担当意识。自专业法官会议制度实施以来,峨眉法院经专业法官会议讨论的30件重大、疑难、复杂案件,服判息诉率达100%;审判委员会讨论案件数量同期减少40%,上诉率同比降低25%。此外,峨眉法院对繁简分流、办案时效管控等规范性文件的讨论,提高了法官对改革、管理事项的参与度,提升了对法院管理的认同感,减少了新型制度推行的困难,激发了工作积极性。

4. 专业法官会议运行问题突出。虽然,专业法官会议制度已取得上述成效,但从整体上看,专业法官会议存在讨论案件数量较少、类型不全等问题。金口河、峨边、井研法院讨论案件数量低于10件,各法院讨论内容基本集中于民商事案件,刑事、行政案件召开次数较少;讨论形式走过场、咨询意见不真实不充分,部分专业法官会议成员对于不是自己承办的案件就不愿参加讨论,在不了解案件真实情况下,常常不独立发表意见,随意附和他人观点;成果转化不积极,各法院只习惯于就案论案,不善于总结审判经验,虽然J法院等法院多次对发改案件进行了讨论,但形成的统一裁判尺度的规范性文件较少,对审判实践的普遍性指导较弱。2017年,全市法院发改案件(不含新证据)同比上升12.83%,信访申诉案件同比上升77.36%。由此可见,专业法官会议开得少、效果不好,作为"法官外脑""司法智库"的作用发挥非常有限。

(三)尺度统一:审判委员会议运转情况检视

司法责任制改革要求转变审判委员会职能导向,强化总结审判经验、讨论决定审判工作重大事项的宏观指导；规范审判委员会讨论案件的范围，除法律规定的情形和涉及国家外交、安全和社会稳定的重大复杂案件外，审判委员会主要讨论合议庭审理案件因适用实体法、程序法和证据规则时不能形成决议的重大、疑难、复杂的法律适用问题。落实该要求，一方面意味着审判委员会需要强化审判质效和审判态势研判，加强对条线和基层法院的审判指导，有利于统一裁判尺度，提升审判质效；但另一方面，审判委员会限缩个案讨论范围，意味着还权合议庭、弱化个案把控，而法官在能力不足情况下，失去审判委员会的监督和指导，在效率提升的同时，审判质量可能受到影响。

1. 功能改造

人员分类管理后，全市各法院均严格落实“让审理者裁判，由裁判者负责”要求，改造审判委员会功能，对审判委员会工作职能进行重新定位。基层法院保留审判委员会讨论个案职能，但对讨论范围进行限缩；中级法院着重突出审判委员会宏观指导职能，强化审判指导和裁判尺度统一。司法责任制改革以来，全市法院审判委员会讨论案件仍侧重于个案判断意义的讨论，对裁判制度及审判规范性文件的讨论仍不足。

2. 规则重构

为促使审判委员会作用得到充分发挥，对审判委员会议事规则进行重构。明确讨论案件范围，增设过滤机制，改造议事程序，强化讨论准备，建立履职考评、内部公示，落实回避制度，建立列席制度，明确责任承担方式和范围，促进决议有效执行。

三、院长、庭长审监机制对审判质效的影响

“绝对的权力导致绝对的腐败”，没有监督管理的审判权必然无法实现“让人民群众在每一个司法案件中感受到公平正义”的目标。因此，除受上述三类组织运行情况影响制约外，审判质效的好坏还与审判监督管理机制作用发挥情况密切相关。司法责任制改革后，院庭长除了通过编入合议庭直接审理案件承担审判职责外，还应履行法律规定的其他职责：包括对生效案件进行监督、依照法律规定的权限和程序，对案件审理中的程序事项和强制措施事项作出审批、依法主持审判委员会讨论审判工作中的重大事

项、从宏观上指导法院各项审判工作,组织研究相关重大问题和制定相关管理制度,综合负责审判管理工作,依法主持法官考评委员会对法官进行业绩评价,以及履行其他必要的审判管理和监督职责。

1.4 类案件监督影响审判质量和审判效果

院庭长具有监督管理职责,虽然各法院均在相关文件中进行了规定,但由于权力界限的不清晰,司法实践中存在"不愿放权"与"完全放任"两种极端,最高人民法院《意见》预期的科学监管机制尚未建立。实际上,虽然已经实行人员分类管理,法官整体素质有了明显提升,但是,对于涉众涉稳、疑难复杂、类案冲突和违法审判四类案件,法官能力仍不能完全化解案件质量风险,需要院庭长重点予以监督。院庭长对四类案件监督把控得好,案件整体质效就好;院庭长不监督或者监督不好,则难以实现公正公平判决,严重影响司法公信力。

2. 程序节点管理影响审判效率

程序公正是看得见的公正。虽然,案件审理流程由法官决定,但由于法官惰性、配合失调等因素的存在,完全脱离管理的案件将缺乏节奏感,案件效率难以提升,需要院庭长或其授权的部门对案件审理中的程序事项和强制措施事项作出审批。一方面,强化案件流程节点管理,如规定 5 日内排期开庭、案件审理后 10 日内归档等,将倒逼法官加快案件审理的步伐,提升审判效率;另一方面,如果疏于对流程节点的管理,如对审限扣减交由法官自己决定,法官惰性和随意性将随之产生,超审限、长期未结案也将随之增多,影响审判效率提升。

3. 办案机制创建影响审判效率和裁判尺度统一

随着司法体制改革的深入推进,改革的艰巨性、复杂性、系统性愈加突出,一些影响司法公正、制约司法能力的深层次问题逐步显现,特别是立案登记制改革导致案件数量上升,给法院造成新的办案压力。如果因循守旧不对办案机制进行创新,审判质效便会受到严重影响。只有与时俱进,强化信息技术应用,不断创新创造新的办案机制,才能适用新的变化,不断提升审判质效。院长、庭长必须履行利用其行政管理及协整协调的优势,即使发现审判团队及审判权力运行机制中的问题,并及时进行修正,如诉前调解、繁简分流、电子送达、科技法庭应用、微博直播庭审、要素式审判、语音庭审记录等机制、措施创新，为审判效率和审判质量的不断提升创造了条件。

四、绩效考核制度对审判质效的影响

法官绩效考评制度是一种利用评价指标对法官的审判业绩进行考核的制度，通过将审判业绩转化为若干个客观的、可量化的指标，是现代科学管理原理及新公共管理模式在司法实践中的具体运用。① 从这个意义讲，法官绩效既是司法人事制度的重要组成部分，是法院审判管理的主要抓手，也是司法人员培养机制、司法管理机制的应有之义，可谓贯穿“主体工程”和“综合配套”的关键环节。② 一方面，前期的“主体工程”特别是司法责任制、人员分类管理这两方面的“制度红利”为法官绩效考评体系的完善提供了基本架构和良好环境。另一方面，法官绩效考评体系的完善又要充分体现出“主体工程”的基本性质和要求，如厘清其对审判权运行的引导、反馈和介入的限度，为法官履职效果及相应的“员额进出”提供基本依据③，以满足司法责任制的要求。

从各地法院法官绩效考核的模式看，有模糊考核和精细考核两种方式，模糊化考核是以办理案件的自然数量为主要业绩基础，并采取民主测评的方法，用得票数和领导、同事的打分进行绩效考核，综合确定考评等次。精细化考核是在工作量计算方面，摒弃以案件自然数量为基础标准的做法，引入大数据分析或者法官民主自治的方式，打破审级、专业限制，建立统一的评估标准，从案件的复杂程度、工作流程、案件难点等方面确定影响法官工作量的因素，并辅以对质效考核指标的考量，全面综合评价法官的业务能力和审判业绩，从而对法官办案工作量进行科学量化，并实现不同审判口内法官工作量的直观对比和综合排名，从而为法官综合绩效考评

① 参见施鹏鹏、王晨辰：《论司法质量的优化与评估——兼论中国案件质量评估体系的改革》，载《法制与社会发展》2015 年第 1 期。

② 参见陈敏光：《综合配套改革背景下的法官绩效考评体系的完善——基于司法属性的管理学思考》，载《法律适用》2018 年第 19 期。

③ 参见何帆：《完善绩效考评办法实现员额“有进有出”》，载《人民法院报》2017 年 5 月 26 日，第 2 版。

奠定基础。目前，乐山两级法院均采取精细化考核的方式，经过 2 年的运行，对审判质效提升作用明显。绩效考核制度对审判质效的影响如下：

1. 新型绩效考核制度激发了法官及审判辅助人员的主观能动性

传统的法官业绩考评，简单套用公务员的考评标准，没有考虑司法规律和法官职业特征，忽视法官的审判实绩，不注重明确标准、划分档次，导致内部干多干少一个样、干好干坏一个样，影响办案积极性；简单按照办案数量核算庭室或法官的工作量，无法准确界定各类案件的难易程度和实际工作投入，不能精确实现立案、刑事、民事、行政、审监等不同条线之间工作量的科学比对；绩效考核与法官等级、行政职务挂钩，存在科层制和行政化倾向，与法官的实际工作不成正比。新型的绩效考核制度区分了各条线的案件特征，发挥法官的民主自治作用，对案件难易程度设定权重系数，全面综合反映法官办理案件数量、办案质量、审判效果、团队协作、调研、做群众工作、司法廉洁等各方面情况，考核结果全院排名公示，并作为绩效奖金、尽职晋级、评先评优的依据，激发了法官及审判辅助人员额主观能动性，客观上提升了全院审判质效。

2. 新型绩效考核制度为法官履职行为提供了指挥棒

当前，案件审判质效的评估往往体现为自上而下的路径，即最高人民法院对全国法院的审判质效进行评估、上级法院对下级法院的审判质效进行评估。例如，四川省高级人民法院自 2012 年开始对各中级人民法院进行考核排名，并按照排名进行表彰，各中级法院把考核指标相应考核到基层法院。乐山两级法院均结合考核重点尤其是四川省高级人民法院设置的 7 项重点指标，将审判质效指标考核到法官个人。在新型绩效考核制度建立前，审判质效指标的管理往往成为院长、审判管理部门及分管院长的职责，无法形成全院的合力，新型绩效考核制度建立后，审判质效指标设定了不同的权重，成为影响法官履职行为的指挥棒，全院法官及审判辅助人员为提升审判质效形成了合力，大大提升了审判质效。

3. 新型绩效考核制度使中基层法院为审判质效形成利益共同体

由于审判质效的考核是自上而下进行的，即最高人民法院对全国法院的审判质效进行评估，省高级法院对中级法院的审判质效进行考核排名，中级法院将考核指标分解到基层法院，中基层法院又将绩效考核指标制定在法官及审判辅助人员的绩效考核制度中，不仅法院与法官成为利益共同体，上下级法院也成为利益共同体，进而共同面对上级法院的考核，维护好中级法院的审判质效就成为必然的选择，这一现象也客观促进了审判质效的提升。

五、员额法官尊荣感对审判质效的影响

司法权威是民众对法官产生信赖感的前提，法官是司法权的承载者，也是民众对司法权力运行状况和社会法治化水平最直接的评价对象，只有民众相信法官、才会进而相信法律。对法官最有力的庇护，并非外在强制力的逼迫，而是发自内心对职业尊荣的认同。

职业尊荣感使法官将司法权威内化于心，使民众对司法裁判的信赖和服从外现于形。如果法官没有形成崇尚法律、职业神圣的内心信念，在审判中便不能始终审慎地行使审判权，甚至可能肆无忌惮地进行权力寻租，最终导致司法公信力严重下降。失去公正和权威的司法又将弱化民众对司法的信赖和信仰，在审判质效指标上直接使服判息诉率降低，而不被信仰的司法体系更难以形成职业的尊荣感，如此恶性循环不止，将会促成“法官无尊荣、司法无公信”的尴尬境况。①

司法责任制改革，就是为了“让法院更像法院，让法官更像法官”，通过一系列改革举措，让审判权力运行、法官制度和审判管理回归司法规律，彰显审判权的判断权本质，强调审判的亲历性，注重对独立性、中立性和程序性的保障，上级法院不得对下级法院裁判指手画脚，院长、庭长不得审核签发自己未参与审理案件的裁判文书。② 实务界认为，法官尊荣应体现在4个层次：依法拥有更加独立的审判权力；拥有较高的薪资待遇；拥有完善的职业保障；拥有传递法律思想的空间。③ 法官员额制改革后，法官们的职业尊荣感有多大程度的提升，职业尊荣感对提升审判质效有多大的相关性，

---

① 参见刘静、李婕：《打开司法公信力的内心驱动阀——透析贫困地区法官职业尊荣感对司法公信力的影响》，载万鄂湘主编：《建设公平正义社会与刑事法律适用问题研究——全国法院第24届学术讨论会获奖论文集》(上册)，人民出版社2012年版，第183页。

② 参见何帆：《让法官更有职业尊荣》，载《组织人事报》2015年11月26日，第9版。

③ 参见张太洲：《法官尊荣的四个层次》，载《人民法院报》2015年11月25日，第2版。

课题组就法官尊荣感的相关问题对员额法官进行了问卷调查，具体情况分析如下：

（一）审判权力运行机制对法官尊荣感提升明显

通过对员额法官的问卷调查，"司法责任制改革后，您在哪些方面更加感受到了职业尊荣感（多选）？"82%的法官认为拥有了更加独立的审判权力，36%的法官认为拥有较高的薪资待遇，43%的法官认为拥有更多培训进修和研究的机会，仅有5%的法官认为拥有更好的晋升渠道和职业保障。可以看出，司法责任制改革后，审判权力运行机制的改革使审判权更加独立，法官在该方面职业尊荣感的提升感受最明显。

实行法官员额制后，员额法官都具备担任审判长的资格，不再设相对固定的审判长。案件由合议庭审理的，既可以由院长、副院长、庭长担任审判长，也可以由合议庭中资历较深、庭审驾驭能力较强的法官担任审判长，承办法官也可以自己担任审判长。

实行司法责任制后，真正实现了"由审理者裁判，由裁判者负责"，裁判文书由改革之前的"审签制"变为"签署制"，实行更加扁平化的管理，淡化了行政化色彩：独任法官审理案件形成的裁判文书，由独任法官直接签署；合议庭审理案件形成的裁判文书，由承办法官、合议庭其他成员、审判长依次签署；审判长作为承办法官的，由审判长最后签署。审判组织的法官依次签署完毕后，裁判文书即可印发；除审判委员会讨论决定的案件以外，院长、副院长、庭长对其未直接参加审理案件的裁判文书不再进行审核签发。

此外，院长、庭长虽然对涉及群体性纠纷，可能影响社会稳定、疑难、复杂且在社会上有重大影响、与本院或者上级人民法院的类案判决可能发生冲突、有关单位或者个人反映法官有违法审判行为的"四类案件"有监督权，但是对独任法官或者合议庭上述案件的审理过程或者评议结果有异议的，不得直接改变独任法官或者合议庭的意见，可以决定将案件提交专业法官会议、审判委员会进行讨论，并且监督过程必须全程留痕。

（二）法官单独序列改革对法官尊荣感有所提升

通过对员额法官的问卷调查，"进入法官员额后，您感受到职业尊荣感有增强吗？"其中45.8%的法官认为有所增强，40.2%的法官认为没有增强，14%的法官认为从未感受到过职业尊荣感。可以看出，实行员额制改革及法官序列单独管理后,进一步彰显了审判权的特殊属性,打破法官职务晋升的"天花板",拓宽了法官职业发展空间,使法官的职业尊荣感有所提升。

审判权不同于行政权,是对案件事实和适用法律的判断权和裁决权,具有亲历性、中立性、程序性等特点,以司法公正为首要价值目标;审判权具有终局性,对纠纷实行司法最终解决原则,原则上一事不再理;法官在审判组织内部是平等关系,讲究少数服从多数。审判权的这些特殊属性,要求对法官的管理应实行不同于其他公务员的模式。

目前全国法院已经按照《法官职务序列设置暂行规定》(中组发〔2011〕18号)完成了法官职务套改工作,恢复了法官等级评定和晋升。2015年9月,原中央全面深化改革领导小组审议通过的《法官、检察官单独职务序列改革试点方案》(中组发〔2015〕19号)和《法官、检察官工资制度改革试点方案》,明确法官单独职务序列以《法官法》规定的四等十二级为基础,法官等级与行政职级完全脱钩,在法官员额制基础上实行单独管理,不同审级法院的法官根据一定比例实行按年限晋升和择优选升相结合的晋升制度,打破法官职务晋升的"天花板",拓宽法官职业发展空间。基层和一线法官只要认真履行职责,即使不担任领导职务,也能按照任职年限逐级晋升到较高等级,择优选升的法官等级比例与以往相比有较大幅度提高。对于特别优秀或者工作特殊需要的,还可以破格或者越级晋升。

按照该规定,以往基层法院的法官,即使按照院长(副处)的行政级别,法官等级也只能晋升至四级高级法官,按照《法官、检察官单独职务序列改革试点方案》的规定,对个别长期在基层人民法院任职,工作特别优秀,为审判事业作出突出贡献的法官,可以特别选升为二级高级法官。因此,法官单独序列管理打破法官职务晋升的"天花板",拓宽了法官职业发展空间,使法官的职业尊荣感有所提升。

(三)工资绩效上涨对法官尊荣感提升并不明显

通过对员额法官的问卷调查,"进入法官员额后,您感受到职业尊荣感有增强吗?"虽然也有45.8%的法官认为有所增强,但是,对"您认为哪些方面降低了法官职业尊荣感?"仍然有84%的法官认为薪酬待遇与工作量和工作压力不成正比。

法官单独序列及人员分类管理前,法官工资构成由基本工资(职务工资和级别工资)、工作性补贴、生活性补贴、人民法院办案补贴、审判津贴、加班补贴、工改保留补贴组成。司法警察按照中央文件规定,增加加班补贴、执勤岗位补贴、警衔津贴。工勤人员工资构成由基本工资(岗位工资和技术工资)、工作性补贴、生活性补贴、工改保留补贴组成。

人员分类管理前,法官岗位职责不明确,存在人员混岗情况。综合部门、业务部门均有法官,权利义务不清晰,有法官职称的,并没有实际审理案件,导致法官承担的工作压力和收入不匹配。人员分类管理前,法官工资、管理与行政人员工资、管理一致。司法体制改革前对法官管理实行的是行政管理方式,法官的晋升、晋级与法官职责、法官等级不匹配,一线办案法官的晋升与行政级别挂钩,从而导致有些一线法官不愿意办案,而愿意去晋升行政级别较容易的部门。法官单独序列改革前,薪酬待遇制度严重影响了法官的职业尊荣感。

2016 年 7 月 22 日,人力资源社会保障部、财政部印发了《法官、检察官和审判辅助人员工资制度改革试点实施办法》。主要内容为:在实行法官员额制基础上,建立与法官单独职务序列相衔接、有别于其他公务员的工资制度,工资水平按照高于当地其他公务员工资收入的一定比例确定。同时,统筹提高法院其他人员待遇水平;改革法官工资制度,将员额内法官工资分为基本工资、津贴补贴和奖金 3 部分。基本工资从普通公务员职务工资、级别工资两项变为职务等级工资 1 项,每个职务等级内设若干工资档次,并以法官职务序列等级为基础,实行全国统一的标准。津贴补贴按照现有政策执行。奖金除年终一次性奖金和公务员相关奖励外,设置绩效考核奖金。法院人员原享有的审判津贴、办案人员岗位津贴和法定工作日之外加班补贴 3 项津贴补贴,按原执行额度保留,合并更名为"法院、检察院工改保留津贴";法官增资额一部分通过提高基本工资实现,一部分通过发放绩效考核奖金实现。审判辅助人员、司法行政人员工资结构不变,增资额通过加发绩效考核奖金实现。绩效考核奖金的设置,不与法官等级、行政职级挂钩,主要依据工作量、工作质量和工作效果等因素确定。绩效考核奖金分为基础性和奖励性两个部分。基础性绩效考核奖金按月随工资平均发放,奖励性绩效考核奖金原则上按考核情况年终一次性发放。奖励性部分占绩效考核奖金总量的比例不低于60%。

通过调查，2016年、2017年乐山法院员额法官工资较法官单独序列改革前上涨了2355元/月，2018年较法官单独序列改革前上涨了2699元/月。但从对员额法官的调查问卷可以看出，法官们虽然感觉司法尊荣感有所上升，但是绝大部分法官仍认为薪酬待遇提升与所承载工作量及担负的社会责任不成正比，尤其与律师、警察、国外法官相比，差距仍然过大。

（四）职业保障尚未落实对法官尊荣感挫伤严重

通过对员额法官的问卷调查，“您认为哪些方面降低了法官职业尊荣感（多选）？”95%的法官认为工作任务重、工作压力大，84%的法官认为薪酬待遇与工作量和工作压力不成正比，100%的法官认为信访压力大，75%的法官认为非审判事务过多，88%的法官认为人身安全、人格尊严无法得到保障。“对于提升法官职业尊荣感，最需要加强的工作是（排序）？”排序靠前的分别是保障人身安全、化解信访压力、提升薪酬待遇、剥离非审判事务。可以看出，在法官自身对尊荣感的判断中，信访压力及职业保障制度的配套落实对职业尊荣感挫伤最严重。

2016年7月28日，中央办公厅、国务院办公厅印发的《保护司法人员依法履行法定职责规定》，2017年2月7日，最高人民法院发布《人民法院落实〈保护司法人员依法履行法定职责规定〉的实施办法》，要求各级法院加强履职保障设施建设、维护庭审秩序和机关安全、完善维护法官人身安全联动机制、对执行特定类型案件审判任务的法官采取特别保护措施。

但是各地法院在配套落实这些文件制度时，面临的现实制约因素太多，还远不能起到有效保障法官主体地位及维护司法独立的作用。近年来，针对法官的暴力事件时有发生，个别诉讼当事人因败诉或被判有罪对法官怀恨在心，进而采取侮辱、谩骂等方式进行人身攻击，甚至对法官实施人身伤害。前有永川区人民法院法官被当事人持枪扫射，后有湖北十堰市中级人民法院法官被当事人持刀捅伤，北京马彩云法官、广西退休的傅明生法官、重庆法官田晓，这些法官遇害遇袭，都暴露出法官人身保全保护的薄弱环节甚至是空白。此外，基层法官面临的职业风险和工作压力远不止于此，在案多人少的情况下，多数基层法官长期处于超负荷工作状态，常年加班加点完成各种考核指标的硬性要求，身体长期处于亚健康状态，有的法官甚至积劳成疾，过早离世；基层法院人才流失和断层的问题也不容忽视，这些辞职的法官多为基层法院高学历的中青年骨干，高素质法律人才的流失，给正在进行的司法体制改革提出了严峻的挑战。因此，建立完善法官职业保障制度迫在眉睫、刻不容缓。

第四节　分类管理后审判质效尚存的困难

一、审判辅助人员配置不匹配

（一）招录政策僵化导致法官助理配置难

目前的法官助理来源主要是由原来具有法官身份的未入额法官、近年来招录的法官助理、书记员转任。从乐山基层法院审判一线的法官助理看，其基本担任的是书记员的角色，基层对法官助理的需求更为迫切。然而，按照《法官助理、检察官助理和书记员职务序列改革试点方案》，法官助理作为法官的重要来源，以中央政法专项编制人员为主，按照综合管理类公务员进行管理。员额制改革和人员分类管理后，法院增加大量政法编制的可能性已经不大，而近年来基层法院案件数量每年增加了 10% 以上，这种要求以招录公务员的方式在政法编制内招录法官助理的途径过于僵化，将使基层法院在近几年来都无法增配法官助理。虽然最高人民法院号召各地法院采取院校合作的方式拓宽法官助理途径，但是，这种方式期限短（通常不超过半年），不利于法官助理的专业化和稳定，在高等教育资源不足的地区有明显的现实制约。因此，应当探索更灵活的方式招录法官助理。

（二）基层法院法官实际无法官助理可用

审判团队中法官助理与书记员的工作职责存在较大难题。根据最高人民法院印发的《关于深入做好司法改革政策解读工作的通知》，法官助理和书记员都属于审判辅助人员，但法官助理的工作更侧重“业务性”，会介入对案件实质性内容的处理，在诉讼流程中承担部分组织、主持、引导、调研、调查等职能；书记员的工作更侧重“事务性”，主要在程序性事务中承担记录、整理、装订、归档、校对等职能。①

司法责任制的核心是定岗定责，即通过权力清单清晰的确定各类司法人员的职责，各类人员根据权力清单承担相应的责任。虽然乐山中院在司法责任制试点改革之初即制定了《法官、法官助理和书记员的权力清单》，但基层法院在人员分类改革及审判团队配置过程中，由于司法人力资源不充足，法官助理数量远远少于员额法官数量。除了 3 个试点基层法院，乐山的其余 8 个基层法院也存在类似问题。由于法官助理人员不足，为每个法官配置的司法辅助人员不能达到 1∶1∶1 的模式，只能暂时为 1 个员额法官配置 1 个法官助理或者 1 个书记员，法官助理时常做原本属于书记员的工作，工作职能与书记员交叉甚至混同。法官助理的工作职责主要应为协助法官从事审判事务，即做好庭审准备、组织调解、草拟裁判文书等，但由于基层法院书记员流动性强，案件量大，法官助理实际承担着书记员应从事的送达、记录、归档、校对等工作，无力再承担更加核心和繁重的草拟裁判文书工作。由于基层法官承办的案件数量多，结案压力大，法官与其花时间指导法官助理草拟裁判文书，然后在草拟的裁判文书的基础上往复修改，不如一步到位，自己直接写出裁判文书。通过走访调查，试点法院的员额法官的裁判文书几乎全部由自己起草，组织调解、庭前准备等工作也无法由法官助理分担，虽然较员额制改革前充实了书记员队伍，确保了每名员额法官有 1 位辅助人员，但是，员额法官无法剥离核心审判辅助事务，无力对承办的案件详细推敲研究，严重制约了案件审判质量。

（三）书记员晋级之路不明影响队伍稳定

书记员这一岗位虽对法律的专业性要求不高，主要工作为送达、记录、归档、校对文书等工作，但对其责任心和工作熟练程度要求很高，一般只要工作 2 年左右，很快能够成为一名优秀的书记员。但是由于书记员这一岗位大多是聘用制的，相应的薪酬待遇也不高，晋升空间无望，对工作责任心不强的书记员法官觉得不好用，而能力强的书记员流失很严重，即使能通过聘用的方式快速补录，其到岗赴职、熟悉工作也需要较长的适应时间。

2016 年 6 月，最高人民法院会同中央有关部门印发了《法官助理、检察

① 《最高人民法院关于深入做好司法改革政策解读工作的通知》（法〔2017〕86 号）。

官助理和书记员职务序列改革试点方案》(组通字〔2016〕36号)，就法官助理、书记员职务序列改革提出了明确的意见。下一步对书记员的管理方向是，编制内的书记员要逐步转任法官助理，书记员原则上不再占用中央政法专项编制，主要实行聘用制管理。虽然《法官助理、检察官助理和书记员职务序列改革试点方案》提出下一步拟通过适当降低书记员任职门槛，实行等级管理，加强待遇保障，拓宽职业发展空间等方式，建立一支较为专业和相对稳定的聘用制书记员队伍，然而书记员等级管理及薪资保障等配套政策较为滞后。

二、审判权运行机制的不同步

1. 审判权行使衔接不到位

从文件规定来看，独任法官、合议庭、审判委员会等审判组织权责明晰，“让审理者裁判，由裁判者负责”的要求得到落实；但从制度落实来看，由于人员配置不充分，辅助性事务剥离不彻底，法官仍然需要负担大量审判辅助性事务，如类案检索、文书草拟及其他行政性事务，根本无暇将更多精力集中于审判核心权力的行使，独任法官、合议庭职责难以一一落实；同时，专业法官会议机制运行不畅，法官不愿、不能、不会将案件提请讨论，以乐山中院2017年的15件发改案件为例，经专业法官会议讨论的案件仅2件，对法官能力培养、案件质量把关作用发挥不充分；此外，审判委员会功能异化，司法责任制虽然强调限缩讨论个案范围，但对4类案件仍然需要讨论把关，提升审判质量，特别是基层法院，个案把关作用仍然非常重要，另一方面，审判委员会宏观职能发挥并不充分，对于类案裁判、尺度统一方面讨论较少，仅占不到10%。

2. 审判权“监督”不到位

司法责任制改革后，院长、庭长不再对裁判文书审核签发，监督管理的方式和范围均发生了变化。一方面，由于审判监督管理与非法干预的界限尚未厘清，院长、庭长害怕对案件正常监督被认为是非法干预案件办理，因此不敢管；另一方面，院长、庭长入额后承担了一定比例的办案任务，自身办案压力较大，但法官对院长、庭长依赖惯性仍然存在，院长、庭长害怕监督管理仍然是给法官寻找纠正错别字，因此不愿管。

3. 审判机制配套不到位

随着新型审判权力运行机制的深化落实，各方面矛盾问题不断涌现。全市法院虽然按照司法体制改革的要求完成了相应改革任务，在机制自主创新方面，还存在一定的滞后性。如全市法院于 2018 年 4 月才开始在 S 区、峨眉、犍为 3 家法院建立繁简分流机制，从实际运行效果来看，繁简分流标准、模式还有待进一步探索完善。送达难一直是影响和制约诉讼效率的重要因素，但其一直久治不愈，除资源配置调整外，未能进行更多创新创造。近期推进的电子送达效果也不甚理想，自平台运行以来，全市法院仅 2000 余份法律文书通过该平台成功送达，重复送达文书 1200 多次。此外，全市法院并未实践裁判文书改革，类案检索系统应用不畅，综合全面的审判权运行配套机制还需要不断完善。

三、审判事务性工作剥离不到位

审判辅助事务是协助审判权行使，减轻法官办案负担，有效地提升了审判质效的辅助性事务。随着人员分类管理的推进，乐山各级法院为节约司法资源，保证法院整体审判水平，将法官从烦琐的日常事务中解放出来，依托信息化建设、诉讼服务中心等方式一定程度上缓解了法院案多人少的情况，从而提高了审判质效。但在实践中也发现审判辅助人员队伍建设存在一些不容忽视的问题。

1. 审判辅助事务分工不明

法官助理、书记员作为协助法官履行审判职责的辅助人员，应承担大量的审判辅助事务性工作，从而减轻法官的工作量。在现行的审判模式下，审判事务与辅助事务中的大部分由法官承担，缺乏细致的分工。如在案件的审理过程中，部分员额法官承担了办理委托鉴定，调查取证等审判辅助事务。除此之外，员额法官承担了大量的理论研讨，会务等其他非事务性工作，也增加了法官的工作量。

2. 书记员专业水平不高

书记员往往承担部分审判辅助事务性工作，在新形势下，对书记员的综合素质又提出更高要求。但目前现状是，书记员大部分均为临聘人员，由于工资待遇低，工作量大，难以吸引高素质人才来法院工作，导致人员稳定性较差。进入能完全胜任辅助性事务的书记员因各种原因离开，新来的书记员又需从零开始的恶性循环，最终聘用书记员队伍整体专业技能水平无法提高。

3. 送达人员配置影响效率

简类案件按照简案程序办理，即严格控制流程节点和审理期限。但在传唤方式上没有相应的制度保障，一旦当事人不配合，就会直接影响简案审理的效率，那么送达就成为提高效率的关键。乐山一些法院虽配置了送达员，但是由于送达员的数量少，大部分均为临聘人员，专业水平不高，送达的质量、效率不够好，也大幅度延缓简案的审理进程，降低了审判效率。

四、法官职业保障机制未“跟随”

1. 信访压力仍是法官的最大心结

虽然我国完成了法官员额制改革，但是民众对法院的司法公信力和司法权威并未随之而当然提升，民众尊法守法信法的社会大环境也并非一朝一夕就能构建。上级法院、党政对各部门的信访考核压力仍有增不减，民众信访不信法、小闹小解决、大闹大解决的思维仍根深蒂固。法官在审判过程中，只要遇到群众到党委政府信访、到省进京信访、到信访大厅要求接待，需立刻放下手上工作，立刻投入信访接待工作中去，这不但极大耗费了法官精力、挤占了有限的司法资源，也不利于推进法治进程。

2. 法官人身安全无法得到保障

近年来，针对法官的暴力事件时有发生，个别诉讼当事人因败诉或被判有罪对法官怀恨在心，进而采取侮辱、谩骂等方式进行人身攻击，甚至对法官实施人身伤害。而在中基层法院，尚未建立对法官的人身安全保护机制，当事人对法官进行人身攻击或威胁后，法院与党政机关并未建立起类似证人保护制度的相关应急机制，法官几乎暴露在败诉当事人的视野中。

3. 法官的心理疏导机制未完善

多数基层法官长期处于超负荷工作状态，常年加班加点完成各种考核指标的硬性要求，身体长期处于亚健康状态，有的法官甚至积劳成疾，虽然各地法院均提供了体检等必要的福利保障，但是，对法官心理压力的疏导和关怀不足，没有建立常态的心理危机干预机制。此外，针对法官的举报、投诉,经调查不属实的,也未在一定范围内为法官正名并消除影响,这些问题都严重影响了法官的尊荣感。

五、裁判尺度不统一问题凸显

1. 案件层级决策取消后的尺度不一

司法体制改革后,取消了案件审批制,裁判文书由审签制改为签署制,院庭长不再对未直接参加审理案件的裁判文书进行审核签发。在“审理者裁判,裁判者负责”的司法体制改革背景下,法官的个体差异必然导致类案的裁判差异。因为法官的成长经历、情感经历、学习经历、社会阅历、生活习惯等,都会影响对个案的内心价值评判,导致对于案件实体处理的侧重点不同,不同的入额法官对不同的案件审理、裁判标准不同,价值评价的差异,证据标准采信的不统一,容易造成同案不同判的情况。

2. 上诉案件发回重审具有随意性和扩大化倾向

二审人民法院在什么情况下可以对其受理的民事上诉案件作出发回重审的处理,我国《民事诉讼法》第170条作了规定:认定事实错误;事实不清、证据不足;程序违法。同时,该条亦规定在前两种情形下,二审人民法院还可以查明事实,依法改判。但是,一些本该在二审程序就能够解决的纠纷却被随意地发回重审,导致诉讼迟延、增加当事人诉累和审判资源消耗,并在某种程度上损害了审判的公信力和司法的权威性。主要体现在以下方面:一是个别二审法院员额法官为了单纯追求结案率,把发回重审作为结案手段加以适用;二是当案件当事人矛盾尖锐,处理难度较大时,二审法院为了将矛盾下交而发回重审;三是案件法律关系复杂,事实认定和法律适用存在一定难度时,通过发回重审一推了之;四是受案外因素影响,为平衡关系而将案件发回重审;五是惧怕监督和责任追究,可发可改的发回重审,推卸审判责任。

3. 专业法官会议的职能定位及功能发挥不到位。法官专业法官会议议事范围弹性大、组成人员“行政化”、启动流程烦琐、部分法院和法官的组织参与积极性并不高,召开会议和对案件讨论分析流于形式,且结果运用空白,使专业法官会议制度提供专业咨询、统一裁判尺度的功能没有得到充分地发挥。

第五节　分类管理后审判质效提升的建议

一、建立职业化的法官助理队伍

按照当前的人员分类管理相关规定，满足条件的法官助理可以选任为员额法官，这样容易造成员额法官数量经常处于满额的状态而法官助理数量不足，走上了选任制书记员晋升为法官，而书记员人员不足的老路，这样不利于法官助理的职业化。很多地区法官助理严重短缺，绝大多数职能都是书记员在担任；在配备法官助理的地区，法官助理大多从事程序性事务较多，很多职责与书记员职责混同，使法官助理制度如同虚设。以公务员方式招录法官助理又使法官助理严重不足，因此，有必要探索朝职业化的方向建立法官助理队伍。

1. 建立专门的初任法官制度

将以公务员招录的法官助理队伍的职业规划为员额法官，对这部分公务员身份的法官助理建立专门的初任法官序列，以区别于其他形式的法官助理。同时降低法官助理的任职要求，不强行要求法官助理必须具有政法编制，根据各地法院案件受理情况，经费情况，由各地法院以聘用制的方式招录法官助理，设置长期限和短期限法官助理两种。

2. 建立法官助理分级管理制度

将不同年龄、资质、业绩、编制的法官助理经考评划分为不同级别，并有针对性的建立相应的职责范围和考核机制。可以成立法官助理考评委员会，针对不同级别的法官助理，不同的职责范围、特点，采取量化考核和法官评价相结合、日常管理和定期考核并行的方式进行，建立公平的考核机制。同时提高法官助理的薪酬待遇，使法官助理的薪酬待遇与绩效考核结果和级别挂钩，做到编制内的法官助理和外聘的法官助理同工同酬，这样才可以真正实现管理的正规化，充分调动外聘法官助理的积极性。

3. 完善法官助理的相关立法

人员分类管理改革后《法官法》《人民法院组织法》等法律中均未规定法官助理的地位、职责等，导致实践中出现许多无法可依的现象，甚至有些法律与改革实践相悖的情况，应通过加快立法进度的方式加以修改，以进一步明确和规范。

二、构建统一裁判的相对自循环体系

1. 一级筛选

一审案件嵌入先行调解程序并对案件分类识别追踪定位。由于大部分一审民商事案件均可以通过调解或撤诉的方式化解纠纷，可在正式立案程序前嵌入为期30天的先行调解程序，征得当事人同意后由法官助理协助法官进行先行调解，既分流化解大部分矛盾纠纷，也预留出案件智能识别机制运行的时间。对分类识别出的几类案件分别处理：(1)上诉率及改判率低的案件，如物业纠纷、信用卡纠纷等，如不存在公告送达等情形，强制适用小额诉讼程序审理，一审终审。(2)群体性纠纷、系列案件、关联案件，由院庭长担任审判长，通过直接行使审判权，对最易产生裁判尺度不统一的案件，扫除普通法官个体的视觉盲区。(3)上级法院发回重审案件、新类型案件、经先行调解程序识别为重大、疑难、复杂的案件，由院长、庭长亲自审理，实现此类案件的精细化审理。(4)建立"四类案件"监督平台，对涉及国家外交、国家安全、民族宗教、敏感主体、社会稳定和舆情等类型案件，由员额法官组成合议庭，系统进行智能识别和定位，以清单形式自动推送到院庭长页面，院长、庭长可随时查看案件审理进展，系统强制设置合议后15天方可结案，系统自动将审理报告和合议笔录推送给院长、庭长，以便院长、庭长监督裁判尺度。该程序和机制不仅可以解决法官统一裁判尺度的视觉盲区问题，还可以有效提升审判效率，规范审判权运行，倒逼院长、庭长对裁判尺度统一问题进行规范，仅赋予院长、庭长查看进展及预先掌握审判结果的权限，避免院庭长审判监督职责的缺位和越位。

2. 二级分流

按地域化特征将数量大、上诉率高的案件类型进行专业化审判。不同类型案件的审理重点和审理技巧有较大差异，需要统一裁判尺度的问题存在较强的地域性特征。中基层法院可对收案数量较多的案件进行专业化细分，例如细化设立劳动争议、婚姻家庭、民间借贷、道交纠纷、买卖合同纠纷、商品房销售纠纷等专业审判组，每个审判组根据案件数量情况，专门审理固定类型案件。通过相同及关联案件在同一法官或同一合议庭审理的方式，提高审判效率，统一裁判尺度。为避免因审理特定类型的案件导致法官知识结构单一，定期对专业审判组审理的案件人员分组进行轮换。还可根据每年收案数量的变动，新增或撤销特定类型的专业审判组，实现专业化审判的动态运行。

3. 标准制定

归纳总结要素式审判规程。在专业化分组的基础上，通过不断积累总结审判经验，结合中级法院的裁判倾向建立分析预警制度反哺规则及矫正尺度，归纳各类案件的裁判规则，制作审判要素清单及填表式文书。以基层法院受理案件数量较大的机动车交通事故责任纠纷案件为例：归纳出是否追加被告及第三人、保险限额分配、法庭调查事实清单、保险免责条款、责任划分等审判规则，同时制作赔偿金额项目的参照标准、计算公式和法律依据，既明确了裁判标准，统一了裁判尺度，又减少了法官工作量，提高了审判效率。

4. 结果反馈

设立中基层法院纵向专业法官会议。在中基层两级法院成立纵向性专业法官会议，日常机构设在中级法院对口指导合议庭或审判团队，由中院根据上诉较为集中的案件类型，成立民间借贷、婚姻家庭、劳动争议、侵权等类型化的纵向专业法官会议，成员由中院业务对口指导部门及各基层法院一名至二名该领域的精英法官组成，因案件需要，可以邀请中院研究室及审管办参与讨论。纵向专业法官会议主要行使以下智能：(1)对上诉率较高、裁判尺度难以统一的类型化案件，以会议纪要的方式形成两级法院的裁判标准。(2)对两次以上发回重审的案件、发回重审后原审法院重审的裁判结果与原审一致的案件进行通报讨论(参与过案件审理的法官回避)，由纵向专业法官会议对发回重审的必要性进行分析。(3)对发回重审、改判的案件态势及个案审理情况进行分析。此举可以有效实现审判权平等与审级监督之间的平衡，避免各级法院内部专业法官会议的审判精英人数不足，“事不关己”的散漫心理，加大法官自动校正裁判尺度的主动性和自发性。此外，也对上级法院发回重审过于随意和任性问题形成监督制约机制，赋予基层法院就裁判尺度标准统一问题一定程度的话语权。

5. 校验调整

分析法院、部门及法官的裁判倾向并设置预警。该步骤的设置,目的在于整合中级法院审判管理部门、研究室、对口业务指导部门的职能,建立裁判尺度失衡的相应及评价机制。审管办对上诉最多的案件类型进行分析预警:(1)如某基层法院的某类案件上诉数量多,则建议该法院对该类案件设立专业化的合议庭审理,同时制作该类型案件的要素式审判规程,对案件审理过程中的受理、当事人、调查事实清单、适用法律、司法解释及指导案例指引、重要问题提示、常见发改问题分析等详细列明,将裁判尺度统一的静态路径与审级监督制度中审判权的规范和博弈有机结合。(2)如基层法院某个法官判决的案件上诉数量过多,则在审判系统将其列为重点监督对象,通过员额法官组成合议庭、暂停分案进行业务培训、调整专业化审判分组等方式,对裁判尺度进行校正。(3)如中级法院某个法官或者某个合议庭发回案件的比例超出平均幅度,可发布裁判失衡倾向预警,由系统将其作出发回重审的案件在结案前设置15天的监督期,由院长、庭长初步监督后,提交专业法官会议评估发回重审的必要性。

三、优化审判人员绩效考核体系

1. 绩效考核制定主体多元化,引导员额法官民主自治

考评参与主体的广泛性可以优先避免政策制定者的思维局限和考评程序的系统性偏差,强调员额法官的主体地位,提升员额法官的参与度及自主性也符合以法官职业需求为导向的价值目标。以乐山法院为例,在修订法官审判绩效考核办法时就注重参与主体的多元化。该办法自拟订初稿以来,先后经过各部门、法官绩效考评委员会、法官座谈会、党组会、向全院法官征求意见,尤其是案件权重系数的设定,由员额法官投票决定。因该文件由法官参与制定,一改过去由院领导及审管办独揽业绩考核评价机制制定的弊端,在执行中的阻力和难度大为减小,而办法制定的公开性和透明性也使得法官在了解知晓考核方式和内容后,安心、专注于审判事务本身。

2. 建立各类人员，各工作维度全面立体的考核体系

在设定办案任务的基础上，院领导的主要职责是引领审判团队建设，进行审判管理监督；庭领导的主要工作职责是主持庭内的日常工作，对本庭人员进行监督管理。其他员额法官的主要职责是独立办案，其办案工作量应达到所在条线法官当年办案的平均值，对审判质效考核主要采取“合理区间制”加“责任扣分制”相结合的方式进行。在合议庭办案的过程中，合议庭成员办案工作量的计算，主要以其参与的合议庭，即团队之间的配合为依据。审判质效考核是法官业绩评价中的另一项重要内容，体现了法官的办案质量、效率和效果。此外，法官业绩考评体系中还应当包括司法技能考核以及职业操守考评等项目。法官的司法技能考核主要通过裁判文书质量和庭审驾驭能力及司法调研、案例撰写、条线指导情况进行考核。值得一提的是，法官的职业操守是法官业绩评价的重要方面，司法廉洁是法官的职业操守底线，如被追究违法审判责任或有其他违法违纪行为的法官，实行一票否决，丧失当年度审判绩效进行考核评价的资格。

3. 严格落实考核结果与奖惩机制挂钩，更加注重正向激励作用

在考核中，以精细化代替模糊化，以直接考核代替间接考核，考核结果全院公示，并作为评先评优、物质奖励、晋职晋级等方面的重要依据。坚持“凭实绩论英雄”，按照实绩为主、质效优先的原则，确立了奖勤罚懒、奖优罚劣的考核导向。同时，就负向激励而言，借鉴多数国家严格区分法官内部纪律约束与法官弹劾机程序的做法，将法官业绩考核与法官惩戒程序相对分离，与法官员额退出机制相衔接。

4. 依托大数据和信息化平台，使考核过程可视化

目前各地法院的绩效考核制度过分注重年度考核而忽视平时考核。各级法院往往只在年终时对法官绩效进行年度考评，并以此作为绩效奖金发放和评先评优的依据，忽视对法官绩效的即时考评。考评周期过长，一方面无法反映法官在平时的工作绩效情况，另一方面将会导致较长的绩效沟通和绩效分析周期，不利于法官实时了解工作短板，及时进行完善改进。乐山中院通过建立法官绩效考核平台，自动从办案平台中抓取审判质效数据，实时更新排名，便于法官及时了解工作“短板”，作为行为调整。

四、完善法官履职保障机制

1. 完善法官职业收入保障制度，着实逐年稳步提升法官经济待遇

为增强法官职业尊荣感，解除法官在经济上的后顾之忧，在我国财力已大幅提升的情况下，应当配合法官的职业化进程逐步提高法官的经济待遇，使法官工资待遇逐年稳步提升，实行审判津贴终生制等，增强法官抵御各种诱惑的免疫力，切实为法官廉洁司法提供物质保障。

2. 建立法官职业安全保障制度，实行法官职业安全保险

为了确保法官的人身安全，使法官能够全身心地投入到审判工作中去，必须不断加大相关软硬件投入，预防和制止可能危害法官人身安全的行为发生。特别是针对法官职业的高危高强度特性，应当推行法官职业安全保险，为法官职业提供有力的工作安全保障。

3. 完善法官职业教育保障制度，提升法官队伍职业素养

应改变现在教育培训走过场的做法，加强对实践操作中的热点难点问题和知识更新换代的实用培训，不断增强法官职业水平和司法技艺。同时，把法官从案山卷海中解放出来，支持和鼓励法官参加在职学习深造，从而不断提高法官队伍职业素质。

4. 完善法官职业监督保障制度，维护法官申诉控告权利

目前我国只有较为零乱的法官监督制度规定，对此应当进行全面的整合。特别是针对法官被惩戒后救济渠道不畅的现状，应当完善法官被惩戒后的控告申诉权利保障，切实维护法官合法权益。

五、小结

乐山法院作为全国第三批、四川省首批司法责任制试点改革法院，在司法责任制改革中，通过优化人员结构、科学分类管理和精确划分职能，建立了人员分类管理制度，运行两年后，基本实现了司法责任制改革的预期目标。乐山中院建立了分类科学、结构合理、分工明确的人员分类管理制度，将中央关于司法责任制改革顶层设计和地方实践完美结合，重构了科学高效的审判团队，通过建立科学、民主、符合审判规律的各类人员的绩效考核体系，实现了审判质效大幅提升，诠释了司法责任制改革的正确路径。

试点的基层法院在改革过程中也出现了一些值得检视的问题：法官助理的数量不足及功能发挥不足严重制约了审判质效的提升；因法官职业保障远远不够，法官自嘲为“司法民工”；新型审判权力运行机制下如何确保法官放权而不放任，如何实现裁判尺度的相对统一，确保法律的正确适用。这些问题都是司法体制改革后期配套改革中需要重点改进和配套的。司法体制改革，虽然必定会从阻力最小、社会认同度最高的方面着手，但是在面对难度系数更大的配套措施，必须更加坚定勇敢地往下推进。

作为中华人民共和国的司法者，我们会仰望星空，眺望诗和远方，也需要站在坚实的的大地上，跨过高山大海，实现共同的法治理想。

第三章　司法责任制的主体基础：员额法官选任

张　军　傅岷雪

对于员额法官选任，中央和四川省均有相应改革政策。乐山中院需要做的是，根据本地实际情况，将上级政策因地制宜地贯彻落实。乐山中院如何将员额法官选任政策落实为地方具体制度？这是本章将要回答的问题。

这个问题主要可以分成下面四个子问题：第一，员额法官的定额问题，即如何确定员额法官的数量和比例？第二，员额法官的遴选问题，即如何设置方案将员额法官遴选出来？第三，院领导的入额问题，即应该如何解决不同于普通法官入额的院领导入额问题？第四，未入额法官的安置问题，即应该如何将未入额的法官妥善安置？对上述四个子问题的回答便构成本章的主要结构和内容。

乐山中院在这方面工作业绩突出。首先，在员额法官定额方面，乐山中院对"以案定额"进行了创新性的执行，尤其是独创性地提出了"以岗定额"制度，得以在全省范围内推广。其次，在员额法官的遴选方面，乐山中院严格按照上级政策，设置遴选委员会，制定遴选方案，反复修改和完善，注重遴选过程中的思想工作，最终顺利完成遴选；再次，在院领导入额方面，乐山中院对院领导入额提出了三个要求：入额程序要求、办案数量要求、案件质量要求，并对院领导入额后角色冲突的协调做了规定。最后，在未入额法官安置方面，乐山中院采取先做思想工作，帮助其进行职业规划，再实现多元分流的人性化实用程序。

乐山中院在坚决贯彻执行上级政策的前提下结合本地的实际，顺利地完成了员额法官选任工作，获得了上级表彰。特别是“以岗定额”的制度创新，获得了上级的肯定，并予以推广。

第一节　员额法官的定额

中央确定的法官员额为中央政法专项编制比例的39%，但并不意味着每个法院的法官员额都为39%。在坚持“以案定额”的原则上，可以实行“两次调剂”：第一次调剂，由省级法院以办案工作量为核定地区和单位员额数量的依据，兼顾其他因素，分级分类核定员额；第二次调剂，由市（州）法院根据实际办案需要，对本市（州）的员额进行统筹调剂。

乐山中院是如何根据实际情况落实上级关于员额比例的要求的呢？这是下文将要回答的问题。本节首先介绍了乐山中院是如何创新性地执行上级关于员额比例的规定，接着介绍了乐山中院创造性提出的“以岗定额”方案，最后介绍了乐山中院跨法院调配的方案。

一、以案定额的创新执行

何为以案定额？“以案定额”的含义，即以案件数量作为参照，确定员额数量。如何根据“以案定额”原则，确定符合乐山地区实际情况的员额比例？乐山中院人事处某负责人说：“在接到上级下发的司法体制改革有关决定后，我院领导召开了大小会议仔细研究文件，并通过种种方法，到其他试点单位‘取经’。”这个取经的过程前篇章节已有展现，在此就不再赘述。“在这个阶段中，领导层敏感地认识到，在员额法官选任的问题上，最核心也是最复杂的问题就在于如何在省高院的指导下，确定乐山中院及其下属的三个基层法院员额法官的具体比例数额。”①因此，本节主要介绍乐山中院是如何执行中央“以案定额”的原则，进行法官员额比例确定的？

（一）员额比例的解读

有关员额比例应该怎样进行解读，乐山中院人事处某负责人说：“中

① 访谈编号#20180118LT。

央给出了一个宏观的政策框架，分别规定了法院各岗位编制的比例。“其中员额法官占法院总体政法编制的39%，行政人员占15%，执法警察即法警最高院要求不低于12%，执行人员需要达到10%，审判综合管理的比例为5%，辅助人员规定了46%，总的数字加起来为127%，超过了100%的限制。”[①]而《四川法院工作人员分类管理办法（试行）》（2016年3月1日经四川省高级人民法院司法体制改革领导小组会议审议通过）第4条规定：“按照审判工作规律和岗位职责，法院工作人员分为法官、审判辅助人员、司法行政人员。审判辅助人员包括法官助理、执行员、书记员、司法警察、司法技术人员。”第5条规定：“法院工作岗位分为法官岗位、法官助理岗位、执行员岗位、书记员岗位、司法警察岗位、司法技术岗位、司法行政岗位等。”第15条规定：“审判辅助人员是协助法官履行审判职责的专门工作人员。包括法官助理、执行员、书记员、司法警察、司法技术人员等。[②]”这就意味着39%的员额法官、46%的审判辅助人员以及15%的司法行政人员是能够达到员额比例的100%分配的。

《四川省法院人员分类管理和省以下法院人员统一管理改革试点实施方案》规定法官与法官助理、书记员的配比比例应不低于3∶2∶1或3∶1∶2。[③] 乐山中院的人事处某负责人在访谈中大致介绍了各岗位的比例数额，人员比例为：“执法警察即法警根据最高人民法院的要求不得低于12%，执行人员需要达到10%，审判综合管理岗位不超过5%。”[④]这就意味着只剩下19%的编制分配给法官助理与书记人员。有限的政法编制无法达到规定的比例配备，客观情况下是无法实现员额法官与法官助理、书记员的科学配比。因此，就需要各地法院根据实际情况将比例进行调整，联动协调。

（二）员额比例的调整

改革后法官助理和书记员人员的不足是一个突出问题，法官助理和书

---

① 访谈编号#20180118LT。

② 四川省高级人民法院司法体制改革领导小组：《四川法院工作人员分类管理办法（试行）》，2016年3月1日。

③ 四川省高级人民法院：《四川省法院人员分类管理和省以下法院人员统一管理改革试点实施方案》。

④ 访谈编号#20180118LT。

记员不足会直接影响法官办案效率，司法责任制就将成为无根之萍。乐山中院是如何解决上文提到的辅助人员定额比例问题的？

在书记员缺乏的问题上，按照省法院对法官、法官助理和书记员的配备比例要求，乐山中院在司法体制改革有关方案中提出："各法院法官助理或者书记员数量配备不足的，报请同级政府相关职能部门批准，可以采取聘用书记员（速录员）的方式补充。"①于是，乐山中院采取了聘用制书记员的制度来填补司法辅助人员缺乏的口子。例如，乐山中院下属的J法院，J法院司法体制改革领导小组某负责人介绍说，"在改革之前，J法院没有太多的书记员，两名法官配比一名辅助人员。司改之后，法官的整体素质提高，工作效率和质量提升，随之而来的是书记员需求量的增大。法院积极与政法委沟通，增加聘用制书记员的数量，刚好填补了法院多年的人员缺口。目前，我院基本实现了一名员额法官配备1个辅助人员（包含法官助理以及书记员）"。②

在人均办案数达到130件以上的S法院，则存在较为特殊的情况，入额法官与聘用制书记员的人数达到了1∶1的配备比例，这是该法院存在的一个历史遗留情况。在访谈时，S法院研究室某负责人对此表示了忧心："我们S法院是没有配置法官助理的，我们的团队构建是由法官与书记员达到1∶1的结构。"当问到辅助工作由谁来完成时，他们说："是由书记员来完成。"③因S法院在前几年走在法律系统的"前沿"，提前将部分司法裁判权下发至法官，使大多数的文书工作由法官自己完成，就没有配备法官助理，仅在每个庭配1～2名书记员完成少量文书以及内勤工作。司法体制改革推动后，现有的书记员配备无法满足激增的工作量，加之S法院的聘用人员经费保障较少，没有助理只能用书记员来补充。

研究室经过大量调查研究发现，在区县基层法院中，15%的行政人员配备足够满足日常工作的基本运转。因为基层法院的接案量较大，所以应该将大量人员投入办案，更多的人员应该配置在审判一线，行政岗位人员

① 《乐山市法院系统司法体制改革试点工作实施方案》，2016年7月4日。

② 访谈编号#20180206JZ。

③ 访谈编号#20180209SW。

配置可以相对较少。但在市中院的层级上更多的是干部管理,为体现“党管干部”的原则,干部承担了大量的人员和事务性管理工作。而且有一些工作因为性质的特殊性,无法外包,就必须配备相应的工作人员,所以15%的比例对于中院来说的确较少,无法维持正常的运转。为了解决上述问题,乐山中院首先将全市法院的行政人员比例总量控制在15%以内,接着在15%的范围内进行调整。

在乐山市辖区内,包括3个试点法院在内一共11个基层法院,将基层法院的行政人员比例数减少为14%。对于基层法院来说,不管是全体法院工作人员的数量还是行政人员的数量本身就较少,减少1%后,其按照14%的数额比例所计算出来的行政人员实际数量不会发生太大变化。在对3个试点基层法院进行访谈时,各法院领导人大都表示理解并支持中院的这一决定,认为这样的政策不会对法院日常工作有所影响,对此没有异议。将这些基层法院减下来的1个百分点的数额增加给中院,中院的实际行政人员占比就为21%,这样就能够保证全院的基本行政工作运转。同时,全市法院系统行政人员的数额,占比也不会超过政法编制的15%,符合中央规定。乐山中院创造性地在既定的政策框架结构范围内运用地方自主权解决实际难题,这是十分具有创造精神的,受到了上级法院的认可与鼓励。乐山中院司法体制改革领导小组的许多成员在访谈中对本院工作人员的自主能动性感到骄傲和自豪。

(三)员额比例的确定

对于各个地区员额比例的确定,中央政策仅规定了39%的上限,但并不是要求每个地区都要“一刀切”,严格按照这个比例确定,而是要根据地方实际,运用“以案定额”的原则,实际确定比例。

中央的《四五纲要》中提出了员额确定的原则——根据经济社会发展状况、人口数量、案件数量等基础数据进行员额比例确定,然而具体如何核算?学术界和司法界在这一点上产生了许多分歧。学者白彦在其文章《司法改革背景下我国法官员额制度问题研究》中也提到法官员额比例的厘定问题。白彦认为:“法官的员额管理首先应以各类案件数量为主要参考因素,再综合考虑经济社会发展状况与人口数量等基础数据。”因此,他提出首先要核准各级地方法院的审判工作量,在此基础上核准法官处理各类案件的时间,最终确定地方法院的员额比例。

乐山中院人事处某负责人说:“经过去各地试点单位学习调查后,我们发现目前员额控制比较到位的地方,都是严格遵循以案件量为基础来核算员额的。[①]”在实践中,核准各类案件的时间因主观因素例如能力等方面的不同,变量太大,实际操作上无法实现,因此,没有进行这一项的核准。乐山中院在核准案件量后,最终采用以案定额为主,兼顾以岗定额的原则,确定中院以及下属 3 个基层法院的具体员额比例。

在制定本市员额分配方案之前,乐山中院对乐山市的案件数量以及结案的平均时间进行了科学的预算,统筹考虑整体工作的需要和在一定时期内法院业务工作重心的变化,科学分配具体的员额数量。乐山中院通过问卷调查、座谈讨论以及沟通交流等方式,全面调查了解了两级法院的案件、人员、经费等实际状况。结合受理案件总量、人均办案量、地区差异、岗位需求等方面的具体情况,经过深入调研和大量测算,最终提出了以“以案定额 + 以岗定额”的方式来确定法官员额的办法。按照“以案定员为主、以岗定员为辅”的基本原则,确保合理的法官人均办案量,并为未入额法官留足晋升空间。乐山中院在充分调查研究的基础上,以近 3 年的案件量为依据,兼顾地域特点、辖区经济社会发展水平、人口数量、地域面积和审级功能、审判辅助人员配备等客观因素,分别确定乐山中院以及下属 3 个基层法院:S 法院、J 法院、M 法院的员额法官数额。

《四川省司法体制改革试点法院首批法官入额遴选工作实施方案》规定:“各试点中级法院在辖区法院系统政法专项编制的 35% 以内研究制定法官员额分配方案,报省法院备案。”[②]乐山中院坚持“以案定额”原则,以案件数量和法官年均办案数为主要依据,结合经济社会发展水平、人口数量、地域面积、审级功能等因素,合理分配法官员额。辖区内的法院系统首批入额法官比例严格控制在中央政法专项编制的 34% 以内(见表 3 - 1)。

---

① 访谈编号#20180118LT。

② 四川省社会体制改革专项小组:《四川省司法体制改革试点法院首批法官入额遴选工作实施方案》,2016 年 3 月 24 日。

表3-1 乐山试点法院法官定额数量

改革法院名称	案件数量(近三年)	员额数量(名)
乐山中院	11,000多件	55
S法院	30,000多件	45
J法院	7800多件	20
M法院	2200多件	15

乐山中院近3年的案件量为11,000多件,确定55个名额;S法院承办的案件量属3个基层法院里最多,3年有30,000多件案子,确定45个名额;J法院有7800多件案子,确定20个名额;M法院近3年的案件量为2200多件,确定15个名额。

(四)中院系统的调配

虽然定额严格按照“以案定额为主,兼顾以岗定额”的原则,但对于案件量大、审判任务重的试点法院,仅仅按照这个原则定额会不利于其工作的开展。于是,乐山中院根据《四川省法院人员分类管理和省以下法院人员统一管理改革试点实施方案》的精神,“法院各类人员员额由省法院统筹管理、调整,并报省委组织部、省委政法委、省委编办和省法官遴选委员会备案。各级法院按照省法院审核确定的员额比例,研究制定本院员额调配、管理办法”,提出在全市范围内跨法院调配员额。

乐山中院在市内建立了动态调整机制——根据不同变化情况和条件艰苦地区团队稳定的需要进行调剂。根据省法院授权,中级法院对辖区内各法院员额比例结构可根据案件数量情况的变化进行适当调整,并坚持法官员额向基层一线倾斜,向案件多、工作量大的法院倾斜的原则。乐山中院在全市法院的首批入额法官中,在确保比例不超过35%的范围内协调各院的员额配置,确保法院的审判工作顺利进行,同时符合省高级人民法院的规定。

二、以岗定额的制度独创

(一)以岗定额的需求

“以案定额”并不能完美地适用于乐山的实际情况。案件数量因不同地区、不同业务部门而异，不是一成不变的，“一刀切”的方法不可取。各业务庭因工作不同，民事、刑事、行政、立案各庭受案种类与性质不同，各有特点，这种情况就不能仅仅简单的用案件量计算员额，否则就会造成员额配置的不合理，可能导致审判工作无法良好有序地开展。

“以案定额”原则无法有效地配备法院员额法官的情形，在边远山区以及民族地区的法院表现的尤为明显。确定员额的最主要原则即为以案定额，乐山中院及下属基层法院都严格按照此原则确定员额，然而M法院司法体制改革领导小组某负责人反映：“如果严格采用以案定额的原则，按照M法院辖区每年的案件数量来计算，M法院仅有一个员额。”①这样的人员配备，是无法让M法院的日常工作顺利开展的。M法院因地处偏远山区，案件量较少，办案成本大，在其他辖区几天可以解决的案件，在M县因为地域差异，办案时间会呈几何增长。加之民族自治地区风俗习惯有别于其他地区，种种原因都使得M法院的工作，不管是审判还是执行工作，展开的难度都远远大于其他地区的法院，一个员额法官的配置是绝对无法实现法院的正常运转。

（二）以岗定额的独创

面对上述的情况，乐山中院创造出了“以岗定额”的方案。以岗定额指的是，在坚持“以案定额”原则的前提下，根据各岗位性质的不同，来配备需要的审判人员。这样能确保员额科学测算、严格控制，避免改革打折、走样。各业务庭因工作不同，民事、刑事、行政、立案各庭受案种类与性质不同，各有特点，这样的话，就不能仅仅简单地用案件量计算员额，否则就会造成员额配置的不合理，可能导致审判工作无法良好有序地开展。对于M法院不能采取以案定额的“传统”，而是采取针对“地广人稀”的边远民族地区基层法院的“以岗定额”原则。边远山区、民族地区法院按照定岗定员的原则分配法官员额，并明确自治民族法官员额首批遴选要有适当数量的自治民族法官入额。从确保审判执行工作正常开展的实际出发，按岗位需要确定法官员额，并在员额中规定了专属于民族法官的20%员额比例。

对于M法院来说，确定了标准化的15个员额：除1个院长与2个副院

① 访谈编号#20180207MZ。

长的入额指标外,5个审判庭与7个人民法庭,每一个庭内配备一个员额法官。乐山中院这一创造性的规定为全省民族地区和偏远山区法院确定法官员额数量提供了借鉴,得到上级的赞许。在对四川省高级人民法院的研究室某负责人进行访谈时,问道:“在整个司法体制改革过程中,对乐山的哪件事或哪项政策留下最深的印象?”对于这个问题,该名负责人的回答是:“乐山中院极具四川特色的‘以案定额’与对边远地区法院的‘以岗定额’的结合。”①

(三)以岗定额的影响

“以岗定额”的创造,体现了乐山中院在进行改革的过程中充分发挥的自主性,解决了边远山区以及民族地区的基层法院法官定额问题。以中央政策指导为基础,以地区实际情况为参考进行创新,并为四川范围内其他情况相似地区此类问题的解决提供了蓝本,得到上级领导的支持和认可。但M法院某负责人对此也不无忧心,他认为:“用以岗定额的方式确定我院法官数量,通过员额法官遴选并确定人员后,对于我们基层法院来说,人员的流动性将会越来越小,这会使法官的晋升途径固定,将不利于提升法官的能力与竞争力。”

对此,该负责人提出:“是否可以以案件大循环的方式来缓解这个矛盾——大循环后,基层法官可以对各种审判工作有深层次的了解,增加能力与竞争力。②”然而这个问题只能随着司法体制改革的深化推进进行消化并解决。“地广人稀”的边远民族地区基层法院,从确保审判执行工作正常开展的实际出发,按岗位需要确定法官员额,并在员额中明确了专属于民族法官的员额比例,为全省民族地区和边远山区法院确定法官员额提供了借鉴。

第二节 员额法官的遴选

员额法官的遴选是指通过合理设置条件、规范程序步骤、严格把关筛

① 访谈编号#20180306SGW。

② 访谈编号#20180201MZ。

选，从法院具有法官职务的人员中，择优遴选入额法官。以确保改革初期法官队伍的平稳过渡，确保更加公正、高效地完成审判工作任务，确保司法责任制改革的推进与落实，为人民法院依法独立公正行使审判权提供坚强保障。对于员额法官的遴选，乐山中院结合本院的实际，在中央的指导性方针、四川省的具体政策的基础上做了更加切合实际的细化。首先是遴选方案的设置，乐山中院成立了遴选办公室，反复向大家征求意见以后制定出了包括资格的限制、考核目标的设置在内的遴选方案。其次是遴选方案的实施，乐山中院的领导小组在对大家做了思想工作之后，才着手实施方案。

一、人员遴选的乐山方案

乐山中院如何落实中央政策，公平公正地实现员额法官遴选？员额制是实现法官专业化、职业化的重要基础制度，是实行司法责任制的前提，目的就是为了把最优秀的人才吸引到办案一线，以提高办案质量、效率和公信力。乐山中院主要根据《四川省司法体制改革试点法院法官入额遴选工作实施方案》的要求，结合本院实际，制定《乐山市司法体制改革试点法院首批员额制法官遴选实施方案》明确考核办法。乐山中院的员额制法官遴选考核工作，主要由首批员额制法官遴选工作办公室在院党组的领导下具体组织实施。

（一）遴选方案的设置

首批遴选方案很重要。在当时，这也成为困扰办公室工作人员的问题——“乐山应该怎样设定遴选方案，才能在贯彻中央精神的同时，使得改革顺利过渡？”S 法院研究室某负责人说：“2014 年起启动司法体制改革，至 2015 年，都没有个明朗的政策，我们前前后后做了很多版本的方案，并将做好的方案报给了省院，省院下达的最终方案中，还是能够看见我们下属法院的方案的影子。[①]”市中院及 3 个基层法院，在制作遴选方案的过程中，都重复了以下的步骤：先在上级领导单位的指导下做了总方案以及各项工作的具体方案，接下来在领导团队中征求意见，领导讨论是否通过，通过后下

① 访谈编号#20180209SW。

发至各工作人员,在法官、法官助理以及辅助人员中征求意见,根据反馈上来的意见又进行反复修改。至2017年中期,原中央全面深化改革领导小组下发整体方案,中央政策慢慢明晰,各法院在中央的指导下依据地方特色对司法体制改革方案进行微调。

乐山中院遴选方案以考试加考核的方式进行,考试由全省统一进行。乐山中院在这项工作方面,组织了各报名入额的法官参与全省统一笔试。遴选方案的核心是素能考核,为了确定素能分数考核的具体项目,乐山中院广泛征求意见,制定了合理的方案。3个基层法院都不约而同沿用了乐山中院的遴选方案,并根据地方实际进行本地化微调。

包括乐山中院在内的四个试点法院,对本院的遴选方案都采取了“实践出真知”的方法,即先做好方案初稿,比照法官一年的相应数据框输入进行计算,再设定一些极端值,算出最好值与最差值,再倒推加分项,以验证方案是否合理。若偏离过远,将会使得参与选拔的法官无法接受,偏离遴选目的。在结合本院的实际改造过程中,“遴选办公室反复将方案下发争求意见,以求改革顺利过渡”。经过探寻,市中院确定了一条符合地方特色的道路,即采取淘汰制的“考试+考核”方法,两种方式所得分数值各占50%的比例,即各50分。乐山中院成员,在全省没有先例的情况下,成为全省第一个设定庭审考核指标的法院。“我院在全省范围内率先走出了将开庭审理情况作为考核内容的第一步。”庭审考核标准,根据《关于全省法院案件质量评查的规定》,严格按照之前省级人民法院对我们的庭审规范化要求,并将此作为基础来设定考核的分布、指标及分值。种种考核方式的设定,使得整个遴选方案打上了乐山中院浓厚的特色。

在考核指标的设置上,不管是乐山中院,还是下属3个基层法院,都对老法官入额的问题有所考虑。乐山中院的司法体制改革领导小组某负责人提出:“考核指标的设置,要使老法官能够进入。”①S法院研究室某负责人也提到:“对考核指标的设置,要尽可能的考虑到老法官的入额。”②J法院司法体制改革领导小组某负责人在接受访谈时同样涉及这个问题:“让

① 访谈编号#20180125LF。

② 访谈编号#20180209SW。

老法官为入额的年轻法官担任助理不太现实。”①因此，在考核指标的设置上面，采取考试和考核相结合的办法会更大可能性地使经验丰富的老法官能够入额。各试点法院院长以及分管业务工作、符合报名资格条件的副院长考核入额，其他法官采取“考试＋考核”的方式入额，择优遴选进入法官员额。“考试＋考核”采用百分制计分，考试、考核各占总成绩的50分。考试为笔试，考核分为素能考核、民主测评，其中素能考核占30分，民主测评占20分，如图3－1所示。

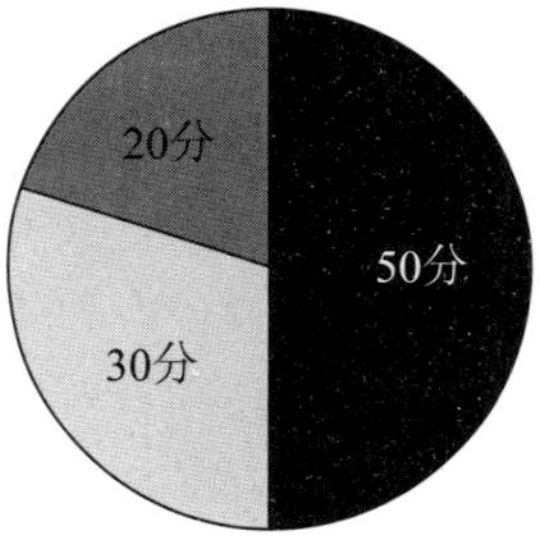

图3－1　员额法官遴选方式分数比例

（二）入额资格的限制

乐山中院的首批员额制法官的遴选工作，从中院具有法官职务的人员中，择优遴选首批员额法官。乐山中院设定了科学的测评方案，尽可能地让业务水平高、司法经验丰富、能独立办案的资深法官进入员额。此种方案设计，能确保改革初期法官队伍的平稳过渡，也能确保审判工作任务更加公正、高效地完成。

学者刘斌在《从法官“离职”现象看法官员额制改革的制度逻辑》一文中指出，使优秀法官离职的原因并非是员额法官39%比例的限制，而是因为某些政策未能使法官受惠。若不能让优秀法官得到应有的待遇，会使得员额制改革违背初衷，而且“让优秀法官受惠更是法官员额制改革所应遵循的根本逻辑和一以贯之的基本理念”。因此，他提出：“把法官分成三六九等并按照不同标准进行员额选任，不仅会造成法官选任标准上的混乱，

① 访谈编号#20180206JZ。

还会加剧人们对公平性的担忧。”①然而此种忧虑，在乐山方案的实际施行中，并未存在。就如学者白彦在员额法官选任条件方面提出的那样：“我国应从法官的精英化为工作要点进行改革……提高法官的任职条件。特别是在法官的员额制在同步推行的情况下，法官的任职条件则显得尤为重要。”②

乐山中院仅从条件方面对法官入额进行规范，除此之外，再无其他限制措施。乐山中院规定，自愿报名参加入额法官遴选的人员，除必须符合《法官法》规定的任职资格条件外，还必须具备相应的条件：（1）身份资格。经依法任命的在编在职法官。（2）要求法律工作经验。参加中级人民法院入额法官遴选的人员还应具有5年以上法律工作经历，若取得较高学历者工作经验可以放宽至3年以上，法律工作经历的计算标准按照省级人民法院审批初任法官的标准执行。（3）需具有良好的政治素质和职业道德，具备与改革后的办案要求、责任相适应的审判工作能力、工作作风和职业操守。（4）关乎考核，要求近3年年度考核为称职以上，考核年限不足3年的，以实际考核年限计。（5）必须具有能够正常履行工作职责的身体条件。由此可以看出，乐山中院不仅规定了参加遴选的正向条件，同时对不可报名的情况也做了相应规定，从正反两面进行资格审查，确保员额法官的遴选可以优中选优，保障法官队伍的质量。

（三）考核指标的设置

最高人民法院的规定更多的是给出了遴选标准的结构性政策，然而如何设计遴选办法，则需要各地方法院充分发挥主动性，依地方特色与实际情况进行确定。遴选的形式和方法已做出了规定，采用“考试＋考核”的方法进行。考试由省上统一牵头进行，那么对于各个法院来说，遴选方案最核心也最基础的部分，就是考核指标的设定，其中考核指标又分为素能指标和民主测评。如何分配各项素能指标的分值以及民主测评的占分比？这就需要各个法院自行制定方案。根据中央精神和第一、二批试点法院的

---

① 刘斌：《从法官“离职”现象看法官员额制改革的制度逻辑》，载《法务实评》2015年第10期。

② 白彦：《司法改革背景下我国法官员额制度问题研究》，载《云南社会科学》2016年第4期。

改革经验,乐山中院在省院的领导下,成立了遴选办公室,发挥实际性作用。

遴选办公室制定了各种考核形式,对法官进行专业把关。这种把关与法院的党组、组织、纪检等部门在政治、作风等方面的把关并行不悖。遴选委员会的专业把关有助于确保选任工作质量,也可以提高选任工作公信力,提高社会各界对法官的认可度。

遴选办公室负责对除院长、副院长以外的法官的素能考核。素能考核的指标设置,是由从事审判工作的各人员民主协商决定,确定后将意见稿进行公示征求意见,前后数次收集建议并进行修改,最终确定了素能考核的指标内容,包括任职资历、办案质效、学历奖励、司法操守等情况,总共占的考核分值为30分。①

任职资历:主要考核申请人是否具备与选任职位相适应的从事司法办案工作的经历和能力。

工作业绩:此项指标主要在于全面考核参加员额制法官遴选人员的工作业绩。其中审判业务部门法官,主要考核近3年的办案数量、办案质量、案件效率;非实体案件审判部门法官,例如,立案庭、执行庭近3年承办过实体案件的,从中任选一件进行考评,近3年没有承办过实体案件的法官,在考核开始前需办理一件实体案件,用以参加考评,实行量化打分,同时考察现任岗位的工作业绩。将开庭审理情况作为考核内容,其特色体现在工作业绩指标的设定。该方案受到了省高院的认可与鼓励,并打算在全省范围内推广。

学历奖励:为了鼓励法官提高自己的理论学习能力,设立学历奖励指标,主要考核法学理论、立功授奖及调研能力等情况。分为学历加分项和奖励加分项,奖励加分项主要考察是否存在工作业绩以及学术业绩。

司法操守:由纪检监察室负责执行,考核司法作风及廉洁自律等现实表现。这是考核中唯一采取扣分制的指标,无扣分情形得分,有相应扣分情况,例如:对当事人“冷、硬、横、推”被通报的;故意拖延办案造成不良影响或者不按规定给当事人进行释明造成不良后果的;因违反会见当事人规

① 《乐山市中级人民法院首批员额制法官遴选考核办法》,2016年8月。

定、庭审纪律被通报的;当事人举报、投诉,经查有轻微违规行为尚不构成党纪政纪处分的;违反工作纪律被通报或者违反公务用车、接待等规定被通报或戒勉谈话或者损害法官形象并造成不良影响的。这一条从全方面规范了法官的司法操守,保证通过遴选的员额法官能够维护法官的形象与法院的尊严。

个人提交涉及以上4个方面的述职述廉报告后,由本院首批员额制法官遴选办公室组织纪检监察、机关党组织、审判管理、组织人事等相关部门实施考核。素能考核后、民主测评前,将法官素能考核结果、个人述职述廉报告、近3年年度考核情况、审判质效指标等信息向全院公示。

民主测评:民族测评所得分数,也算在考核的分数指标里,分值为20分。素能考核公示期过且在名单无异议的情况下,领导小组组织在编在职干警大会,围绕考核对象的政治素养、业务能力、司法作风、廉洁自律以及语言表达、司法礼仪、心理素质等综合能力进行民主测评。分为优秀、良好、一般、差4个等次,其中优秀层次所占数额不超过首批员额制法官遴选数。在计票时实行分层计票,分A、B、C票3类。其中,A票由党组成员含专委填写;B票由中层正副职领导干部填写:C票由其他人员填写。院长、副院长的民主测评不计分,仅计算良好评价——获得良好以上评价达到60%及以上的为合格,低于60%的为不合格。对其他法官的民主测评,每个等次折合的一定分值各不相同,A、B、C票各占40%、30%、30%的权重,最终在计算得出最终得分。分数换算的公式为:(优秀票数×20+良好票数×15+一般票数×10+差票数×0)÷参加测评人数。弃权票不计票、不得分。

二、乐山方案的具体实施

制定好遴选的方案后,乐山中院就开始着手落实方案,进行员额法官的遴选工作。为了能够依法、独立、公正地行使审判权提供坚强保障,推进与落实司法责任制的改革,乐山中院制定了以下原则:严格选任标准,坚持德才兼备、注重实绩,择优遴选、宁缺毋滥,逐步增补;严格选任程序,坚持民主、公开、公平、竞争,坚持能力素质与职位要求相适应;坚持注重实际;坚持个人意愿与组织安排相结合,分类考试、考核;坚持进入员额的法官必须在一线办案。

（一）思想准备工作

改革是一个漫长的过程，但因为乐山中院在调研阶段准备工作打下了坚实的基础，进入遴选阶段正式开展遴选工作时，整个过程则行进地十分顺利。从被确定为司法体制改革试点单位后，乐山中院就一直在探索，怎样才能够在满足中央政策的前提下，制定出适合本地区的具体遴选方案。如何解决一些有资格入额的法官不愿入额的问题？学者李帅在其名为《司法改革中部分法官"不愿入额"现象解析》一文中分析："严格来讲，法院内部人员流动属于正常的现象，个别法官希望离开审判岗位转向其他工作岗位的诉求并不会对我国的司法运行产生不利影响，但恰逢司法体制改革中员额制改革，这种流动可能会在短期内集中爆发出来，一旦这种现象在数量上从个例上升到一定的比例，就会成为司法体制改革的进路上的负相关变量。"[①]若不愿入额的现象弥漫，会使得法院的人才配置失衡，加剧法院案多人少的矛盾，造成地区间司法服务供给的不平衡。因此，要处理好法官不愿入额的问题。

J 法院司法体制改革领导小组某负责人说到，在改革开始时，他就存在一种担忧——"大家不愿意成为员额法官，遴选的时候不报名。"[②]在事先了解想法的阶段，他得知在 J 法院中，一大批助理审判员以上的工作人员，认为作为员额法官的工作压力太大，司法体制改革后不愿意入额。主要原因如下：一是案件数量的规定过高，担心自己无法完成；二是司法体制改革后将院长、庭长对审判书审核把关的步骤取消，由办案法官自己来承担责任，并且责任还是终身制，害怕自己无法承担这样大的责任。种种原因造成一些原本具备入额条件的法官因压力大而拒绝入额，这样会造成法院业务骨干的流失。为了解决这个问题，"对于重点岗位的法官和业务工作的骨干，我一一进行了谈话，动员他们报名，并且与庭长以及几个党组成员都进行了谈话，动员他们报名参加员额法官遴选"。[③]

① 李帅：《司法改革中部分法官"不愿入额"现象解析》，载《学术交流》2017 年第 9 期。

② 访谈编号#20180206JZ。

③ 访谈编号#20180206JZ。

同时,S法院研究室某负责人也在访谈中提到遴选初期的思想工作问题:“对于首批遴选,大多法官都是持观望态度的,我院分管领导一一动员报名。并且有老法官到我这里来进行咨询。”①在改革初期,员额法官的职业前景的确是不明朗的。很多法官对“与法院其他人员的区别、能够获得怎样的职业保障”等事项都不清楚,唯一明朗的只有员额法官终身负责制,这给他们造成了极大的心理压力。

年轻法官多考虑的是出路问题,而老法官更多的则是思考退休后的身份问题——在审判岗位奉献了整个职业生涯,快退休了不参加员额法官的遴选,退休后就失去了法官身份,且不论职业骄傲,还涉及退休后的待遇,这让许多老法官的心情难以言喻。而凡是找S法院研究室某负责人交流的,她都是这样跟他们说的:“有事情可以做,至少有尝试,有过程。如果只是有犹豫,那就建议尝试。若基于种种原因不入额,那要做相应的准备。”②对此,该负责人举了一个例子:在员额法官改革方案出来的初期,就有几个老法官找她问具体的政策以及改革的风向。然而他自己也对此也无从把握,只能根据经验建议他们从自己的实际状况出发来分析是否适合入额,入额后的工作跟之前的有哪些变化,将可能会承担哪些责任,如果没有太大的疑虑,建议可以尝试参与入额的遴选,“至少让自己今后不后悔嘛”。该负责人在访谈中笑着说。

乐山中院在正确把握方向的前提下,广泛听取了法官干警的意见,召开会议积极收集异议并及时调整政策,争取到较多法官与干警的理解和支持。乐山中院王雪梅院长逐一与每一位院领导谈心,对年龄偏大或不具体分管审判工作的班子成员,一是鼓励他们发扬风格、作出表率;二是明确院领导分工不变,支持他们继续履行领导职责。与一些年龄较大、长期担任审判委员会和审判庭庭长的老同志逐一谈心,对于主动提出不入员额的,明确原有职务不变。除此之外,与每一个法官做无记录谈话,打消其谈话的顾虑,分析其是否适合入额,不合适入额的原因以及接下来的待遇等问题,讲清楚司法责任制的目标和要求,让参加遴选人员明确入额后的责任

① 访谈编号#20180208SW。

② 访谈编号#20180208SW。

与义务。

乐山中院以及下属的3个试点基层法院，将思想工作贯彻在整个司法体制改革过程的方方面面，分析、安抚、谈心三管齐下，打消法官原有的疑心，使得原本持观望态度的法官们下定决心，参与遴选，为遴选工作顺利平稳的进行提供了非常良好的人员基础，使得遴选平稳顺利的展开。总结一下思想工作的开展，可以概括为："全面统一思想，凝聚改革合力。"

（二）方案实施过程

关于员额法官遴选的准备工作做好后，乐山中院及下属3个试点基层法院，正式开展员额法官遴选工作。于2016年4月，成立首批入额遴选工作办公室，召开动员会，让干警明确工作要求，传达学习中央、省、市关于司法体制改革试点工作的文件精神和具体要求，宣讲乐山中院关于司法体制改革试点工作的政策规定、工作安排；做好干警思想动员工作，确保认识到位、精神吃透、措施具体、矛盾化解；精心做好动员工作，努力使全市法院干警理解、支持、拥护改革，最大限度凝聚推进改革的正能量，把广大干警的思想认识统一到中央和省委决策上来，充分调动全体干警支持改革、参与改革、推动改革的积极性，积极投身到改革行动中。

2016年4月，乐山中院完成《乐山市司法体制改革试点法院首批员额制法官遴选实施方案》，并报请省高院审核批准；根据《四川省司法体制改革试点法院法官入额遴选工作实施方案》与《乐山市司法体制改革试点法院首批员额制法官遴选实施方案》的要求，结合本院实际，制定《乐山市中级人民法院首批员额制法官遴选考核办法》与《乐山市中级人民法院非业务庭法官办案能力考核工作细则》；6月完成《乐山市中级人民法院关于健全落实司法责任制的实施办法》。

2016年5月上旬，召开入额遴选工作办公室会议，安排动员会事宜，讨论通过入额遴选时间安排及素能考核、民主测评方案；召开党组会讨论动员会的会务工作、通过素能考核、民主测评方案，通报省高级人民法院入额遴选要求；并公布乐山法院司法体制改革实施方案及入额遴选方案，采取自愿报名的方式，鼓励符合条件具有法官职务的人员报名。5月中旬进行资格审查并拟定审查情况报告；召开党组会研究确定参加遴选的人员名单；公布资格审查合格人员名单并予以公示；向省院报送参加遴选人员名单。6月底以前完成人员分类管理、员额岗位确定、办案组织组建、司法责任制的落实等工作。8月正式开始遴选程序,通过考核加考试的方法遴选出员额法官55名,并举行宣誓仪式;8月底以前完成法官绩效考核办法等有关工作,人财物统一管理等其他各项工作根据上级安排推进。10月司法体制改革工作全面推行。

遴选方案的整个实施过程,即员额法官的遴选过程。主要经历了以下的过程:

第一步,公布遴选方案。首先,在本院范围内公布遴选方案,并通过多种形式做好充分、细致、深入的思想引导和动员工作,确保遴选工作顺利进行。其次,自愿报名。报名以符合报名条件的法官自愿为原则,报名时要填写《四川省司法体制改革试点法院法官首批入额遴选报名表》,并进行法官岗位承诺,对遵守法官职业操守、完成岗位目标任务、是否服从组织调配及承担司法责任等进行公开承诺;若入额后未践行岗位承诺的,退出法官员额。

第二步,进行资格审查。由试点法院首批入额法官遴选工作办公室对报名人员进行资格审查。各试点法院院长、副院长报名参加遴选的,由上一级法院进行资格审查。其他报名人员的资格审查,由试点法院首批入额法官遴选工作办公室进行资格审查,并将审查情况报本院党组织集体研究,确定参加遴选人员名单。审查后资格公示,对通过资格审查的参加遴选人员名单在本法院公示3天。

第三步,统一考试。由市中院首批入额法官遴选办公室组织参加全省统一考试。未参加统一考试的,视为放弃本次法官遴选。考试主要测试应试者运用法律知识解决实际问题的能力。试题以主观题为主,设必答题和选答题两大类,选答题分为刑事、民事(执行)、行政(赔偿)3类,参与法官可自选一类作答。

第四步,综合考核。全面考核参加首批员额制法官遴选人员的德才表现,突出考核工作业绩,主要是办案情况。综合考核中有一项民主测评的指标,主要经过以下的步骤进行:第一,召开大会。由首批员额制法官遴选工作办公室组织召开全院在编在职干警大会,围绕考核对象的政治素养、业务能力、司法作风、廉洁自律以及语言表达、司法礼仪、心理素质等综合能力进行民主测评。第二，公示。测评前，将遴选人员的近3年年度考核情况、审判质效指标、个人述职述廉报告等情况向参加测评的干警进行公示。第三，素能考核程序。首先，由个人向首批员额制法官遴选办公室提交述职述廉报告，并按照各责任部门要求完成应报告事项；其次，纪检监察、机关党委、审判管理、组织人事等各责任部门按照各自职责开展工作；最后，各责任部门将考核结果报首批员额制法官遴选办公室，由其汇总，综合计算最终考核成绩。

遴选结束后提出推荐人选。考核、考试结束后，由试点法院首批员额制法官遴选办公室根据考核及考试得分情况，按照总成绩从高到低的顺序，按1∶1.1的比例向本院党组差额提出拟推荐入额的法官人选，研究确定后，逐级上报省高级人民法院政治部。由省高级人民法院统一报上级提名，省高级人民法院政治部会同省法官遴选委员会办公室对差额推荐人选情况进行汇总、初审，报经省高级人民法院党组同意后，提请省法官检察官遴选委员会进行专业审查。

第五步，任职审批。根据省法官检察官遴选委员会决议，省法官遴选工作办公室下发通知。各试点法院组织员额制法官签订岗位承诺书，进行宪法宣誓、定岗。进入员额的助理审判员，由所在法院院长按法律程序提请地方人大常委会任命为审判员。担任政治部主任、纪检组长、机关党委书记等院级领导和行政综合部门担任领导职务的法官遴选入额后，辞去或免去原行政岗位领导职务。其中，纪检组长、副组长的报名、免职，按照派驻纪检组长、副组长的任免程序办理。

第三节　院领导的入额

院领导入额也受到社会各界广泛关注。按照中央的规定，对领导干部实行“一刀切”，全部进员额或一律不进员额都不合理。按照中央改革要求，四川省规定法院院长和符合报名资格条件的副院长，可通过考核遴选入额。其他领导干部进入员额的，必须依照全省统一的标准和程序经过考试、考核后遴选入额。

乐山中院按照上级的规定，制定《乐山市司法体制改革试点法院首批入额遴选工作实施方案》，规定院领导入额的方式和流程。乐山市法院院领导入额的要求包括：入额程序的要求、办案数量的要求、案件质量的要求。同时，考虑到入额的院领导既有领导、管理职能又有审判职能，如何协调两种角色的冲突呢？乐山中院通过建立院庭长的监督管理清单制度，加强专业化审判团队建设，加强院长、庭长对重大、疑难、复杂案件监督的程度。综合部门的领导则需要事前作出入额后免职到一线办案的承诺。通过这些方式来协调院领导干部的角色冲突问题。

一、领导入额的乐山政策

对于领导入额，学界有一些质疑。庞晓在《对中国法官员额制度下的法院院长的探析》一文中提出担忧："现行《法官法》的有关规定导致我国法律对院长职权规定一人多权的局面。目前，我国有一部分不办案的法官，尤其是各个法院院长长期不参与案件审理的现象普遍存在，一定程度上导致法官职业化低下的现象。"①陈瑞华在《司法改革导论》一书中也提出了担忧："院长、副院长、庭长、副庭长通常较为顺利地进入了法官员额，他们承担着大量的司法行政管理工作，不可能像普通法官那样全力投入审判工作。这就导致那些进入员额的法官将承担高于过去一倍甚至数倍的审判工作量，'案多人少'和'审判人手不足'的问题将会变得越发严重。"②通过乐山中院的实际情况来看，其实未必。因为领导干部也不是当然入额，也需要遵循相应的资格审核和入额制度。只是因院领导的职能和作用的特殊性，入额制度展现出一种特殊的形式。

乐山中院严格落实中央政法委关于从严把握领导干部入额的要求，在省院的领导下，根据《四川省司法体制改革试点法院首批法官入额遴选工作实施方案》对领导入额比例进行限定，把院领导入额比例限定在10%以内，并提倡年龄偏大或不具体分管审判业务的院领导发扬风格、做出表率，自愿申请暂不入额。未入额的院领导，除不能直接承办案件外，改革过渡期内，继续履行院领导职务和审判委员会委员职责。之所以规定领导入额

① 庞晓：《对中国法官员额制度下的法院院长的探析》，载《法制与社会》2015年第7期。

② 陈瑞华著：《司法体制改革导论》，法律出版社2018年版，第177～178页。

比例,除领导干部在员额制改革中要发挥积极表率作用外,主要是基于以下考虑:一是因为乐山中院较之基层法院承担的行政管理事务较多而办案较少,案件量较少的话,那么领导入额的比例少是符合法院实际的。二是若领导入额比例过高必然会挤占有限的法官员额数,由于院领导承担大量的党务、行政和会议事项,绝大多数院领导的办案数量肯定是不及普通一线法官,客观上必将加剧案多人少的矛盾。

领导干部,包括纪检组长、政治部主任等行政部门负责人,也有所限制——进员额要凭能力、按程序,不搞特殊化。如果干部当然入额,那么留给中院的一线法官的名额将会所剩无几。这样不仅在一线从事审判工作的办案法官不服气,社会公众也会提出质疑,还会导致一线办案法官不堪重负。法官员额制改革是司法体制改革的主体基础,而员额法官的遴选则是确定主体基础的基本行为,若没有处理好本阶段的矛盾,将会使整个员额改革有悖于司法体制改革的目的,与司法体制改革南辕北辙。针对这一问题,乐山中院主要采取了以下方式缓和矛盾。

(一)入额程序要求

依据党中央政策,明确领导入额需要参与相应的遴选程序。为此,遴选办公室制定了《乐山市司法体制改革试点法院首批入额遴选工作实施方案》。将院领导进行分组,主要分为副院长以上的职务和行政部门的其他院领导。其中,副院长以上职务的法官,主要通过考核的方式确定能否入额。通过制定《关于首批员额制法官遴选基层法院院长、副院长素能考核及民主测评方案》,将考核分为素能考核、实绩公示、民主测评 3 个环节。素能考核由上级领导组成考核组,通过谈话、测评、查阅相关资料的方式进行,将名单上报省遴选委员会进行确定。而其他院领导与法官采取相同的遴选方式——通过申请、参加统一笔试、采取考试加考核方式入额,择优遴选进入法官员额。

对法官的遴选办法在上面的内容中已经进行了详细叙述,在此就不赘述,本节主要针对副院长及以上职务的领导入额办法进行展现。

首先,试点法院院长以及分管业务工作、符合报名资格条件的副院长采取考核的方式进入员额。本人先自行报名,各试点法院院长、副院长报名参加遴选的,由上一级法院进行资格审查。对乐山中院来说,即由省高级人民法院对院长及副院长的入额资格进行审查，确定是否可以参加遴选，并公布人员名单。

其次，根据中央精神，是由上级法院员额制法官遴选机构负责对下一级法院院长、副院长的考核。所以是由四川省法官检察官遴选委员会对乐山中院院长、副院长进行考核。主要采取书面述职、个别谈话、征求意见、查阅档案等方式进行。主要考察德、能、勤、绩、廉等各方面现实表现，特别是考察对员额法官岗位的适应度。根据考察情况，得出合格与不合格的结论。考察合格的，方可参加民主测评。

最后，民主测评环节则需要通过组织召开全院在编在职干警大会实现，主要内容是围绕考核对象的政治素养、业务能力、司法作风、廉洁自律以及语言表达、司法礼仪、心理素质等综合能力进行民主测评。省高级人民法院派员监督乐山中院的民主测评工作，并组织了对院长、副院长的民主测评。对院长、副院长的民主测评不计分，获得良好以上评价达到60%及以上的为合格，低于60%的为不合格。若民主测评未能合格，那也意味着无法当选员额法官。

（二）办案数量要求

为了保证入额院领导亲自办案，提高审判效率，乐山中院结合本院实际，合理地设置了员额法官的年度办案目标任务，规定担任领导职务的法官必须带头办理疑难复杂案件并达到一定数量，通过具体的办案量来限定院领导入额，更多地将员额数分配至在办案一线奋斗的法官。具体的办案任务在审判权运行机制中确定，并上报省高级人民法院进行备案。这就表明了，领导干部进入员额，除了必须依照标准和程序进行考核和遴选外，每年还需达到相应的办案数量，即明确办案数量。

省法院结合近几年审判工作情况，提出在达到法官与审判辅助人员1∶1配备的情况下，中级法院入额法官年均办案数不低于65件的基本要求。同时，考虑到院庭长特别是中级法院的院庭长，除承担日常的行政管理和对下级法院的审判业务指导工作外，在推进依法治市和法治社会建设中还承担了大量的会议、工作协调等工作，对入额后的院庭长、审委会专职委员，提出了少于入额法官的办案要求，即中级法院院长、副院长、审判委员会专职委员、庭长的最低办案任务，分别为本院入额法官人均办案量的

10%、20%、40%、50%,副庭长与入额法官人均办案任务要求一致,并根据年度收案总量、审判运行态势等,适时上调领导办案最低标准。乐山中院所确定的办案量数额,对比最高人民法院的文件,远超最高人民法院下发的《关于加强各级人民法院院庭长办理案件工作的意见(试行)》(法发〔2017〕10号)中第4款"基层、中级人民法院的庭长每年办案量应当达到本部门法官平均办案量的50%~70%。中级人民法院院长办案量应当达到本院法官平均办案量的5%,其他入额院领导应当达到本院法官平均办案量的20%~30%"①的要求。

(三)案件质量要求

最高人民法院《关于加强各级人民法院院庭长办理案件工作的意见(试行)》规定:"各级人民法院院庭长入额后应当办理案件。包括独任审理案件,参加合议庭作为承办法官审理案件、参加合议庭担任审判长或作为合议庭成员参与审理案件,禁止入额后不办案、委托办案、挂名办案,不得以听取汇报、书面审查、审批案件等方式代替办案。"②这就表明了领导干部符合条件、经过遴选进入员额的,必须在司法一线亲自办案。亲自办案,就是直接办案,不只是审核、审批案件或者参加司法委员会讨论案件。乐山中院院长、庭长作为承办法官,也会参与办理一定数量的案件。依据院长与各庭长分管的具体审判工作,结合专业背景和个人专长办理案件,重点审理重大、疑难、复杂、新类型和在法律适用方面具有普遍指导意义的案件。同时将院庭长其他工作,例如,主持或参加专业法官会议,审判委员会、协调督办重大敏感案件、接待来访、指挥执行等事务计入工作量,纳入岗位绩效考核,但并不能冲抵办案数量。

为了保证贯彻落实院领导亲自办案的原则,乐山中院积极向其他法院借鉴成功经验,主要采取了以下的方法手段:一是限定办案类型、明确法院入额院庭长重点办理发回重审案件、指令再审和制定管辖案件、审查机关抗诉或提出建议的案件等。二是系统自动分案。入额领导全部纳入自动

① 《最高人民法院关于加强各级人民法院院庭长办理案件工作的意见(试行)》(法发〔2017〕10号)。

② 《最高人民法院关于加强各级人民法院院庭长办理案件工作的意见(试行)》(法发〔2017〕10号)。

分案系统循环分案,避免人为干预分案,防止挑案、选案,办挂名案、系列案。三是严格监督考核,强化院庭长办案定期通报制度。至少每半年通报一次院庭长主审和参加合议庭审理案件的数量以及部门办案总数、人均结案数,通报结果纳入全院及个人的审判绩效考核档案管理和监督范围,与绩效奖金挂钩。对不办案或办案达不到要求的人员及时提醒、通报,年度办案达不到规定标准的院庭长,强制退出员额,以刚性制度规定院庭长回归办案一线。

二、入额领导的角色冲突

(一)院长、庭长的协调

法院的领导干部有多重身份,肩负法院日常工作方方面面的重任,但也不能因此忽略了其作为法官的办案职责。入额的院庭长因为身处两种职位,行政与审判岗位。从某种角度来说,一个法院不可能将院长庭长排除在员额法官进行审判工作的序列之外,也无法否认院长、庭长作为行政领导所进行的工作。因此,在这里就出现了矛盾——如何协调平衡院庭长的领导权与审判权?

正如最高人民法院党组成员、副院长李少平同志在司法体制改革试点工作培训会上所做的《辅导报告》说明的那样:“有些地方法院领导班子成员承担的党务、行政事务过于繁重,大小会议不断,严重妨碍其参与办案,这些问题一方面应当商情当地党委政法委统筹协调,一方面应当通过推动行政事务集中管理等内部调整方式解决。”①

陈丹在《法院院庭长权力角色冲突及解决》一文中提出:“尽管我国法院组织法、法官法等对院庭长的法官身份和审判职权做了相应规定,但是,并未明确院庭长的司法行政管理职权边界,导致院庭长履行审判和行政管理职权时常常出现权力角色冲突。”在实践中,院长、庭长因其身负双重角色,的确会常常出现冲突。并且他认为,出现这种冲突的原因主要有——司法逻辑和行政逻辑混同、组织建设滞后与法官素质不受信任。这种冲突

---

① 李少平:《在司法体制改革试点工作培训会上的辅导报告》,载《司法体制改革试点工作培训会文件之二》,2015 年 12 月 1 日。

混同，长期以往，会产生十足糟糕的后果，甚至影响到司法体制改革的整体进程。“院庭长是法院司法行政权力的行使主体和载体，如果他们所拥有的权力不被明晰，必然影响司法体制改革的进程和效果。”①然而因司法权消极、被动、中立的性质与行政权具有天然的侵略性和膨胀倾向的特点，尽管院长、庭长不当干预办案的现象被注意到，然而在既有的管理体制下，也很难消除行政权与司法权的冲突。权力错位有着“制约审判独立、削弱司法公信、耗费司法资源、制约改革成果”等后果。因此，该学者认为，能够有效的解决院长、庭长双重角色冲突的重要办法为：分离行政、审判与制定权力清单。乐山中院采取的主要措施即为制定权力清单。

为了协调两种权利，乐山中院做了如下努力：一是建立了院庭长的监督管理职责清单，明确其与职务相适应的审判监督管理职责，并且对审判监督管理权的行使方式进行规范。二是在加强专业化审判团队建设的基础上，采取了随机分案的案件分配制度——依托计算机信息技术，强化对案件审理的程序监控和节点管理，规范案件审理程序的变更、审限的变更等审查报批程序，加强审判的质效管理。三是在此基础上，加强院长、庭长对重大、疑难、复杂案件监督的程度。并规定院长、庭长行使审判监督权应当依照法定程序和范围进行，建立其在监督活动中形成的全部文书入卷存档制度以及行使监督权全程留痕、相互监督、相互制约的机制。四是采取例如为院长、庭长配备相应的事务助手、简化其行政工作流程、将行政事务集中进行管理、配备审判辅助人员等配套性举措，保证院长、庭长的办案时间和精力。

（二）综合部门领导的协调

综合部门的领导同样面临领导权和审判权的双重压力。2015 年 3 月 26 日，习近平总书记在中央政治局第二十一次集体学习时强调：“进入员额内的法官检察官都应当在司法一线办案，对案件质量终身负责。”按照这一重要精神的指导，法官应当配置在审判的一线岗位，行政等综合部门不配备员额。实行法官员额制度的目的，就是为了保证法官具有较高的办案能力和专业素养，保证法院司法办案的质量和效率。但是，这并不意味着目

---

① 陈丹：《法院院庭长权力角色冲突及解决》，载《四川师范大学学报》2018 年第 1 期。

前具有法官身份但是在行政或者综合部门工作的人员没有资格参加遴选,只要符合确定的报名条件,都可以依照遴选程序参与相应的考核,但通过遴选进入员额以后就要放弃行政岗位身份,调整到办案岗位工作。

为了协调综合部门领导的领导权和审判权的冲突,乐山中院的综合部门领导入额需经过“先承诺后遴选、先免职后入额”的前置程序。行政部门负责人员本人坚持申请进入员额的,且通过统一的遴选标准和程序,符合入额条件的,可以进入员额并在司法一线办案,但相应地要免去行政职务。例如担任政治部主任、纪检组长、机关党委书记等院级领导和行政综合部门担任领导职务的法官遴选入额后,辞去或免去原行政岗位领导职务。其中,纪检组长、副组长的报名、免职,按照派驻纪检组长、副组长的任免程序办理。

综合行政部门的管理人员事先须做出入额后免职到一线办案的承诺,然后再参与遴选考试考核。申请后,统一参加笔试,考试考核合格后,见到免职文件再正式通知入额。这样就保证了乐山中院的政治部主任、纪检组长和综合部门负责人入额后能够全部到一线办案。最大限度地让办案骨干、优秀年轻法官和资深法官都能按条件和程序入额。目前,乐山中院有两名行政部门的负责人自愿在行政职务上降级,到一线审判岗位上办案。①

除此之外,在各个基层法院中,也有行政管理人员为了入额,在审判一线发光发热,自愿参与入额遴选程序,并在选任成功后,退出现有的行政职务序列的情况。例如S法院有两位法官,一个原先是政治处主任的领导干部,一个为党组成员,两位都是为了入额放弃了行政职务,选择为审判工作贡献出自己的一份力量。在后续的访谈中,省高级人民法院的领导们也提到了这两位法官,并且认为这成为领导入额过程中的一个情形。② 在访谈这两位法官的时候,能够感觉到两位对法官这一身份很认可,对自己的职务有一种骄傲和自豪的心情。当问到为什么愿意放弃行政职务成为法官时,这两位说道:“还是很为自己的法官身份自豪的。自己学的专业就是

① 访谈编号#20180118LW。

② 访谈编号#20180306SL。

法律，加上个人比较喜欢审判工作，希望能够从事自己喜欢的工作，而且做法官的，心中还是有一份正义感。”①由此可见，乐山地区法院领导入额的工作开展推进顺利。对综合部门的领导入额通过剥离行政职务的方式进行限定，最大限度地降低审判权和领导权的冲突，又尽可能将审判人员配备至审判的第一线，使得员额制改革真正落到实处。

第四节　未入额法官的安置

对于遴选后不能入额和没有入额遴选的法官，按照中央的政策，是鼓励其自愿转岗到司法辅助人员岗位，享受司法辅助人员相关待遇。四川省在《四川省法院司法体制改革试点方案》中，也将法院工作人员划分为法官、司法辅助人员、司法行政人员 3 类。乐山中院在执行上级政策的同时，也考虑到了乐山中院的实际情况。首先是做思想工作，争取内部分流的方法进行消化。其次是对未入额法官的前景进行了规划，符合条件者也可以通过遴选的方式成为员额法官。在人员的分流定上，分为两种：做法官助理、做行政人员。

一、安置的乐山程序

（一）做好思想工作

对于未入额的法官，中央的意见非常明确，在保留未入额法官现有法官职务和待遇不变的基础上，结合实际采取多种方式进行安置、转岗和交流。改革的过程中不可避免地会出现有些同志想要入额却未能入额的情况，这对其工作的积极性恐怕是一个异常沉重的打击。因此，对于未入额法官，乐山中院加大了思想工作的开展。院长、副院长及分管领导对其进行谈话，分析未入额后的发展情况与职业生涯规划，鼓励有能力的未入额法官进入法官助理行列，并做好人员分流的思想准备。

（二）帮助职业规划

在改革过渡期内，未进入员额的审判员和助理审判员保留法官职务和

---

① 访谈编号#20180209SW/W(2)。

待遇,可协助员额内的法官办案,即可以作为承办人办理一些独任审理的简易程序案件,但仍然需要领导审核把关,办案人员与领导对各自意见负责,不享受改革后相应的待遇。

在改革过渡期采取这种协助办案的做法,一方面可以缓解目前法官办案压力;另一方面也可以减少改革的阻力和压力,最大限度调动暂未入额法官的积极性,也为他们通过遴选进入员额打下基础。但正如省高级人民院发布的《关于未入额法官不再办理案件的通知》(川高法明电〔2017〕86号):"……为全面落实司法责任制改革,根据中央政法委及最高法院明确要求,从今年4月底起,未入额法官不得独立办案。"这意味着这样的"双轨制"是有期限的限制的,从2017年5月开始,乐山中院未入额法官就不再进行办案。

改革过渡期结束后,随着审判权运行机制、司法责任制、法官保障制度等改革措施的逐步完善,最终还是要按照权责一致的原则完全实现员额内法官依法行使审判权的改革目标。在试点期间,在法官员额出现空缺时,符合条件者也可以通过遴选方式成为员额法官。

(三)实现多元分流

对于遴选后不能入额和没有入额遴选的法官,愿意留在审判岗位协助法官办案的,转入法官助理。未入额的审判委员会委员和审判委员会专职委员继续履行原工作职责,完成组织安排的其他工作任务,在其职责范围内对所办案件质量终身负责。

不愿从事法官助理工作或不能胜任法官助理岗位的,转入其他类审判辅助人员或司法行政人员。法官员额确定后,必然出现具有审判职称的人员将不能成为法官的情况,此类人员分流途径包括司法辅助性工作、诉前调解工作和行政事务性工作。对未进入员额的法官保留原法官职务和待遇,采取组织安排和本人自愿相结合的方式转任司法辅助人员或司法行政人员。转任司法辅助人员的未入额法官,根据安排从事主持调解、办理简易案件、参与合议等工作,但不得签发法律文书。

部分老同志提前退休。"分流需要一个过程,实现'以时间换空间,'如能通过部分老同志提前退休(退养)的方式加快分流步伐,更有利于改革顺利推进。”[①]J法院司法体制改革领导小组某负责人指出，“对于一些未入额的老法官，转为法官助理为入额的年轻法官服务，于情于理都不大可能”。[②]他认为，可以一定程度的解决未入额老法官的领导职务，将其调入行政部门担任领导或者安置入执行部门。M法院则是采取做思想工作，内部分流的方法进行消化。

二、人员的分流

据《四川法院工作人员分类管理办法（试行）》的规定：“按照审判工作规律和岗位职责，法院工作人员分为法官、审判辅助人员、司法行政人员。审判辅助人员包括法官助理、执行员、书记员、司法警察、司法技术人员。”[③]因此，人员的分流定岗也分为员额法官、辅助人员以及行政人员3大序列。学者白彦认为：“司法体制改革十几年来的经验和教训告诉我们，去司法行政化和去司法地方化是全面深化司法体制改革的两个核心支点。”而去行政化的最重要的方法即是“对法官队伍进行单独职务序列管理”。白彦十分肯定人员分类管理制度，认为“法官员额制与法院人员分类管理制度应该是有机的、互为辅助的关系”。[④]

（一）做法官助理

法官助理作为法官的重要来源，以中央政法专项编制人员为主，按照综合管理类公务员进行管理。乐山中院通过加大法官助理招录力度、未入额的法官和符合条件的书记员转任法官助理等方式，加强法官助理配备工作，不足部分则采取接受法律院校实习生担任实习法官助理等方式进行解决。乐山中院还采取将编制内的书记员逐步转任法官助理的方式，来解决辅助人员序列问题。整个中院除2名书记员外，原则上不再占用中央政法专项编制，主要实行聘用制进行管理，聘任书记员填补辅助人员不足的缺

① 王立新：《建立法官员额制是中国法官职业化的必由之路——以江阴法院司法改革为样本》，载《人民司法》2015年第13期。

② 访谈编号#20180206JZ。

③ 四川省高级人民法院司法体制改革领导小组：《四川法院工作人员分类管理办法（试行）》，2016年3月1日。

④ 白彦：《司法改革背景下我国法官员额制度问题研究》，载《云南社会科学》2016年第4期。

口。而对于具有书记员职务的人员,若其符合法官助理任职资格条件的,经考核择优选任为法官助理,计入法官助理员额;未选任为法官助理的,根据所在部门及岗位分类,分别归入书记员或司法行政人员序列,计入相应类别员额。具有聘用制书记员职务的人员,已在审判业务部门书记员岗位工作的继续留任;不在审判业务部门书记员岗位工作的,统一调整到审判业务部门书记员岗位,计入书记员员额。同步进行聘用制书记员管理制度改革。

下一步乐山中院将学习最高人民法院相关文件,拟通过适当降低书记员任职、实行等级管理、加强待遇保障、扩宽职业发展空间等方式,建立一支较为专业和稳定的聘用制书记员队伍。

具有司法警察职务、警衔的人员,原则上应当在警务保障工作岗位履行职务。乐山中院正在探索执行人员警务化管理的改革——符合条件的执行人员有机会转任司法警察并承担案件执行任务。

(二)做行政人员

乐山中院进行行政人员职务序列确定的工作,除了根据中央15%的规定进行调整,还整合了司法行政的管理部门,核定各部门各岗位职责。根据司法行政岗位职责,核定本院的司法行政人员员额数,进行分类定岗。定岗后,原已任命同类职务的保留职务,需要调整的就重新任免。如此种种方法,既贯彻了中央有关政策,又使得院内工作顺利平稳的进行。

在分流阶段的两项主要工作——未入额法官安置以及职务序列定岗,不仅体现乐山中院工作人员在整个司法体制改革员额法官选任过程中的创新精神,同时也为司法体制改革的后期工作,例如,审判团队的搭建以及绩效考核的实现等,打下坚实的主体基础。学者吴洪淇以《司法改革转型期的失序困境及其克服——以司法员额制和司法责任制为考察对象》一文,表示了其对"司法体制改革转型期作为制度变革的过渡时期存在一种失序的危险"的担忧,他提出:"任何改革都会经过改革的转型期,这一时期的特征在于已经形成的传统秩序被打破,新的秩序却还未形成;许多既有的平衡关系被打破,新的平衡关系却还未形成,出现了所谓的'失序困境'。"他认为,制约司法体制改革展开的条件为:"司法体制改革的时间与空间、日渐发达的法律服务市场以及司法体制改革的行政化推进方式等三个宏观因素。”①

在法官员额制实施后，法官的数量大幅度减少，要想高质量地完成审判任务，离不开稳定的、专业化的审判辅助人员队伍的协同配合。目前，乐山中院搭建的审判团队只能基本按照“4 名法官 +2 名法官助理 +2 名书记员”标准模式，即 4∶2∶2 的模式进行人员配备，使得法官与辅助人员的配备比例堪堪达到 1∶1。这种比例的确定，是按照省高级人民法院的要求，结合乐山中院实际产生的创新性政策。每增加 30% 的任务量，原则上增配 1 名审判辅助人员，最终实现法官、法官助理、书记员配比达到 1∶1∶1。

目前，乐山中院根据本院案件和人员情况，对法官和审判辅助人员进行合理搭配。虽然乐山中院审判庭办案团队中法官与法官助理、书记员配备比例在试点期内尽量达到了 4∶2∶2，但以后会视案件增长情况逐步增加，最终形成 4∶4∶4 的比例。其他岗位办案团队中法官与法官助理、书记员配备比例根据具体情况按照 3∶1∶2 等模式配备。立案申诉、执行局、综合审判等团队，除审判任务外，还承担了较多事务性、执行实施、综合审判等工作，目前正在寻求加强辅助力量的配备。目前，乐山中院将根据本院案件和人员情况，在现有审判业务庭室的基础上组建了 11 个审判团队，对法官和审判辅助人员进行合理搭配。

① 吴洪淇：《司法改革转型期的失序困境及其克服——以司法员额制和司法责任制为考察对象》，载《四川大学学报》2017 年第 3 期。

第四章　司法责任制的组织模式：审判团队建构

邹　松　王伦刚

2015年9月21日，最高人民法院为贯彻中央关于深化司法体制改革的总体部署，优化审判资源配置，制定了最高人民法院《关于完善人民法院司法责任制的若干意见》（法发〔2015〕13号）（以下简称最高人民法院《意见》）。最高人民法院《意见》指出，基层、中级人民法院可以组建由一名法官与法官助理、书记员以及其他必要的辅助人员组成的审判团队，依法独任审理适用简易程序的案件和法律规定的其他案件。案件数量较多的基层人民法院，可以组建相对固定的审判团队，实行扁平化的管理模式。① 由此，建构审判团队作为深化司法体制改革、落实司法责任制的创新途径，在全国各地法院展开。

四川省委全面深化改革领导小组、四川省高级人民法院为了贯彻执行中央关于司法体制改革的政策方针和指导省内法院系统有效推进司法体制改革，对审判团队的规定进行了细化，基本确定省内法院系统审判团队中的法官、法官助理和书记员的比例为1∶1∶1，同时又留有余地的让各级法院可以根据案件数量情况增减比例。

乐山市各级法院落实中央的司法体制改革制度、政策，在本院传统的审判业务庭的基础上，按照各审判领域人数与案件数量基本均衡的原则科学组建新的审判团队。乐山市中级人民法院（以下简称乐山中院）采取由党委牵头、司法体制改革领导小组具体负责的方式，积极探索在司法体制

---

① 最高人民法院《关于完善人民法院司法责任制的若干意见》（法发〔2015〕13号）。

改革的过程中，根据司法责任制的要求，在传统审判业务庭的基础之上，建构新的组织模式——审判团队。

乐山中院司法体制改革领导小组首先对本院的所有干警进行分类摸查、统计，从而对审判团队应当按照何种模式、何种比例建构提供数据基础。在分类统计的基础上，司法体制改革领导小组最终提出以 4∶2∶2 的模式，按照法官人数与案件数量基本均衡的原则，在全院设置了 13 个办案团队。其中审判团队包括审判监督团队、行政审判团队、刑事第一团队、刑事第二团队、民事第一团队、民事第二团队、民事第三团队、民事第四团队、民事第五团队、民事第六团队、知产环资团队、综合审判团队共 12 个。

新的审判团队组建以来，乐山中院在促进办案效率和提高办案质量方面取得巨大突破。审判团队组建后，乐山中院在 2017 年结案 4767 件，结案率创该院历史最高；2017 年未结案 200 余件，未结案率创该院历史最低。

与乐山中院同时被列为全国第三批、全省第一批司法体制改革试点法院的 S 法院、J 法院和 M 法院等 3 个基层法院也在结合本院具体情况、参考乐山中院部署的基础上，建构了具有地域特色的审判团队。S 法院位于乐山市主城区，该法院的特点是案件数量繁多、新类型案件多发，针对这一特点，S 法院的审判团队主要突出了“又快又专”的特点。J 法院则代表了乐山市地区中等发达、案件相对较少的区县，因此，J 法院的审判团队的建构紧紧围绕公平与效率兼顾的宗旨。针对 M 县地广人稀，经济欠发达，地处少数民族聚居地区的特点，M 法院的审判团队在审理案件的过程中更加注重灵活运用社会力量，组织调解，妥善化解社会矛盾。

第一节　审判团队的顶层政策设计解读

乐山市法院系统建立审判团队的政策背景和实践设计过程是怎样的？这是本节研究并回答的问题。关于上级政策，我们只能从中央和省市的规范性文件中去寻找，这就决定了本节的研究方法是文献分析法。乐山市两级法院依照这些原则性的政策框架，并结合自身情况如何设计和确定适合本地情况的审判团队，这需要对司法体制改革领导小组的行动过程进行详细描述。因此，本节结构由三部分构成，分别介绍审判团队的顶层政策、审判团队的省级解读和乐山中院的实践设计。

一、审判团队的顶层政策

最高人民法院《意见》第4条是司法体制改革建立审判团队的起点,该最高人民法院《意见》鼓励基层法院和中级法院建立由法官和司法辅助人员组成的审判团队。

(一)顶层政策的制定主体

有关审判团队的规定,最早见于最高人民法院《意见》第4条。作为本轮司法体制改革顶层政策的主要主体,最高人民法院认为,推进人民法院司法责任制改革,总体目标就是"让审理者裁判、由裁判者负责",确保人民法院依法独立公正行使审判权,让人民群众在每一个司法案件中都感受到公平正义。完善人民法院司法责任制,必须以科学的审判权力运行机制为前提,以明晰的审判组织权限和审判人员职责为基础,以有效的审判管理和监督制度为保障。

按照这一基本思路,最高人民法院先后召开6次调研座谈会、3次专家论证会,充分听取了4级法院法官代表、法学专家、律师代表、人大代表、政协委员的意见建议,书面征求了中央全面深化改革办公室、中央政法委员会、全国人大内务司法委员会、全国人大常委法制工作委员会、最高人民检察院、司法部、中国法学会和各高级人民法院的意见,并经过中央政法委第十八次全体会议和全国司法体制改革试点工作推进会的审议讨论,完成了最高人民法院《意见》的起草工作。2015年8月,原中央全面深化改革领导小组第15次会议审议通过了最高人民法院《意见》。[①]

最高人民法院《意见》针对改革审判权力运行机制、明确司法人员职责和权限、审判责任的认定和追究、加强法官的履职保障等,较为完整地明确了审判责任的前提、基础、范围、规则、程序、保障等主要问题。

(二)顶层政策的内容规定

2015年9月21日,最高人民法院为贯彻中央关于深化司法体制改革

---

① 最高人民法院《最高法院发布完善法院司法责任制若干意见》,载最高人民法院官网,http://www.court.gov.cn/zixun-xiangqing-15585.html,2018年4月5日访问。

的总体部署，优化审判资源配置，制定了最高人民法院《意见》。该最高人民法院《意见》第4条如是规定：

“基层、中级人民法院可以组建由一名法官与法官助理、书记员以及其他必要的辅助人员组成的审判团队，依法独任审理适用简易程序的案件和法律规定的其他案件。

人民法院可以按照受理案件的类别，通过随机产生的方式，组建由法官或者法官与人民陪审员组成的合议庭，审理适用普通程序和依法由合议庭审理的简易程序的案件。案件数量较多的基层人民法院，可以组建相对固定的审判团队，实行扁平化的管理模式。

人民法院应当结合职能定位和审级情况，为法官合理配置一定数量的法官助理、书记员和其他审判辅助人员。”①

由此，建构审判团队作为深化司法体制改革、落实司法责任制的创新途径，在全国各地法院展开。

（三）顶层政策的目的解读

为什么审判团队这个新生事物会在本轮司法体制改革中出现？最高人民法院鼓励基层法院和中级法院构建审判团队有何考量？通过剖析解读中央关于司法体制改革的政策、文件，可以得出中央建立审判团队的如下初衷。

1.落实司法责任制的必然要求

新一轮司法体制改革最大的亮点莫过于建立和完善司法责任制，建立和完善司法责任制是司法体制改革的“牛鼻子”，对其他各项司法体制改革均具有牵引和统领作用。司法责任制的核心要义和科学内涵是“让审理者裁判，由裁判者负责”。②

人民法院在司法体制改革之前的组织模式是审判业务庭，如民事审判庭、刑事审判庭以及行政审判庭。审判业务庭作为法院内部的一个个小单元，既是管理单元，也是服务单元，同时还是党政政策贯彻落实的实施单

---

① 最高人民法院《关于完善人民法院司法责任制的若干意见》（法发〔2015〕13号），2015年9月21日。

② 张文显：《论司法责任制》，载《中州学刊》2017年第1期。

元，在法院的日常工作中扮演着重要角色。

然而，审判业务庭的运行却与落实司法责任制相左。其一，审判业务庭模式下，院长、庭长对庭室中的主审法官干预过多，不能完全做到“让审理者裁判”。众所周知，审判业务庭模式下，分管院长和各个庭室的庭长对业务庭中的案件具有把控的责任，仅以案件裁判文书的签发为例，院庭长甚至可以要求承办法官根据他们的意见修改裁判文书，然后再予以签发。院庭长并没有直接参与案件的审理，却可以在签发裁判文书这一重要环节掺入他们的意志，实乃与“让审理者裁判”的精神相去甚远。其二，审判业务庭模式下，审判工作的参与人员权责不清晰具体，司法责任难以落实到个人头上。如上所述，院庭长并未直接参与案件的审理，却可以通过裁判文书的签发这一环节掺入他们的意志，倘若该案件需要追究司法责任，那么谁来承担责任、承担多大责任等问题都难以清晰具体的理清。其三，审判业务庭的绩效考核方式并不能客观地评价庭室中每个人工作状态。审判业务庭的考核如同吃“大锅饭”，庭室中每个人的考核都相差无几，并不能真正有效地促进法院工作的开展。

在司法体制改革中，亟需一种新的组织模式，破除审判业务庭的弊端，贯彻落实司法责任制——审判团队应运而生。审判团队突出法官的主体地位，法官助理和书记员的任务都是协助法官完成审判工作。同时也杜绝了院庭长对案件和承办法官的干预，设置权力清单让司法责任落实到了每个人头上。

2. 突出员额法官的责任主体地位

为了打破法院内部此前案件审理过程中责任主体不清晰的模式，本轮司法体制改革中，各个法院遴选了满编的员额法官。如今，有且只有员额法官可以办理案件，且对办理的案件承担终身责任，院长、庭长不再干预案件审理的实质进展。此举就是为了在案件审理过程中清晰地凸显出责任主体，员额法官在本轮司法体制改革中被推向司法责任的崖边，每一个案件都能激励员额法官认真负责地办理。

为了配合员额法官到一线去办好案件，法院需要为他们提供相对固定的辅助人员，即由员额法官为核心，同司法辅助人员组成办案团队。本轮司法体制改革中，法院系统实行了人员分类管理，法官助理、书记员等岗位的人员均被分为司法辅助人员。将司法辅助人员相对固定的配备给员额法官，可以加强团队内部的运行默契，从而最大限度地节省办案时间，提升办案效率。

将法官助理相对固定的配备给员额法官，亦为巩固员额法官的后备人员基础的良策。司法审判是一项重视经验的活动，即使是专业知识丰富，在校成绩优秀的应届毕业生，也不可能刚进入法院，就直接走上审判岗位，独自办理案件。新法官的成长需要一段时间和经验的积累，如果新法官不尽快成长起来，很容易让法官的增补工作形成青黄不接的局面。而长期在员额法官周围耳濡目染的法官助理可以作为员额法官的后备人选，当员额法官的岗位空缺时，择优挑选的法官助理可以很快走上审判岗位。

3. 实现扁平化管理

扁平化管理是相对于科层制的管理模式，它能够较好地解决科层制管理构架下的层次重叠，冗员繁杂，组织机构运转效率地下等弊端，从而加快信息流的速率，提高决策效率。审判团队的建构使人民法院内部的组织机构实现了扁平化管理。

司法体制改革前，一个审判业务庭人员繁多，层级重叠，它呈"主管副院长—庭长—副庭长—审判长—审判员—书记员"式的管理链条，上级的指令需要往复数次才能有效的变为下级的执行。仅以判决书的签发为例，承办法官拟好的判决书需要提交给庭长审核、签发，如果涉及的法律关系复杂，社会影响重大，还需要提交给分管院长审核、签发，院长、庭长认为有必要还可以要求承办法官修改，承办法官修改过后仍然需要再次提交庭长审核、签发，如此一来，其效率可想而知。

高效的团队一般具有较小的规模，超过 10 人的团队会在工作中遇到很多困难。法院的传统业务审判庭时的审判效率较审判团队的审判效率低，并不是因为司法人员的问题，而是管理上的问题，即"不是人不好，而是管不了"。也就是说，其实司法人员本可以发挥出更大的潜能，但掣肘于科层制的管理模式，延缓了他们应有的效率。

司法体制改革中，法院需要通过调整内部组织机构来实现提高审判效率的目标，突出解决法院因"不是人不好，而是管不了"的问题，因此，优化内设机构的管理模式摆在首要位置。审判团队建构后，其管理链条缩短为

“主管副院长—审判团队”,实现了扁平化的管理运作模式,有利于减少管理成本,提高管理效能。

审判团队中法官与法官之间不存在管理上的从属关系,但是法官助理、书记员则应当在法官的委托或者指导下开展工作。作为一个团队,为提高运转的契合度,成员应当相对固定,但并非一成不变。根据最高人民法院《关于印发〈最高人民法院司法责任制实施意见(试行)〉的通知》(法发〔2017〕20 号)的规定,因专业化审判需要组建的相对固定合议庭和审判团队,人员应当定期交流,期限一般为 2 年,最长不超过 5 年。[①]

二、审判团队的省级解读

(一)顶层政策的传达主体

为传达中央关于司法体制改革的政策,四川省委全面深化改革领导小组召开第十三次会议,审议通过了《关于落实司法责任制的实施方案》等一系列改革文件。

四川省高级人民法院为落实中央的改革政策和指导省内法院系统的改革工作,也陆续出台了《四川法院人员定岗和审判(执行)团队编配指导方案》《关于院庭长审判管理监督职责的规定(试行)》等一系列文件。

(二)顶层政策的传达方式

针对中央关于司法体制改革的政策方针,四川省高级人民法院组织开展了全省中院院长会,会议按照中央和省委经济工作、政法工作会议以及全国高级法院院长会议的工作部署,总结分析全省法院面临的新形势、新挑战,研究部署重点工作任务。[②]

同时,为贯彻中央关于深化司法体制改革的总体部署,有效指导省内各级法院的工作开展,对全省法院人员定岗及(审判执行)团队编配制定了指导方案,该方案于 2016 年 10 月 8 日由四川省社会体制改革专项小组专题会议审议通过,印发全省各中级人民法院。

---

① 最高人民法院《关于印发〈最高人民法院司法责任制实施意见(实行)〉的通知》(法发〔2017〕20 号),第 3 页。

② 参见开永丽:《全省中院院长会要求——推进司法责任制改革》,载《四川法制报》2017 年 1 月 26 日,第 1 版。

(三)顶层政策的内容细化

最高人民法院印发的最高人民法院《意见》鼓励基层法院和中级法院建立审判团队,但是关于如何具体地建立审判团队却并未做详细规定。各级人民法院建构审判团队时应当怎样科学搭配人员、确定团队比例、明确受案范围和均衡工作量?这些问题都需要地方各级法院在司法体制改革的过程中进行积极探索。

四川省高级人民法院为了落实最高人民法院的改革部署和指导省内各级法院进一步推进司法体制改革,于2016年10月12日,出台了《四川法院人民定岗和审判(执行)团队编配指导方案》(川高法〔2016〕429号),该通知第8条对审判团队的比例做出了具体规定——各级法院原则上要按照员额法官、法官助理、书记员1∶1∶1的模式组建办案团队,各级法院可以根据案件数量情况增减。①

四川省高级人民法院既原则上规定了省内各个法院应当按照1∶1∶1的模式组建审判团队,又留有余地的让各级法院可以根据案件数量情况增减审判团队中的人员比例。其原因主要是在本轮司法体制改革的前几批试点法院大都探索的是1∶1∶1的模式,这种可以复制的改革经验当然能够让司法体制改革的推进过程省去很多麻烦。结合四川省各地区复杂的地理状况、不平衡的经济情况等因素,省高级人民法院不宜做出“一刀切”规定。同时,审判团队的建构牵涉一个法院的内部人员构成、受理案件数量、财政状况等方方面面,留有余地的让省内各个法院根据自身情况探索合适的审判团队模式能够灵活的推进司法体制改革进程。

三、乐山中院的实践设计

(一)政策实践的设计主体

作为执行者和落实者,如何让顶层政策转化为基层制度是检验司法体制改革成败的关键。乐山中院为了落实最高人民法院和四川省高级人民法院的改革政策,示范性的指导市内各级法院进一步推进司法体制改革,

---

① 四川省高级人民法院《关于印发四川法院人民定岗和审判(执行)团队编配指导方案的通知》(川高法〔2016〕429号),2016年10月12日。

对建构符合自身需要的审判团队进行了一系列的研讨和探索。

(二)政策实践的设计过程

2015年1月30日,乐山中院面向全院法官、执行员开展了一次座谈会,这次座谈会主要针对构建审判团队所面临的一系列难题进行了全面的公开征求意见,[①]以全面了解全体法官对于司法体制改革的想法和建议,掌握司法体制改革试点工作中可能存在的问题。

针对建构审判团队后是否保留原有庭室,如何定位审判长、主审法官、合议庭其他法官、法官助理、书记员和合议庭的职权,审判团队应采取何种比例模式,分配案件如何保证均衡度等问题,与会的法官、执行员各抒己见,展开了激烈的研讨。此次座谈会研讨的结果成为乐山中院构建审判团队的蓝图。

(三)政策实践的设计内容

乐山中院根据这次研讨,按照各审判领域人数与案件基本均衡的原则设置了若干办案团队。其中刑事、民事、行政3大诉讼领域设立11个办案团队,原则上按照4∶4∶4的人员比例配置,即法官4人,法官助理4人,书记员4人;过渡期内,由于现有的编制无法满足上述比例,所以,按照不低于4∶1∶3或者4∶2∶2的人员比例配置;立案申诉团队、审判监督团队按照3∶1∶2的人员比例配置,即法官3名,法官助理1名,书记员2名。乐山市的各个基层法院则参照中级法院团队组建的原则和方式,探索建立适合本院实际情况的办案团队。

在本轮司法体制改革中,各个法院均积极探索审判团队这一新的组织模式,大多数法院实施的是1∶1∶1的模式。而乐山中院目前按照4∶2∶2的比例配置审判团队的法官、法官助理和书记员,主要是出于以下考量:

1. 结合乐山中院客观案件数量

乐山中院每年受理的案件数量约为2000余件(补数据),并不像成都地区的法院那么多。照搬其他法院实施的1∶1∶1模式固然方便省事,但是,如果不以法院案件数量和法官工作量为基础,盲目照搬照抄,则不能科学有效地发挥审判团队的优势。正如时任中央政法委书记孟建柱在全国

---

① 乐山市中级人民法院:《司法体制改革座谈会会议纪要》,2015年1月30日。

司法体制改革推进会上作的《主动拥抱新一轮科技革命，全面深化司法体制改革，努力创造更高水平的社会主义司法文明》讲话所说，组建办案团队，不宜简单搞“一官一助一书”模式。要综合考虑不同地区、层级、业务特点，从案件类型、难易程度和人员结构等实际情况出发，组建灵活多样的专业化办案团队，实现人员配置最优化、办案效能最大化。① 因此，从案件数量和司法资源合理配置的角度来看，乐山中院并不需要为每个法官都配备一名法官助理和书记员。

2. 基于乐山中院客观存在的司法人力资源状况

司法体制改革前，由于法官助理和书记员的工作职责不明确，在工作开展中，很多书记员的工作，法官助理也在做。抑或是一些法官将审判事务一人揽下，一人包干，使法官助理的工作弱化。此轮司法体制改革开展后，乐山中院结合司法责任制的具体要求，对于法官、法官助理和书记员的工作，出台了《乐山市中级人民法院办案人员权力清单（试行）》，明确了法官、法官助理和书记员 3 类人员的具体职责，从内部规则层面将法官助理和书记员清晰的分开。

《乐山市中级人民法院办案人员权力清单（试行）》实施过程中，乐山中院对本院的职工进行了分类摸查，发现本院的法官助理和书记员的数量并不足以达到 1∶1∶1 的比例配置。面对这一情况，乐山中院一方面引进一定数量的聘用制书记员，一方面探索合理的比例建构审判团队。经过反复研究和推演，最终乐山中院采取了 4∶2∶2 的模式配置审判团队的法官、法官助理和书记员。

在司法体制改革开展的一年多来，事实证明，按照 4∶2∶2 的模式建构的审判团队取得了明显的成绩，办案数量和办案质量均大幅提升。

3. 有利于审判团队内随机组成合议庭

此轮司法体制改革中，创新建构的审判团队只是作为法院内部去科层化，实现扁平化的管理单元，而并非是创建了一个新的审判组织。根据《人民法院组织法》的规定，独任庭、合议庭和审判委员会才是法定的审判组

---

① 孟建柱：《主动拥抱新一轮科技革命，全面深化司法体制改革，努力创造更高水平的社会主义司法文明》，全国司法体制改革推进会会议论文，贵阳市 2017 年 7 月 10 日，第 9 页。

织。同时，根据我国诉讼法的规定，结合乐山中院在审理案件时，多采用3名法官组成的合议庭的实际状况，乐山中院在一个审判团队中配置4名法官，则是充分考虑了在审判团队中随机构成合议庭的的工作需要。另外，即使审判团队中有1名法官临时请假，不能参与案件的审理活动，该审判团队也能正常运转。

4. 促进庭长（审判团队负责人）多参与案件的审理

庭长（审判团队负责人）是一个法院的中坚力量，也是法官队伍中具有优秀办案能力的佼佼者。在此轮司法体制改革中，乐山中院为鼓励庭长多办案，办好案，在《乐山市中级人民法院关于落实司法责任制的实施办法》中规定，进入法官员额的庭长应当承办案件，庭长参加合议庭审理的案件数量不低于本团队年人均办案数量的100%，其中承办案件数量不低于本团队法官年人均办案数量的50%。在一个审判团队中配置4名员额法官，可以方便其他法官与庭长随机组成合议庭，参与案件的审理，也便于将庭长的办案能力和专业素养积极发挥出来。

S法院由于司法人力资源严重不足，该院并没有为审判团队中的员额法官配置法官助理，只能勉强为每个员额法官配置1名书记员，即S法院审判团队中法官与书记员的比例为1∶1。

S法院的审判团队呈1∶1的模式也反映出了该院司法辅助力量非常薄弱。造成这种局面的原因如下：第一，该院在建构审判团队时，曾去成都市武侯区人民法院和高新区人民法院调研，由于武侯区法院和高新区法院案件数量较多，财政资源也比较可观，所以，审判团队中的员额法官配备了好几个司法辅助人员，且该院很多审判活动中的事务都通过外包的方式为本院员额法官减轻了压力。但是，S法院案件数量相对乐山市其他地区来说比较多，根据最高人民法院“以案定额”的政策，该院有员额法官40余名，这在基层人民法院是一个比较大的数量。所以在审判团队建构时，面对较大数量的员额法官，该院无法为每个员额法官配置1名法官助理，便代之以书记员来辅助员额法官办理案件。第二，乐山市其他人民法院在遴选员额法官时，很多原本在一线从事审判工作的法官囿于某些原因未入额，便转而流向法官助理这个岗位，也算是充实了司法辅助人员队伍的力量。但是S法院在遴选员额法官的时候，由于法官报名遴选的热情很高，大多数法官都参加了遴选,且该院案件数量多,员额法官的名额也多,很多报名参加遴选的法官也如愿以偿的成为员额制法官,所以,只剩很小数量的法官需要调整工作岗位。S 法院的党组召开了多次座谈会讨论未入额法官的调岗方案,最终将这很小数量的法官全部分流至审判管理部门、执行部门和行政部门等。因此,并没有未入额法官在司法体制改革中调至法官助理这一岗位,这也是该院司法辅助力量薄弱的原因之一。

未来 S 法院将调整部署,加强该院的司法辅助力量,结合本院的发展状况,组织招收法官助理,协助员额法官办理案件,以减轻员额法官的办案压力。

J 法院结合本院实际情况,该院为审判团队的员额法官配置了 1 名法官助理或者 1 名书记员,即 J 法院审判团队的员额法官与司法辅助人员的比例亦为 1∶1。

J 法院审判团队的员额法官与司法辅助人员的比例呈 1∶1(1 名法官配置 1 名法官助理或者 1 名书记员)模式,主要有以下原因:第一,该院案件数量相对较少,根据最高人民法院按照“以案定额”遴选员额法官的原则,该院只有 20 余名员额法官。员额法官数量较少,为员额法官配置司法辅助人员的压力没有那么大,加上该院案件数量较少,法官的工作量也没有 S 法院的员额法官那么大,因此,不需要配置那么多的司法辅助人员。第二,便于灵活使用司法人力资源。J 法院的司法人力资源并不充裕,尤其是该院司法辅助人员的数量也不足以支撑该院为审判团队按照“一审一助一书”配置。既然如此,根据法官、法官助理和书记员的工作能力、年龄结构、性别比例等因素合理配置审判团队的人员,就显得很有必要。

M 法院在结合本院实际的基础上,为民事审判团队配置法官、法官助理和书记员的比例是 2∶2∶1,刑事审判团队配置法官、法官助理和书记员的比例是 1∶2∶1。

M 法院审判团队的比例呈上述模式主要有以下原因:第一,该院司法人力资源相对充裕。M 法院的司法辅助人员数量相对于 J 法院和 S 法院的数量较多,因此,该院可以为审判团队中的员额法官配置更多的法官助理和书记员。第二,M 法院虽然案件数量不多,但该院地处少数民族同胞聚居地区,为正确适用法律和尊重少数民族同胞的风俗习惯,办理案件的过程中多涉及调解。根据中央的指示，人民法院要注重发挥法院外部资源作用，通过完善多元化纠纷解决机制，充分发挥综治组织、行政机关、人民调解组织等各类治理主体预防与化解矛盾纠纷的作用，促进诉外分流。①M法院设立了大调解机制，灵活运用社会力量，先由当事人所在地的乡、镇政府的成员组织调解，也经常邀请本地区德高望重的少数民族长辈参与案件的调解工作，调解时双方当事人先背靠背，再面对面。所以该院的调解工作程序很多，花费的时间也很长。调解在缓和社会矛盾方面比法官依法做出判决效用更强，该院法官也因此一直重视对案件的调解工作。既是如此，法官需要更多的司法辅助人员协助组织当事人调解，以达到更好的法律效果。且该院此前在为未入额法官调整工作岗位时，特地将很多未入额的法官安排到法官助理这一岗位。这些法官虽然由于种种原因未入额，但是他们有长期在少数民族聚居地区办理案件的经验，跟少数民族同胞的当事人沟通交流起来更加方便，将他们安排至法官助理岗位，可以更好地协助员额法官组织调解，办理好案件。

第二节　审判团队的搭建

乐山法院系统在建立审判团队的过程中，遇到了哪些困难？上级关于建立审判团队的政策、方针出台后，乐山法院系统通过解决落实司法责任制、调整人员搭配、合理划分各审判团队的职责范围、规范各岗位人员的职责等问题和困难，建构了既恪守上级政策又符合自身需要的审判团队。

一、落实司法责任制

乐山中院建立审判团队的初衷，就是希望通过审判团队这一新的组织模式，实现贯彻落实司法责任制的目标。因此，乐山市各级人民法院建立的审判团队，必须紧紧围绕这个初衷，体现司法责任制。

（一）让审理者裁判

法官亲历审判，即法官的亲历性是司法的基本属性之一，实现“让审理

① 最高人民法院：《情况通报》第30期，2017年7月7日，第9页。

者裁判、让裁判者负责”,就要求法官必须始终亲自参与、直接听取诉辩双方以口头方式进行举证、质证和辩论。司法不同于军事行动,可以“运筹帷幄,决胜于千里之外”,也不同于行政工作,在一定情况下可以听取汇报,商议决策于办公室。法官对个案的处理必须亲历其境,直接审查证据和事实,从感性认识上升到理性认识,形成对案件事实的内心确信。正因如此,排除传闻证据规则或直接言词原则,成为现代法治国家普遍适用的诉讼原则。如果不直接审理案件,仅凭听汇报认定事实并决定个案处理,显然不符合认识规律,难免出现错误,而且是违法的。① 院长、庭长未直接参与案件的审理活动,仍然可以干预案件的走向,虽然可以很好地对案件审理活动进行监督把控,但是,违背“让审理者裁判”的精神。

乐山中院通过制定乐山市中级人民法院《关于落实司法责任制的实施办法》,明确规定了院、庭长(团队负责人)的监督职责边界,促使院庭长既可以按照各自的职责范围对审判活动履行监督职责,又可以不干预承办法官独立审理案件。乐山市中级人民法院《关于落实司法责任制的实施办法》规定,院长、庭长通过提交专业法官会议讨论、提交审判委员会讨论等方式,对规定范围内的案件进行监督;在履行监督职责中不得擅自变更合议庭的决定,除参加审判委员会、专业法官会议外不得对其没有参加审理的案件发表倾向性意见;履行监督职责的时间、内容、处理结果等应当在案卷和办公平台上全程留痕。②

同时,对于涉及群体性纠纷,可能影响社会稳定的、纳入审判委员会讨论的疑难、复杂且在社会上有重大影响的、与本院或者上级法院的类案裁判可能发生冲突的、有关单位或者个人反映法官有违法审判行为的特定案件,院长、庭长有权要求相关负责人报告案件进展和评议结果,以实现对这些特定案件的事中监督。③

(二)让裁判者负责

关于由谁来承担司法责任,怎么承担司法责任,从审判业务庭和审判

---

① 参见陈光中、龙宗智:《关于深化司法改革若干问题的思考》,载《中国检察官》2013 年第 21 期。

② 《乐山市中级人民法院司法责任制制度汇编》,2017 年 3 月,第 7 页。

③ 《乐山市中级人民法院司法责任制制度汇编》,2017 年 3 月,第 7 页。

团队两者角度，可以得到两种不同的答案。审判业务庭中，法院与院长、庭长之间，法官与法官之间，法官助理和书记员之间，职责不清晰，职权部分重叠。随之而来的就是需要追责时，责任主体很难明确。

而审判团队既然把权力给审理者和裁判者，最后当然要由审理者和裁判者负责。乐山中院制定的《关于落实司法责任制的实施办法》规定了审判责任的范围、审判责任的承担和违法审判责任追究程序，①以落实由裁判者承担司法责任的原则。

（三）司法责任清晰具体

本轮司法体制改革的最主要内容是落实司法责任制。司法责任制的核心是定岗定责，即通过权力清单清晰的确定各类司法人员的职责，倘若需要追究司法责任，则可以根据权力清单明确直接地确定谁需要被追责，以及需要承担何种司法责任。因此，在本轮司法体制改革伊始，为明确办案人员权责界限，确保审判权力正常运行，乐山中院根据法律规定、中央司法体制改革精神和最高人民法院《意见》、四川省高级人民法院《关于落实司法责任制的实施方案》和乐山市中级人民法院《关于落实司法责任制的实施方法》，制定了《乐山市中级人民法院办案人员权力清单（试行）》。②《乐山市中级人民法院办案人员权力清单（试行）》详细规定了法官和审判辅助人员的权力清单，使审判工作中各项权力的行使均有对应的责任承担主体。

二、调整人员搭配

司法体制改革的大背景下，建立能够落实司法责任制的审判团队，首先要解决一个团队的人员配置问题。乐山中院在本轮司法体制改革中，在原有的业务审判庭的基础上，构建新的审判团队，首先需要将刚刚入额的法官科学配置到各个团队之中。一个团队中的人员，决定着这个团队运行是否顺畅，办案有无动力，对审理活动的质量和效率有很大的影响。

在调研J法院的司法体制改革工作时，该院司法体制改革领导小组某

① 参见《乐山市中级人民法院司法责任制制度汇编》，2017年3月，第11~16页。

② 参见《乐山市中级人民法院司法责任制制度汇编》，2017年3月，第37页。

负责人说："业务能力强、群众基础扎实的法官，其他法官都愿意跟他在一个团队；反之，业务能力稍弱，没有群众基础的法官，大家都不想和他在一个团队中共事。"①但是，员额制法官作为国家司法机关的工作人员，其编制是受国家强制力保障的，法院不可能直接将这些业务能力稍弱，群众基础不好的法官的人剔除法官队伍。同时，由于法院落实司法责任制过后，法官助理和书记员的主要工作是辅助员额法官办理案件，因此，在法官助理和书记员的考核中，有很大部分考核是与法官的绩效挂钩的，法官的绩效高，法官助理和书记员的绩效就高；反之，法官的绩效低，也会使法官助理和书记员的绩效拉低。因此，法官助理和书记员当然希望分配到工作认真负责，业务能力强的法官的团队中。在此种背景下，J 法院根据个人意愿与组织决定的原则，灵活的将员额法官分配到各个团队中。具体而言，J 法院在广泛征求法官、法官助理和书记员的个人意愿的基础上，再由组织根据业务能力、性别构成、年龄结构、有正式编制的书记员与聘用制书记员的搭配等情况，科学合理的将法官、法官助理和书记员配置到每个团队中去。

乐山中院在审判团队的成员选任上，则根据法官、法官助理和书记员双向选择团队的结果，最后由党组研究讨论决定各团队成员的归入。为了防止团队僵化并提高团队效率，根据团队运行状况，乐山中院党组将定期或不定期地决定各办案团队之间人员的调整和交流。

S 法院在审判团队的人员搭配上的问题主要体现在司法人力资源不足方面。该院由于司法人力资源短缺，并没有设置法官助理这个岗位，审判团队中的每个员额法官仅配置了一名书记员，因此，法官和书记员的工作量都很大。所以，该院在考虑审判团队的人员配置上，更多地考虑业务能力的高低搭配，即业务能力突出的法官可以搭配 1 名能力稍弱的书记员，业务能力稍弱的法官则搭配 1 名业务能力较强的书记员。

M 法院在组建审判团队时，在团队的人员配置上也遇到过难题。在遴选员额制法官时，乐山市各级法院均按照该法院受理案件的数量来确定法官的名额，即"以案定额"。但是，由于 M 县经济欠发达，地广人稀，该县法院每年受理的案件数量相对较少，如果实行"以案定额"的话，该院的员额

---

① 访谈编号#20180206JZ。

制法官可能只有几个。这对于一家法院来说,即使是正常的审判活动,也无法正常开展。经过深入调研测算,M 法院最后决定通过法院的审判岗位来确定员额法官的名额,即"以岗定额"。

M 县是少数民族聚居地区,所以,在把握尊重少数民族同胞的风俗习惯与正确适用法律法规的尺度上,对该县法院的法官提出了很高的要求。因此,应将业务能力突出,审判经验丰富的法官选入到审判团队中。在 M 法院调研司法体制改革工作时,该院司法体制改革领导小组某负责人讲述:"我院针对 M 县地处少数民族聚居区的实际情况,在办理案件中更加注重调解,以便在既尊重少数民族习惯,又准确适用法律的情况下,努力缓和地区社会矛盾。我院还建立了大调解机制,当矛盾双方尖锐时,及时通过社会力量,将矛盾缓和下去。这一机制对我们的法官提出了很高的要求。"①M 法院还将精通少数民族语言的"双语型人才"法官配置到审判团队中去,以增强对少数民族当事人的沟通、交流,提高审判活动的效率。

三、确定受案范围

构建审判团队的重要原因之一,就是提高审判活动的专业化程度,让法官走专业化道路。因此,不同于以往人民法院只是笼统地确定民事审判庭、刑事审判庭等,审判团队需要明确各个团队的受案范围,让法官的审判活动更加精细。

确定各个审判团队的受案范围,需要人民法院准确把握审判团队之间的案件均衡以及审判活动专业化之间的平衡点,既要让法官的工作量相对一致,又要避免法官在不同类型的案件中来回调整审理思路,切换不同类型的法律知识。

司法体制改革中,乐山中院在确定审判团队的受案范围上,先是统计了近年来本院受理的各种类型案件的数量,以确定适应审判团队需要的分案机制,再在相对合理平衡各个审判团队的案件数量的基础上,明确了各个审判团队的受案范围。

S 法院、J 法院和 M 法院在明确各个审判团队的受案范围的工作上,充

① 访谈编号#20180201MZ。

分借鉴了乐山中院的经验，采取了以乐山中院类似的方法来明确本院审判团队的受案范围。

四、均衡工作量

（一）各个审判团队之间的案件均衡

之所以要建立审判团队，就是希望法官走上专业化审判的道路，培养专业性法官。但在实际时间操作中，每个类型的案件数量并不会绝对相等。倘若各个审判团队之间办理的案件数量相差太大，则会导致法官工作量不一。有的审判团队由于案件太多，导致法官办案压力大，有的审判团队办理的案件太少，又不能达到考核的要求。因此，科学的明确各个审判团队的专业方向，确定每个审判团队应当办理哪些类型的案件，以及健全法院分案机制势在必行。

根据最高人民法院《关于落实司法责任制完善审判监督管理机制的意见（试行）》（法发〔2017〕11号）的规定，各级人民法院应当健全随机分案为主、指定分案为辅的案件分配机制。根据审判领域类别和繁简分流安排，随机确定案件承办法官。已组建专业化合议庭或者专业审判团队的，在合议庭或者审判团队内部随机分案。[①] 据此，乐山市各级人民法院开始探索适合审判团队的分案、调案机制，以确保法院对案件的专业化审理以及各审判团队之间案件均衡。

J法院在建立各个专业的审判团队之前，先将该院前3年受理的案件进行了全面的清查、统计。在清查、统计的基础上，根据每个类型的案件数量，合理的确定每个团队的专业方向，使得各个审判团队之间的案件数量能够实现相对平衡。

但即便是这样，J法院在按照上述方式建立审判团队后，也发现了另一个难题：由于每年社会发展状况不同，各种类型的案件数量会存在一定的动态变化。假设某年的社会经济状况不景气，必然会导致法官受理的劳动争议案件激增，如果某年的社会经济状况势头良好，也会间接的导致民间

---

① 最高人民法院《关于落实司法责任制，完善审判监督管理机制的意见（试行）》（法发〔2017〕11号），2017年4月12日，第2页。

借贷和金融类案件增加。那么案件数量客观存在的动态变化又牵动了各个审判团队的案件数量失衡。针对每年各个类型的案件数量有变化这一问题,J法院采取了调人与调案相结合的方式,进行灵活解决。具体而言,就是当某种类型的案件数量激增,导致各个审判团队的工作量失衡时,J法院审管办会根据具体情况,及时从另一个团队临时抽调法官、法官助理或者书记员到案件量大的审判团队中去,协助案件量大的审判团队有效办理案件。当案件处理得差不多时,审管办又将抽调的法官、法官助理或者书记员调回到原审判团队中去。当临时抽调法官、法官助理或者书记员到案件量大的审判团队也仍然解决不了问题时,审管办会相应地调整分案机制。如2017年,商事审判团队的案件数量较多,审管办临时调整各个审判团队的分案机制,将本应由商事审判团队办理的民间借贷和金融借贷两类案件分配到劳动争议团队办理,以达到各个团队的案件数量相对平衡的效果。虽然建立审判团队的目的是为了让法官走上专业化道路,培养专业性很强的法官,审管办将本应由商事团队负责办理的案件调整到劳动争议审判团队的这一做法与法官专业化有矛盾,但被调整到劳动争议审判团队的只是民间借贷和金融借贷两类案件,这两类案件具有应用法律简单,具有普遍性、基础性的特点,因此,并不会与建立审判团队,实现法官专业化相矛盾。

S法院是乐山地区案件数量最多的法院,关于均衡各个团队之间的案件数量方面,该院摸索出了一套可以量化的调案机制。S法院的审判管理办公室负责向该院各个审判团队动态调整案件办理数量。审判管理办公室以近几年(一般为3年)的受理案件数为基数,根据各个审判团队的法官人数,先行确定某个团队的季度平均办案数。而后以季度为周期,摸查每个团队新分配的案件与旧存留案件的季度办理案件总量,将季度办理案件总量与季度平均办案数进行对比。当季度平均办案数大于季度办案总量时,说明该团队收案数量未饱和,可以继续向该团队分案;当季度平均办案数小于季度办理案件总量时,说明该团队的收案数量已经饱和,未来1~2个月不再或减少向该团队分案。

S法院的审判管理办公室根据上述对比,科学确定各个审判团队的收案数量是否饱和。当某一审判团队的收案数量饱和后,审判管理办公室会提出调案方案,报分管院长审批,在未来 1 ~2 个月内不再或减少向饱和的团队进行分案,同时将本应分入该团队一些常见的、普通的,法律关系简单的案件调配到其他未饱和的团队。在 S 法院调研司法体制改革工作时,该院审判管理办公室某负责人说道:"目前我院的分案、调案机制能够达到相对合理、科学地向各个审判团队配置案件,解决各个审判团队受理案件相对均衡的问题,也能够及时得将某段时期突然陡增的案件及时分流,以提高审判效率。但这套机制实行一年多来,我们也发现了一些新的问题,未来审判管理办公室将重新计算、合理调整,保证分案机制科学有效的运行。"①

(二)民事审判团队与刑事审判团队之间的案件均衡

在乐山市各级法院的审判团队运行中,还存在民事审判团队与刑事审判团队受理案件数量不均衡的问题。众所周知,随着社会经济的发展,法院受理的民事类案件数量呈递增趋势;由于社会稳定、治安良好等原因,法院受理的刑事类案件却相对稳定。这导致刑事审判团队的法官办案数量远低于民事审判团队的法官办案数量。由于法官的绩效考核主要是根据法官的办案数量,民事审判团队与刑事审判团队的办案数量不均衡会带来刑事审判团队的法官绩效低于民事审判团队的法官绩效。虽然民事审判团队的案件数量多,刑事审判团队的案件数量少,但负责刑事审判的法官的工作量并不低于审理民事案件的法官。

比如,针对涉黑共同犯罪类案件,一起案件有多名犯罪嫌疑人,法官需要认定多起犯罪事实,进而针对每个犯罪嫌疑人作出多项判决,但是由于这种案件只有 1 个案号,法官虽然花了很长时间和精力审理这类案件,法院却只能以一起案件计算法官的工作量。据乐山中院刑事第一审判团队某法官助理讲述:"我在审理一起黑社会性质的案件中,该案有十多个犯罪嫌疑人,公诉机关提起公诉的犯罪事实有四十余项,经过多次开庭后,我和合议庭的另外两名法官进行了分工,每人负责认定犯罪事实十多项,历时数月,终于审理完毕。其实每项犯罪事实都相当于一起新的案件,因为法官都要重新去确定犯罪证据、犯罪方式,但是最后对这项案件进行折算时,

① 访谈编号#20180209SW(2)。

给我只算成办理了4起案子。”①

针对这一部均衡现象,乐山中院及时提出了解决方案。具体而言,乐山中院在摸查本院的各类案件数量后,及时调整了刑事案件在绩效考核时的折算系数,即在对法官进行绩效考核时,刑事类案件每一件视作1.2件。经过这一调整后,基本解决了刑事案件相对较少,导致对法官考核时绩效偏低的情况。

J法院也出现过上述问题,该院也及时调整部署,让民事审判团队的案件数量和刑事审判团队的案件数量相对均衡。该院在执行团队没有配置员额法官,当需要对一些执行类案件需要作出裁定或者决定的时候,囿于法律文书需要员额法官签发的原因,执行团队无法做出裁定或者决定。因此,该院灵活部署,将这些需要签发裁定书或者决定书的执行类案件转入刑事审判团队负责,以达到同时解决执行团队无法签发裁定书或者决定书而刑事审判团队又无足够的案件办理的两个难题的目的。当然,为了达到相对公平,在绩效考核时,10个该类型执行案件折算为1个案件。

M法院在解决民事审判团队和刑事审判团队案件数量不均衡这一问题时,曾提出让刑事审判团队的法官适当审理一些相对简单常见的民事案件的方案。但由于这种方案违背了建立审判团队的目的是让法官审理案件能够达到专业化的初衷,该院便转而学习借鉴乐山中院的处理方案。而S法院则立足本院实际情况,经过科学估算,最后决定将刑事审判团队配置的员额法官减少1名,以增加其余负责审理刑事案件的法官办案数量。

五、明确法官助理与书记员的职责

审判团队中法官助理与书记员的工作职责存在较大难题。根据最高人民法院印发的《关于深入做好司法改革政策解读工作的通知》,法官助理和书记员都属于审判辅助人员,但法官助理的工作更侧重“业务性”,会介入对案件实质性内容的处理,在诉讼流程中承担部分组织、主持、引导、调研、调查等职能;书记员的工作更侧重“事务性”,主要在程序性事务中承担

① 访谈编号#20180126LL。

记录、整理、装订、归档、校对等职能。①

本轮司法体制改革的最主要内容是落实司法责任制。司法责任制的核心是定岗定责，即通过权力清单清晰的确定各类司法人员的职责。倘若需要追究司法责任，则可以根据权力清单明确直接地确定谁需要被追责，以及需要承担何种司法责任。因此，在本轮司法体制改革伊始，乐山中院便制定了法官、法官助理和书记员的权力清单。旨在明确各个司法人员的职责。但在实践操作中，特别是基层人民法院囿于法官助理和书记员这两类司法人力资源不充足，会出现法官助理和书记员大部分工作内容交叉，甚至混同的现象。在J法院调研时，该院法官表示，由于J法院司法人力资源不充足，为每个法官配置的司法辅助人员不能达到1∶1∶1的模式，只能暂时为一名法官配置一名法官助理或者一名书记员。因此，法官助理时常做原本属于书记员的工作，书记员为协助法官办理案件，也经常超出权利清单上的职责内容。法官助理的工作内容主要是协助草拟裁判文书，但J法院的法官并未让法官助理承担草拟裁判文书这一工作，主要原因是，一方面，由于书记员这一岗位的流动性很强，导致法官助理经常承担书记员的工作，因此，法官助理无力再承担更加繁重的草拟裁判文书这一工作；另一方面，由于各个审判团队的分案是采取循环分案的机制，法官手中的案件数量多，轮流速度快，法官与其花时间指导法官助理草拟裁判文书，然后在草拟的裁判文书的基础上往复修改，不如一步到位，自己直接写出裁判文书。

另外，由于书记员这一岗位对专业性要求不高，J法院在录用书记员时已经放低了对专业的要求。原本对案件的基本审查，诸如案由是否合理等简单的工作，以及对案件审理活动的记录工作，只要法官对书记员稍加指导，书记员就能很快熟悉工作，甚至能够很快成为业务骨干。但是，由于书记员这一岗位大多是聘用制的，相应的薪酬待遇不高，晋升空间不大，所以法院的书记员流失很严重。随之而来的问题就是刚刚熟悉工作，培养成业务骨干的书记员，可能很快就提出辞呈，而即使是重新录用书记员，其到岗赴职也需要一段时间。所以，法官助理在这段时期，不得不从事书记员的

---

① 最高人民法院《关于深入做好司法改革政策解读工作的通知》（法〔2017〕86号），第14页。

工作。

第三节　团队的运行效果考察

审判团队在乐山法院系统的运行效果如何?在乐山市各级人民法院建构一年多以来,审判团队取得了良好的运行效果,基本实现了法院通过内部改革,优化司法资源配置,提高审判效率的目的。但是,在各个法院的运行中,也暴露出了很多问题,如重审判、轻执行、法官职业保障不完善、司法辅助力量薄弱、院庭长管理维度不清晰。随着司法体制改革的不断推进,审判团队将得到进一步完善。

一、运行优势

审判团队在乐山市各个法院的运行优势主要体现在落实司法责任制度、抬升法官专业素质、提高审判效率、去行政化和加强院庭长办案上面。

(一)落实司法责任制

落实司法责任制使得审判独立得以增强,主要体现为院庭长对承办法官的干预大大减少。同样以判决书的签发为例,乐山中院在传统审判业务庭时期实施的是判决书由承办法官拟定,然后上报庭长核准、签发,特殊情况下,还需要经分管院长核准,最后签发。判决书签发的流程实际上是为了让庭长、院长这些法官中审判经验丰富,专业知识深厚的人对法院审理的案件进行有效的管控,以防止冤假错案的发生。

上述流程在实际操作过程中确实也发挥了巨大的作用,尤其是在防止冤假错案方面,即使承办法官在审理案件的过程中有所疏漏和瑕疵,院长、庭长也能在判决书签发这一环有效管控。但是,判决书由庭长、院长签发也存在很大的弊端。庭长、院长签发判决书时,他们并不是案件的承办法官,并没有参与案件的审理活动,即对案件的审理没有“亲历性”。庭长、院长仅仅通过判决书来实现对整个审理活动的管控显得有点力不从心。而且庭长、院长在核准案件判决书时,可以要求承办法官按照自己的意见、观点重新修改已经拟定的判决书,因此,当被修改过后的判决书签发后,就深深的烙上了庭长、院长的烙印。倘若这一案件被认定为错案,那么案件的审理者是承办法官,但是对案件的裁判却不完全是承办法官作出的,因为案件的判决书已经按照庭长、院长的意志进行过修改。这种情况致使司法责任在实践操作中并不能完全的落实在法官个人头上。

在落实司法责任制,实现“让审理者裁判,由裁判者负责”的方针上,最高人民法院发布的《关于落实司法责任制完善审判监督管理机制的意见(试行)》(法发〔2017〕11 号)规定,各级人民法院在法官员额制改革完成后,必须严格落实司法责任制改革要求,确保“让审理者裁判,由裁判者负责”。除审判委员会讨论决定的案件外,院庭长对其未直接参加审理案件的裁判文书不再进行审核签发,也不得以口头指示、旁听合议、文书送阅等方式变相审批案件。[①] 针对这个问题,乐山中院在《关于落实司法责任制的实施办法》中也作了同样规定,院长、庭长(团队负责人)对其未直接参加审理案件的法律文书不再进行审核签发。[②]

乐山中院在各个审判团队中,改革了以往的判决书签发制度。司法体制改革前,判决书由承办法官拟定后,还需要上报庭长、院长,然后由庭长、院长核准后签发。如果庭长、院长认为有必要,还可以要求承办法官修改案件判决书。虽然判决书由庭长、院长签发有利于庭长、院长对案件的有效把控,防止冤假错案的发生,但此举加重了庭长、院长的工作量,亦让审理者和裁判者脱节。

根据《人民法院组织法》的规定,审判组织依法承担违法审判责任。审判业务庭是法律规定的管理单元,而审判团队可以作为审判管理单元、绩效考评单元,但不宜作为责任追究主体。因此,需要追究司法责任时,主要是根据独任庭、合议庭和审判委员会中的组成人员在案件审理过程中的过错来承担相应的责任。现在乐山中院的各个审判团队中,案件的判决书已经实现由承办法官签发,真正的将审理者和裁判者扣在一起,让司法责任具体落实。

乐山中院在审判团队的责任承担上,具有“放权但不放纵”的特色。即

---

① 参见最高人民法院《关于落实司法责任制完善审判监督管理机制的意见(试行)》(法发〔2017〕11 号),2017 年 4 月 18 日。

② 参见《乐山市中级人民法院司法责任制制度汇编》,2017 年 3 月。

在案件的审理过程中，给予法官较大的自主权，让承办法官依据自己的意志办理案件，同时通过电脑加人脑方式建立庭长、院长和审判管理部门的静态监管机制，对各类案件的立案、分案、审限管理、结案、归档、上诉移送等环节进行规范有序的动态跟踪、监控和管理，杜绝审判环节随意扣审限、随意延期、随意终止等各类隐性超审限问题，以实现庭长、院长和审判管理部门对案件的把控。在推行网上办案的基础上，实现所有案件的办理流程在网上审判管理平台上进行，所有案件的材料、信息在网上同步录入，以实现对案件的有效监督。

S法院、J法院和M法院均在本轮司法体制改革中将裁判文书的签发权下放到员额法官手中。

（二）行政管理弱化

司法体制改革以前，法官的行政事务烦琐，这也是此前审判效率无法有效提高的原因之一。司法体制改革推进过程中，乐山中院将法官去行政化作为主要目标，积极为法官减负，让法官能够全身心的投入审判事务之中。

通过建立审判团队，可以改变过去审判权运行的金字塔式层层把关的组织结构，有利于保证法官主体地位的平等，弱化院庭长案件审批，进一步去除审判权运行的行政化现象。

乐山中院的各个审判团队中设内勤1名，由法官助理或书记员兼任，负责团队内司法统计、排期开庭、诉讼材料移转等团队内日常性事务工作。S法院、J法院和M法院亦在各个审判团队设立了内勤这一岗位，负责整个团队的日常行政事务。

通过建立审判团队，体现法官的主体地位，法院的工作围绕审判事务开展，来自法院内部的行政事务已经减少了很多。但是，囿于我国的国情和时代背景，来自地方政府的中心工作，诸如精准扶贫工作和安全生产工作，却蔓延到法院，再次增加了法官的行政事务。在M法院调研司法体制改革工作时，该院某员额法官说："我院在扶贫工作中，每个法官都会分配若干贫困家庭，有领导职务（法官）的要负责更多（贫困家庭），负责这些家庭的脱贫工作。每隔一段时间，我们都要去这些家庭走访，了解他们的脱贫进度。但是M县地广人稀，地形复杂，交通也不便利，每次去扶贫需要花费很长时间，早上6点出发，晚上10点多才会回来。县里还给我们法院安排了监督安全生产的工作，一些法官还需要去一些企业单位巡查等。”[①]J县的经济发展较M县略好，扶贫工作并没有那么重，但是在J法院调研司法体制改革工作时，该院一些法官表示，虽然该院的扶贫工作不那么重，但是，每个团队在每周五都会轮流安排法官打扫县城街道，每次去都要花费一个上午。

出现上述情况的原因主要是地方法院受制于地方财政。在本轮司法体制改革中，最高人民法院和中央政法委员会虽然已经提出要建立法院人财物由省高级人民法院统一管理，但是，目前该项工作仍然处在筹备过程之中，真正落实还需要较长时间，所以，现在法院的经费很大程度上受制于地方政府。虽然地方政府官员干预法院的司法活动的违法乱纪情况已经不复存在，但是，地方政府在人员紧张、经费不足的特殊情况下，会给法院分配一些政府的中心工作。这些中心工作总的来说也并不繁多，尤其是扶贫工作是国家大计，人民法院理应有所担当，但客观上也加重了法官的负担。况且有些中心工作的考核方式并不科学，也给法官带来了很大的压力。仅以扶贫工作为例，在M县，考核法官扶贫工作成绩的等级有“一般”“好”“特别好”等若干等级，地方政府为激励法官认真负责的开展扶贫工作，要求被帮扶的贫困家庭给法官“特别好”这个等级才算合格，即便是“好”这个等级都是不合格。但是，M县经济本就不发达，教育水平也很落后，加上一些少数民族同胞存在语言上的障碍，很多贫困家庭并不知晓考核等级的情况，当问及帮助扶贫的法官对贫困家庭如何时，一般都会随口而说“好”，然后造成帮助扶贫的法官考核不合格的情况。一旦工作考核评定为不合格，无疑又会给法官带来更多的工作，如提交文字材料说明情况，甚至检讨等。

(三)院庭长减负松绑

院长、庭长是一个法院的中坚力量，他们专业知识深厚，审判经验丰富。但是囿于此前院长、庭长的行政上的事务非常多，如要负责整个庭室的日常行政工作，还要负责对本庭室和分管法官的裁判文书进行审核、签

---

① 访谈编号#20180201MW。

发。因此，司法体制改革之前他们很少投入一线的审判工作。审判团队建构后，裁判文书的签发权下放给员额法官个人，这大大减少了院长、庭长的工作量。在 M 县调研司法体制改革工作中，当问及审判团队建构后，对工作内容有何变化时，该院民事审判第一团队的团队某负责人称："最大的变化是我现在比以前轻松了很多。以前要负责整个庭室裁判文书的审核、签发，现在不需要了，这让我的工作量减少了很多，也能让我更加全身心的办理案件。"①

根据最高人民法院《关于加强各级人民法院院庭长办理案件工作的意见（试行）》（法发〔2017〕10 号）的规定，各级人民法院应当建立保障院庭长办案的工作机制。实行审判团队改革的基层人民法院，庭长、副庭长应当直接编入审判团队，承担相关案件的审判和监督职责；探索将院长、副院长和其他入额院领导编入相应的审判团队审理案件。各级人民法院应当结合实际，为院庭长配备必要的法官助理和书记员，让院庭长能够集中精力投入开庭审理、评议案件、撰写文书等办案核心事务。②

乐山中院为促进院长、庭长办理案件，制定了《关于落实司法责任制的实施办法》（以下简称《办法》）。根据该《办法》的规定，进入法官员额的院长、副院长、其他院领导、专职审判委员会委员、研究室法官、审判管理办公室法官、庭长（团队负责人）应当承办案件。院长承办案件数量不低于全院法官年人均办案数量的 10%；副院长承办案件数量不低于全院法官年人均办案数量的 20%；有分管任务的其他院领导完成分管工作量；审判委员会专职委员承办案件数量不低于全院法官年人均办案数量的 40%；庭长（团队负责人）参加合议庭审理的案件数量不低于本团队年人均办案数量的 100%，其中承办案件数量不低于本团队法官年人均办案数量的 50%；研究室法官、审判管理办公室法官承办案件的数量不低于全院法官年人均办案数量的 30%。

乐山中院在建立审判团队后，就积极地为庭长减负，目前庭长的职责

---

① 访谈编号#20180201MM。

② 参见最高人民法院《关于加强各级人民法院院庭长办理案件工作的意见（试行）》（法发〔2017〕10 号），2017 年 4 月 10 日，第 3 页。

主要是从宏观上指导本团队的审判工作，落实审判管理制度，对团队审判质效进行管理监督；根据审判工作态势，采取优化内部流转程序的措施；负责随机分案后因特殊情况需要调整分案的事宜；召集或提请召开专业法官会议；对需要由审判委员会讨论的案件，报请分管副院长决定；依法处理合议庭案件审理中遇到的有关程序事项；在本团队专业领域内对下级法院组织业务指导；落实院长、副院长交办的其他审判管理事务。通过对庭长的工作内容的调整，使庭长由原本的行政化实现向现在服务化的转变。

乐山中院在综合考量本院院庭长、司法辅助人员的数量以及院庭长工作量的基础上，并未直接将院庭长直接编入审判团队之中。但是，当院长、庭长办理案件时，则从负责此类案件审理工作的审判团队临时抽调一定数量的司法辅助人员，协助院庭长办理案件。J法院和M法院在借鉴乐山中院的经验后，也采取了不专门为院庭长配置司法辅助人员，当院长、庭长需要办理案件时，直接从审判团队中临时抽调司法辅助人员，协助院长、庭长办理案件，当案件审理完毕后，在将这些临时抽调的司法辅助人员回调原审判团队之中。针对乐山中院、J法院、M法院案件数量不是特别多的客观情况，且院长、庭长每年办理案件的数量并不用达到普通法官那么多，专门为他们配置司法辅助人员，很容易在他们不审理案件时出现闲置的情形。采取不专门为院长、庭长配置司法辅助人员的做法，亦可以节约很多的司法人力资源。

S法院由于案件数量较多，在推动院庭长办理案件上，则直接将院长和副院长编入审判团队中，为他们配备书记员等必要的司法辅助人员，以便让他们直接投入一线审判工作。该院1名法官谈及对审判团队的直观感受时表示，最直观的感受是院长和庭长也融入审判团队中，与一线法官一起审理案件，甚至针对S法院案件数量较多的实际情况，希望增加院长、庭长的办案数量。

（四）法官素质抬升

本轮司法体制改革的主要目的是落实司法责任制，让“审理者裁判，让裁判者负责”。可见司法体制改革在给法官放权，让法官独立审判的同时，也让法官的司法责任明确清晰。司法责任制让法官审理案件时更加审慎得行使裁判权，这对推进公平正义具有积极意义。为了落实司法责任制，各个审判团队业已实现裁判文书签发权下放，让每个法官独立审判、独立裁判。

庭长、院长除了特殊情况外,不再干涉法官的审理工作,这既是对法官的放权,也是对法官的鞭策,是倒逼法官提高自身能力素质、促进司法公正高效的重要途径。因为以前案件的审理有庭长、院长这些骨干人才的把控,法官没有心理负担,且存在心理上对庭长、院长的依赖。而如今一线法官需要自己"挂帅",独自完成审判工作。失去了"避风港"保护的一线法官,不得不更加努力地学习专业知识、认真总结审判经验。在J法院调研司法体制改革工作时,该院某员额法官讲述道:"裁判文书签发权的下放,让一线法官加深了对案件的思考、把握和研究,提高了法官办案的责任心。尤其是一些年轻法官,在司法责任制的心理压力下,促使他们下班后也经常学习,经常向老法官请教。"①在S法院调研司法体制改革工作时,该院一些老法官也表示,虽然现在裁判文书的签发权已经由承办法官行使,但是一些年轻法官也会主动拿拟好的文书向老法官请教,向前辈讨教建议和经验。M法院的情况亦是类似,尤其是一些涉及民族矛盾和影响重大的案件,很多年轻法官不敢轻易的作出主张,都会先向经验丰厚的老法官请教。

审判团队实施以来,乐山中院各个团队讨论案件的氛围明显浓厚了很多。以前谈论案件主要是合议庭成员之间相互讨论,现在承办法官不仅会在合议庭之间讨论,还会将案件提交到专业法官会议上讨论。

乐山中院在此轮司法体制改革中,为了让法官之间更好地交流,集思广益,积极构建了符合本院审判团队需要的专业法官会议。乐山中院分别建立了由民事、刑事、行政等审判领域法官组成的专业法官会议,为合议庭正确理解和适用法律提供咨询意见。合议庭认为所审理的案件因重大、疑难、复杂而存在法律适用标准不统一的,可以将法律适用问题提交专业法官会议研究讨论。专业法官会议的讨论意见供合议庭复议时参考,采纳与否由合议庭决定,讨论记录入卷备查。

结合审判团队的办案需要与专业法官会议召开的灵活性,目前乐山中院正在拟建立每两个审判团队组建一个专业法官会议的模式。同时,乐山中院积极鼓励法官助理参加专业法官会议并发表意见看法。专业法官会议是法官知识迸发,思想交汇的地方,让法官助理参与其中,既让法官助理

---

① 访谈编号#20180206JL。

虚心学习，也让整个会议集思广益。

（五）审判效率提高

审判团队建立的初衷就是通过优化法院内部的司法资源配置，从而提高审判效率，以解决法院“案多人少”的境遇。审判团队在乐山中院运行一年多以来，在提高审判效率方面，诸如个人办案数、案件审结率、减少案件审理时间上，展示出了质的成效。

二、运行问题

（一）重审判，轻执行

在本轮司法体制改革中，各地法院遴选了员额法官，并提升了员额法官的工资待遇，配置一定数量的司法辅助人员，好让他们能够全身心地投入审判工作中。法院中的一些与审判事务无关的工作，能够通过外包解决的，基本上都实现了外包，不能通过外包解决的，法院也通过各种途径精简人员。一时间，法院的工作都开始围绕员额法官的审判工作开展。这本来是司法体制改革取得的良好效果，但是，在乐山中院、S法院、J法院和M法院调研司法体制改革工作时，来自法院执行部门的执行员提出了不同的看法。

在我国，生效民事和行政裁判的执行由人民法院负责。经过多年改革，该执行体制从最初的“审执合一”，改为“审执分立”（执行庭模式），再到现行的法院内部分离（执行局模式）。经过对司法执行制度的改革，法院的执行效率提升了很多。但是，随着法院年年不断增长的案件数量，大量已审结待执行的案件也在法院执行部门积压，执行员的压力可想而知。

对人民法院生效的裁判强有力的执行，既是维护司法权威的必要，也是保障当事人合法权益的必由之路。但是，不少有履行能力的被执行人采取拖、赖、躲、逃等手段违法阻碍、抗拒执行；相当一部分被执行人无视法律尊严，有的甚至围攻、殴打执行人员。这也客观上增加了执行的难度，也为执行人员的工作带来了严峻挑战。

在M法院调研司法体制改革工作时，该院某执行员说：“M县是一个地广人稀、地形复杂的县，执行的时候，哪怕是送达工作，一出去就要一整天。加上我县是少数民族自治县，与少数民族同胞沟通和交流也是一个难题,一些少数民族同胞不懂法,也为执行工作带来了阻碍。”①在问及待遇时,他说:“前段时间我们法院打算组建一个纪检组,号召全院干警报名,结果报名截止后才发现,报名的全是我们执行局的人。这也侧面表明我们执行局的工作压力大,心理压力也大,很多执行员都想去其他部门,不管什么部门,只要不是执行部门就行。”②

在J法院调研时,该院的执行员也表示执行工作很难开展,囿于执行对象复杂,执行员的压力非常大。J法院执行局某负责人在司法体制改革以前是负责审理案件的一线法官,2012年10月,由于工作的需要,调入了执行局工作,他说:“现在有点后悔没有遴选员额法官时没有报名,因为审判比执行简单多咯。执行涉及的案件类型有很多,牵涉的法律知识也很广,而且还需要执行员能够综合运用法律。比如,员额法官开庭时,如果不需要当庭宣判,则可以休庭后大家一起讨论如何在这个案件中适用法律,但是执行员经常遇到一些紧急情况,一旦发现财产线索,需要马上做出决定,否则很可能被执行人转移、隐匿财产。如果决定做错了,还会对法院的执行工作带来负面影响,因此,对执行的综合运用能力要求很高。”③

S法院的执行员也反映了相似的问题,该院执行局某负责人称:“我院执行局的年龄结构有明显的上升趋势,执行员也出现一些小的思想波动。因为执行员与法官的工作量相当,甚至工作量比法官还要高,而法官待遇和地位提高了,执行员却未发生变化。这让很多执行员心里不平衡。”④

在一些与法院有关的电影、电视中,往往出现的也是法官公正审判或是严肃宣判的画面,基本没有反映执行员根据生效判决书进行司法执行情况的画面。这也从侧面映衬出重审判,轻执行的现象一直存在。只不过由于司法体制改革中,法官待遇和地位提高,而执行人员却一成不变的客观情况放大了法院重审判,轻执行的现象。

审判与执行如同人民法院的左右双手,都是人民法院的中心工作,不应区别对待。一些法院也意识到在本轮司法体制改革中对执行人员的地

---

① 访谈编号#20180202MS。

② 访谈编号#20180202MS。

③ 访谈编号#20180207JJ。

④ 访谈编号#20180208SD。

位与待遇没有得到提升，造成执行部门中执行人员流失较快的境遇，开始采取措施进行补救。但仍然呼吁通过司法体制改革改变这一现状，切实提高执行人员的待遇与保障。

（二）法官绑定辅助人员

落实司法责任制，制定权力清单旨在明确各个司法人员的职责。但在实际操作中，特别是基层人民法院法官助理和书记员这两类司法人力资源不充足，会出现法官助理和书记员大部分工作内容交叉，甚至混同的现象。在J法院调研时，该院法官表示，由于J法院司法人力资源不充足，为每个法官配置的司法辅助人员不能达到1∶1∶1的模式，只能暂时为一名法官配置一名法官助理或者一名书记员。因此，法官助理时常做原本属于书记员的工作，书记员为协助法官办理案件，也经常超出权利清单上的职责内容。而且法官助理的工作内容主要是协助草拟裁判文书，但J法院的法官并未让法官助理承担草拟裁判文书这一工作，主要原因是，一方面，由于书记员这一岗位的流动性很强，导致法官助理经常承担书记员的工作，因此，无力再承担更加繁重的草拟裁判文书这一工作；另一方面，由于各个审判团队的分案是采取循环分案的机制，法官手中的案件数量多，轮流速度快，法官与其花时间指导法官助理草拟裁判文书，然后在草拟的裁判文书的基础上往复修改，不如一步到位，自己直接写出裁判文书。

S法院由于司法辅助人员严重不足，并没有设置法官助理这个岗位，法官助理的工作由员额法官和书记员承担。而且S法院的书记员大部分为聘用制书记员，很多甚至不是法学专业毕业，一些诸如组织调解、草拟裁判文书的事务根本无法承担，这导致法官的工作量非常大。

由于一个审判团队中，员额法官负责审理案件，法官助理和书记员负责协助员额法官审理案件，法官助理和书记员的工作围绕员额法官的工作开展。所以乐山中院在对法官助理和书记员的考核上，很大程度上依赖于员额法官的绩效考核，即员额法官的绩效较高，则与之同一审判团队的法官助理和书记员的绩效也高，员额法官的绩效较低，则与之统一审判团队的法官助理和书记员的绩效也低，员额法官的绩效能对法官助理和书记员的绩效产生很大的影响。这种考核方式也给法官助理和书记员带来了不公平因素，有些法官助理和书记员工作能力突出，工作量较大，但是，仅由于他们辅助的员额法官工作能力不强,工作态度不负责,造成法官助理和书记员的绩效很低的情况。乐山中院出现过因为某审判团队的法官工作疏忽,未及时在办公系统上提交法官助理草拟的审判文书,致使该法官的法官助理在这段考核期内绩效非常低。

关于法官助理和书记员的绩效考核,最高人民法院发布的《关于印发〈最高人民法院司法责任制实施意见(实行)〉的通知》(法发〔2017〕20号)规定,对法官助理、书记员的工作业绩进行考核时,应当重点听取所在庭室、审判团队和法官的意见。①

审判团队业已实现减少科层制,实现扁平化管理的目标,法官与法官助理、书记员之间并非领导与被领导的关系,而更多的是指导与委托的关系。那么,法官助理与书记员的考核就不应当在很大程度上依赖于员额法官,而是应该根据法官助理和书记员实际完成的工作量,对他们进行客观、公正的考核。

为了解决法官助理、书记员等司法辅助人员在考核上过多的依附于法官,建议人民法院组织法官助理和书记员等司法辅助人员在不同的审判团队或者不同的法官之间轮岗。结合法官办理案件的周期长短,理顺案件的审理过程,法官助理和书记员等司法辅助人员的轮岗周期不宜过短,1~2年比较合适。

(三)司法辅助力量薄弱

乐山中院、S法院、J法院和M法院的审判团队在运行过程中,均暴露出人民法院司法辅助人员不足,司法辅助力量薄弱的问题。这个问题在案件数量较多的S法院更加突出。

从审判团队中法官、法官助理和书记员的比例可以侧面反映出司法辅助力量薄弱的问题。司法体制改革中,司法辅助人员充裕的人民法院,基本按照1:1:1的模式(为1名员额法官配备1名法官助理和1名书记员)建构审判团队。但是,乐山中院、S法院、J法院和M法院的审判团队均未达到这个比例。

---

① 参见最高人民法院《关于印发〈最高人民法院司法责任制实施意见(试行)〉的通知》(法发〔2017〕20号),第18页。

司法辅助力量薄弱也与地区经济发展水平有关。成都市武侯区人民法院和高新区人民法院调研司法体制改革工作时，武侯区法院和高新区法院将案件审理过程中的很多事务，诸如送达等程序性事项，通过招投标的方式外包给社会企业。同时，武侯区法院和高新区法院大量录用聘用制书记员，以充实司法辅助人员队伍。而乐山市地区的经济发达程度当然不及成都等经济发达地区。

2017 年 4 月 7 日，最高人民法院常务副院长沈德咏在全国法院司法责任制督察整改情况通报暨推进案件繁简分流机制改革视频会议上的讲话中指出，各高院要积极争取地方党委政府支持，拓宽审判辅助人员来源渠道，通过推进聘用制，购买社会服务等方式，帮助解决审判辅助人员不足的问题。[①] 今后，乐山中院将会协调上级安排、积极同乐山市党委政府等部门协商，切实解决司法辅助人员不足的难题。

（四）法官能力需提升

审判团队的组建给法官办理案件时的心理活动带来了很大变化。审判团队组建以前，判决书的签发都需要经过庭长乃至分管院长的审核。而在司法体制改革中，为落实司法责任制，实现“让审理者裁判，让裁判者负责”的目标，判决书的签发权均已下放至审判团队中的员额法官。在审判团队建构之初，很多法官仍然不适应自己签发判决书，因为过去实施的经庭长、分管院长审核后才签发判决书的模式给法官带来了很大的依赖，即使自己办理的案件中出现什么纰漏，在作出生效判决前，还有法院中经验丰富的院长、庭长把关，一旦发现问题，也能在未成定局之前解决问题。但是，现在却要法官独自完成所有的审判流程，并做出裁判。

乐山地区各级人民法院的审判团队中包含了很多刚从事审判工作的年轻法官，他们虽然专业知识扎实，但尚欠审判经验，在办理一些大案难案又无人把关时，让他们独自完成所有审判流程并做出裁判，仍然存在出错的风险。S 法院民事第三审判团队某法官是 1 名“90 后”法官，她说：“司法体制改革后，案件的所有事项都是由承办法官自己作出决定，但是一些社会影响重大的案件，都由承办法官一个人拿主意，尤其是像我一样的年轻

① 最高人民法院：《情况通报》2017 年 4 月 10 日，第 11 期。

法官,很恐惧,总觉得心里不踏实,生怕出错,造成严重后果。”①

乐山中院通过频繁组织法官之间相互交流,以及召开法官专业会议,向承办法官提供咨询意见的途径,能够在一定程度上削弱承办法官独立办案时出错的风险,一些年轻法官遇到难题时也会积极主动地向老法官或资历较深的法官请教。但在办理大案难案时,仍然缺乏有效机制来防止出错。

(五)管理维度不清晰

司法体制改革以前,院长、庭长对分管的法官审理案件的活动管理得很细。他们往往会通过判决书的签发流程实现对法官审理的案件进行把控,如果他们认为确有必要,可以要求法官按照院长、庭长的意志重新修改判决书,然后再审核、签发。院长、庭长的这种方式实际上是对法官审理案件的干预。

之所以司法体制改革以前院长、庭长对法官审理案件活动干预较多,是因为人民法院需要防止一些法官在审理案件的过程中故意滥用裁判权,或者审理案件时出现重大过失,造成当事人权益受损,法院权威蒙羞。因此,让法官中最有资历和经验的院长、庭长在案件审理过程中进行把关。

司法体制改革规划出的制度蓝图与院长、庭长干预案件的审理不兼容。如今,司法体制改革的目标是实现“让审理者裁判、让裁判者负责”的司法责任制,必须制定权力清单,让每个岗位的司法人员明确自己的权力与责任,让责任促使司法人员审慎行使权力。如果司法人员在审理案件的过程中因为故意或重大过失造成当事人权益严重受损,应当根据具体情况,承担相应的司法责任。所以,如果院长、庭长干预案件的审理活动,则会让责任主体不清晰,扰乱司法责任制的落实。

本轮司法体制改革已经基本实现让承办法官独立办案这一目标。司法体制改革中,人民法院一方面通过建立审判团队,为法官配置相应的司法辅助人员,让法官能够全身心的投入案件的审理工作,创造环境实现法官独立办案;另一方面通过下放判决书的签发权,以防止承办法官的案件中掺杂院长、庭长的个人意志,促进法官独立办案。

---

① 访谈编号#20180208SA。

实事求是地讲，院长、庭长仍然需要对案件的审理活动进行把控。虽然司法体制改革将司法责任落实到个人头上，明确了各个岗位的职责，一旦出现要追究司法责任的情况，可以很清晰地找到责任主体。但是，即使找到责任主体，让责任主体承担相应的惩罚与赔偿，也会让人民法院的司法权威和国家的财政资源受到影响，当案件还在审理的时候，法院就能通过某些措施或者某种机制防止冤假错案的发生当然比出现冤假错案再来追责更好。毕竟一旦出错，社会对人民法院的舆论压力很大，能不出错就一定不要出错当然是最好的选择。这就理应让院长、庭长把控案件的审理过程。

人民法院需要把握住既不干涉法官独立办案，又能实现对案件的把控的度。似乎法官独立办案与把控案件的审理活动相互矛盾，但是两者并不是互不兼容，它们之间理应有一个界限，只要院长、庭长把握住这个度，就能实现两全其美。

乐山中院在审判团队案件审理的把控上，已经初步形成“放权但不放纵”的特色。即在案件的审理过程中，给予法官较大的自主权，让承办法官依据自己的意志办理案件，同时通过电脑加人脑方式建立庭长、院长和审判管理部门的静态监管机制，对各类案件的立案、分案、审限管理、结案、归档、上诉移送等环节进行规范有序的动态跟踪、监控和管理，杜绝审判环节随意扣审限、随意延期、随意终止等各类隐性超审限问题，以实现庭长、院长和审判管理部门对案件的把控。在推行网上办案的基础上，实现所有案件的办理流程在网上审判管理平台上进行，所有案件的材料、信息在网上同步录入，以实现对案件的有效监督。

（六）职业保障不完善

推进法官员额制改革后，对法官的职业要求比其他公务员更加严格，主要体现在入职门槛更高、肩负责任更重和职业伦理要求更严。从世界主要国家的经验来看，在实行法官单独职务序列的同时，都相应地提高了法官职业待遇水平，以促使法官立场更中立、心态更超脱、裁决更公正。①

---

① 参见最高人民法院《关于深入做好司法改革政策解读工作的通知》（法〔2017〕86 号），第 24 页。

司法体制改革为法官带来了地位和待遇的提高，但是，法官的职业保障机制亟需完善。最高人民法院于 2017 年 2 月发布了《人民法院落实〈保护司法人员依法履行法定职责规定〉的实施办法》，[①]该实施办法从不得要求法官从事超出法定职责范围的事务、法官免受非法处理处分、绩效考核、履职保障设施建设、个人信息安全、人身安全等 6 个大方面对司法人员的履职保障进行了详细全面的规定。[②] 最高人民法院发布该实施办法的背景是近年来案件当事人伤害、报复法官事件不断发生，如生前为北京市昌平区人民法院回龙观人民法庭法官马彩云于 2016 年 2 月 26 日 21 时许被她所审理案件的当事人持自制手枪杀害，所以，该实施办法的出台是很有必要的。

法官的职业保障机制，尤其是法官人身安全方面，需要多部门协调保障。最高人民法院虽然出台了《人民法院落实〈保护司法人员依法履行法定职责规定〉的实施办法》，但是，该实施办法的具体落实，仍然需要多个部门积极配合。依法保障法官的合法权益，仅靠法院自己是无法实现的，仅以保障法官人身安全为例，还需要公安部门协助，为法官提供必要的保护。

目前，法官受到的人身威胁依然很多。审判团队的建立让法院提高了审判效率，让法官能又快又好的处理案件。但随之而来的是，极大地增加了法官及司法辅助人员受到各种侵害的可能。在 J 法院调研司法体制改革工作时，该院民事第一审判团队某员额法官讲道："之前在办理一起劳动争议案件的时候，该案件当事人向我施压，要求我做出有利于他的判决，但后来我依法判决他败诉，此后便遭到该当事人的长期跟踪和言语威胁。他还说我的孩子总有落单的时候，我尝试过报警，但是，后查明这个当事人有间歇性癫痫，警方也不能关押他，警方也经常以法院有法警为由，消极配合。"[③]在其他法院调研时，一些法官也讲述过类似的经历，面对这种没有直接对法官使用暴力的威胁行为，警方能够发挥的作用有限，也不能通过法

① 参见最高人民法院：《人民法院落实〈保护司法人员依法履行法定职责规定〉的实施办法》，载《人民法院报》2017 年 2 月 8 日，第 2 版。

② 参见胡仕浩、何帆：《人民法院落实保护司法人员履行法定职贵的规定的实施办法的理解》，载《人民法院报》2017 年 2 月 8 日，第 4 版。

③ 访谈编号#20180206JY。

律制裁这些别有用心的当事人;而当他们对法官使用暴力时,虽然能够最终让当事人受到法律应有的制裁,但法官也已经受到了严重伤害,况且对法官进行的言语威胁能够让法官长期处在精神压力巨大的情绪之中,对法官来说也是一种折磨。即使是在经过安检才能进入的比较安全的法庭中,也发生过一些情绪失控的当事人对法官进行辱骂,向法官吐痰,抓挠法官的情况。

除人身安全外,法官免受非法处理处分也应当是法官职业保障的核心内容。应当明确除非有证据证明法官涉嫌犯罪或者有违法审判的行为,任何机关或个人不得暂停或终止法官依法履行职务。同样,如果司法辅助人员是在法官的管理和监督下完全依法履行职责,那么非因法定原因或者正当理由,任何机关或个人亦不得暂停或终止司法辅助人员依法履职。

我国针对法官群体的职业保障之路仍然很长。囿于我国的国情和机构设置,法官的职业保障一直未受到应有的重视。法院本就是尖锐矛盾的集散地,法官随时都有可能受到威胁和伤害。我国的司法保障制度仍然需要进一步完善,各个部门也应当相互配合,保障法官的合法权益。同时完善法官权利受损的救济途径。由于法官的裁判大多情况下不能同时满足双方当事人的诉求,审判实践中存在大量的败诉当事人随意揣度、妄加联想,甚至故意抹黑、恶意违实举报或报复陷害法官的情形,致使法官名誉受损,乃至人身安全受到威胁。对此如果能够证实法官确实依法履职的,法院、纪检等部门应当主动、及时地在合理范围内以合适的方式及时澄清,消除影响,维护当事法官的良好形象。

三、小结

审判团队作为本轮司法体制改革过程中,人民法院落实司法责任制的组织模式,中央政法委和最高人民法院相继出台了多部文件、规定进行全面部署。目前,乐山市各级人民法院的审判团队运行状况良好,已经初步实现了通过提高法院内部的审判效率以削弱法院外部的案件压力,以及落实司法责任制,实现"让审理者裁判,让裁判者负责"的改革目标。

审判团队建立的初衷就是让一线员额法官走上精细的专业化审判道路。随着改革的不断深入,乐山市各级人民法院的审判团队在增强审判独立、抬升法官素质、提高审判效率、去行政化等方面已见成效，尤其是在实现扁平化管理，提高审判效率方面，取得了显著的成绩。

但是，乐山市各级人民法院的审判团队运行过程中也暴露出了一些问题，主要体现在改革重审判、轻执行、司法辅助人员不足、法官职业保障薄弱等方面。具体而言，本轮司法体制改革主要侧重点在员额法官和审判工作这一块，轻视了执行方面的改革。在司法体制改革中，也暴露出乐山市各级人民法院司法辅助力量不足的问题，这个问题以S法院最为突出。虽然改革对员额法官的社会地位和待遇均带来了提升，但是，在法官职业保障方面仍需要继续加强。乐山市各级人民法院暴露出的这些问题需要法院系统、党委系统、政府系统、人大系统和政协系统等多部门的协调解决。未来随着司法体制改革的不断深入，乐山市各级人民法院会对审判团队运行中出现的问题有针对性的核查、调研，采取措施，妥善解决。

第五章　司法责任制的核心内容：审判权责分配

何洪兰　邹　松

乐山市法院系统如何落实司法责任制的改革政策？这是本章试图回答的问题。以"让审理者裁判，由裁判者负责"为司法责任制的核心要义，这就决定了司法责任制的改革内容就是审判权力与审判责任的重新配置。本章的分析对象为以乐山中院为主的乐山系统各试点法院，本章的研究对象为上述法院的司法责任制的权责配置过程及结果。

本章采取总分结构。首先从总体上解读司法责任制权责分配的政策规定，接着探讨试点法院是如何分配审判权力，最后描述试点法院是如何落实审判责任的。本章将告诉读者，本轮司法体制改革既赋予审判组织和审判人员独立、明晰的审判权力，也予以他们更为严格规范的责任约束。

第一节　审判权责的改革政策

司法责任制的核心要义是"让审理者裁判，由裁判者负责"。[①] 因此，它所映射出的是司法责任制在两个层面的含义：一是保障司法责任主体正确履职的机制，即明确司法责任主体应当如何为之的制度；二是责任的承担机制，即司法责任主体应当为而不为或者不当为而为之后所应当承担的法律后果。这意味着司法责任制主要包括两个方面的内容：审判

① 参见张文显：《论司法责任制》，载《中州学刊》2017年第1期。

权力与审判责任。

那么,审判权力与审判责任的政策规定是怎样的？为了贯彻中央关于深化司法体制改革的总体部署,落实司法责任制,最高人民法院先后发布了最高人民法院《意见》①《最高人民法院司法责任制实施意见(试行)》。② 在此基础上,四川省高级人民法院和乐山中院为了便于落实,纷纷发布了关于落实司法责任制的改革文件。接下来,我们将逐级解析这些改革文件的内容,剖析中央政策是如何转化为地方实践的。我们将梳理本轮司法体制改革重构审判权力与审判责任的内容,并解读最高人民法院、四川省高级人民法院和乐山中院有关审判权责搭配的政策文件。

一、审判权责的顶层设计

为了贯彻中央关于深化司法体制改革的总体部署,最高人民法院于2015 年 9 月 21 日颁布了《最高人民法院关于完善人民法院司法责任制的若干意见》。该文件对法院系统落实司法责任制的规定主要集中在四个方面。

首先,在改革审判权力运行机制方面。该文件要求基层、中级人民法院探索建立审判团队,改变以往审判权层层审批的科层管理结构模式,实行扁平化管理,祛除审判权行政化色彩,回归审判权司法规律。同时改革分案机制,实行随机分案为主、指定分案为辅的分案模式,破除以往“挑肥拣瘦”分案习惯。裁判文书也由“签发制”改为“签署制”,除审判委员会讨论决定的案件以外,院长、副院长、庭长对其未直接参加审理案件的裁判文书不再进行审核签发。独任法官审理案件形成的裁判文书,由独任法官直接签署。合议庭审理案件形成的裁判文书,由承办法官、合议庭其他成员、审判长依次签署。审判长作为承办法官的,由审判长最后签署。审判组织的法官依次签署完毕后,裁判文书即可印发。该文件还要求院庭长要亲自办案,并且要办重大疑难复杂案件。该文件还倡导建立审判业务法律研讨机制,探索建立专业法官会议,为合议庭正

① 参见《最高人民法院关于完善人民法院司法责任制的若干意见》(法发〔2015〕13 号)。

② 参见《最高人民法院司法责任制实施意见(试行)》(法发〔2017〕20 号)。

确理解和适用法律提供咨询意见。审判委员会制度也进行了调整,结合法院审级限缩审判委员会讨论案件的范围,只讨论涉及国家外交、安全和社会稳定的重大复杂案件,以及重大、疑难、复杂案件的法律适用问题,总结审判工作经验。在审判管理和监督上,该文件要求建立案件质量评估体系和评价机制、法官绩效考核体系,强化信息化应用,强化三大公开平台建设,建立第三方评价机制,强化法律监督、社会监督和舆论监督。

其次,在司法人员职责和权限方面。相对于最高人民法院此前发布的《关于人民法院合议庭工作的若干规定》①(以下简称《合议庭工作规定》)、最高人民法院《关于进一步加强合议庭职责的若干规定》(以下简称《合议庭职责规定》)②,最高人民法院《意见》对法官审理案件的亲历性要求更强,各类人员职责分工更加清晰明确,主要体现在以下方面:一是增加了独任庭审判职责的规定,"法官独任审理案件时,应当履行以下审判职责:(1)主持或者指导法官助理做好庭前会议、庭前调解、证据交换等庭前准备工作及其他审判辅助工作;(2)主持案件开庭、调解,依法作出裁判,制作裁判文书或者指导法官助理起草裁判文书,并直接签发裁判文书;(3)依法决定案件审理中的程序性事项;(4)依法行使其他审判权力。"二是合议庭分工更加细致明确。相对于《合议庭工作规定》中的合议庭9项职责、审判长10项职责,《合议庭职责规定》中的承办法官7项职责,最高人民法院《意见》规定了承办法官8项职责、合议庭其他成员职责、审判长额外5项职责,对合议庭成员阅卷、庭审、评议、独立发表意见及顺序等进行了明确;同时,结合司法体制改革背景,新增了法官助理7项职责、书记员5项职责。三是院庭长监督管理职责发生转变。虽然取消了院长、庭长法律文书签发权,但院长、庭长仍然需要履行审判监督管理职责,对4种案件:(1)涉及群众性纠纷,可能影响社会稳定的;(2)疑难、复杂且在社会上有重大影响的;(3)与本院或者上级法院的类

① 参见《最高人民法院关于人民法院合议庭工作的若干规定》(法释〔2002〕25号),2002年8月12日通过,自2002年8月17日起施行。

② 参见《最高人民法院关于进一步加强合议庭职责的若干规定》(法释〔2010〕1号),2009年1月11日通过,自2010年2月1日起施行。

案判决可能发生冲突的;(4)有关单位或者个人反映法官有违法审判行为的。有权要求独任法官或者合议庭报告案件进展和评议结果;但不得直接改变合议庭意见,可以决定将案件提交专业法官会议、审判委员会进行讨论,并全程留痕。院庭长监督变行政化干预为平台化、组织化指导。

再次,在审判责任的认定和追究方面。2015 年 12 月 1 日,最高人民法院党组成员、副院长李少平在司法体制改革试点工作培训会上的辅导报告中指出:"《关于完善人民法院司法责任制的若干意见》明确了法官应当对其履行审判职责的行为承担责任。在职责范围内对办案质量终审负责;明确了对法官进行责任评价的基础是客观行为和主观过错,即是否存在违法审判行为、是否存在故意或重大过失;明确了独任法官、合议庭法官、审判委员会讨论的案件等不同情形下责任承担原则;明确了司法豁免的情形和严格的问责追责程序。一方面,有利于正确认定法官审判责任,根据错案形成的具体原因科学合理追责;另一方面,也设置了对法官追责的'防火墙',有利于保障法官依法履职。"

最后,在加强法官的履职保障方面。最高人民法院《意见》《领导干部干预司法活动、插手具体案件处理的记录、通报和责任追究规定》《司法机关内部人员过问案件的记录和责任追究规定》《保护司法人员依法履行法定职责规定》等文件对法官履职保障进行了规定。

一是法官依法履职受保护。"在案件审理的各个阶段,除非确有证据证明法官存在贪污受贿、徇私舞弊、枉法裁判等严重违法审判行为外,法官依法履职的行为不得暂停或者终止。"①这也意味着法官履职保障措施的加强。

二是法官依法独立行使审判权受保护。这种保护有以下主要措施。其一,排除行政干预,如"法官依法审判不受行政机关、社会团队和个人的干涉"。② "任何单位或者个人不得要求法官、检察官从事超出法定职责范围的事务。"《保护司法人员依法履行法定职责规定》"司法机关依法独立公正行使职权,不得执行任何领导干部违反法定职责或者法定程

① 《最高人民法院关于完善人民法院司法责任制的若干意见》,第 38 条。

② 《最高人民法院关于完善人民法院司法责任制的若干意见》,第 39 条。

序、有碍司法公正的要求。”(《领导干部干预司法活动、插手具体案件处理的记录、通报和责任追究规定》)“对于司法机关内部人员的干预、说情或者打探案情,应当予以拒绝;对于不依正当程序转递涉案材料或者提出其他要求的,应当告知其依照程序办理。”(《司法机关内部人员过问案件的记录和责任追究》)。其二,干预留痕,其主要规定有:“对领导干部干预司法活动、插手具体案件处理的情况,司法人员应当全面、如实记录,做到全程留痕,有据可查。”(《领导干部干预司法活动、插手具体案件处理的记录、通报和责任追究规定》)“以组织名义向司法机关发文发函对案件处理提出要求的,或者领导干部身边工作人员、亲属干预司法活动、插手具体案件处理的,司法人员均应当如实记录并留存相关材料。”(《领导干部干预司法活动、插手具体案件处理的记录、通报和责任追究规定》)“对司法机关内部人员过问案件的情况,办案人员应当全面、如实记录,做到全程留痕,有据可查。”(《司法机关内部人员过问案件的记录和责任追究》)。其三,记录受保护:“法官、检察官依法履行法定职责受法律保护。非因法定事由,非经法定程序,不得将法官、检察官调离、免职、辞退或者作出降级、撤职等处分。”(《保护司法人民依法履行法定职责规定》)“司法人员如实记录领导干部干预司法活动、插手具体案件处理情况的行为,受法律和组织保护。领导干部不得对司法人员打击报复。”(《领导干部干预司法活动、插手具体案件处理的记录、通报和责任追究规定》)“办案人员如实记录司法机关内部人员过问案件的情况,受法律和组织保护。司法机关内部人员不得对办案人员打击报复。”(《司法机关内部人员过问案件的记录和责任追究》)。干预行为受通报并纳入考核体系,具有 5 种情形并造成后果或者恶劣影响的,给予纪律处分,造成冤家错案或者其他严重后果,构成犯罪的,依法追究刑事责任。

三是法官人身权利受保护。法官名誉权受保护。因不实举报、诬告陷害名誉受损的,应当消除不良影响,恢复声誉。法官身体、生命权受保护。依法及时惩治在法庭内外恐吓、威胁、侮辱、跟踪、骚扰、伤害法官及其近亲属等违法犯罪行为。

二、审判权责的省级细化

四川省高级人民法院为了便于将中央的改革政策落到实处,制定了四川省高级人民法院《关于落实司法责任制的实施方案》。[①] 该文件将中央的司法体制改革政策进行了细化,以便四川省法院系统贯彻落实。相较于最高人民法院颁布的最高人民法院《意见》,四川省高级人民法院颁布的四川省高级人民法院《关于落实司法责任制的实施方案》在以下方面进行了细化。

首先,在改革审判权力运行机制方面。四川省高级人民法院为了确保案件的办理效率,规定辖区内的法院需保证直接从事审判辅助工作人数不低于法官员额数量,案件数量多的基层法院,法官、法官助理、书记员应达到 1∶1∶1 的比例。[②] 至于院长、庭长的办案数量,四川省高级人民法院要求副院长、审委会专委担任审判长办理案件一般不少于全院法官人均办案数量的 30%,庭长则不少于 50%。[③] 同时,四川省高级人民法院要求各法院专业法官会议研究讨论个案的情况应当全程留痕,并记录在案,入卷备查。[④] 四川省高级人民法院为了规范审判委员会的运行,将高级、中级和基层法院审判委员会讨论案件范围、程序和议事规则进行了细化规定。

其次,在司法人员职责和权限方面。四川省高级人民法院的规定增加了两项独任审判员的职责,主要体现在制作阅卷笔录,主持庭审、调解工作和指导审判辅助人员及时录入系统方面。而审判长和合议庭承办法官的权力清单分别增加了 6 项和 4 项。此外,四川省高级人民法院还制定了合议庭其他法官的权力清单。这些措施赋予了相关司法人员更加全面的权限。

再次,在审判责任的认定和追究方面。四川省高级人民法院要求任何组

---

① 《四川省高级人民法院关于关于落实司法责任制的实施方案》(川高法〔2016〕287 号)。

② 参见《四川省高级人民法院关于完善全省法院司法责任制的实施办法(征求意见稿)》,第 4 条。

③ 参见《四川省高级人民法院关于完善全省法院司法责任制的实施办法(征求意见稿)》,第 6 条。

④ 参见《四川省高级人民法院关于完善全省法院司法责任制的实施办法(征求意见稿)》,第 7 条。

织和个人违法干预司法活动、过问和插手具体案件处理的，应当记录、通报和追责，并要求相关人员过问信息情况需全程留痕、永久存储和有据可查。

最后，在加强法官的履职保障方面。最高人民法院《意见》对于法官的履职保障做出了详尽的规定，四川省高级人民法院在细化落实过程中，还规定了法官的其他履职保障。比如，加大对法庭内外侵害法官及近亲属人身财产、干扰法官依法履职、侵犯个人隐私等违法犯罪行为的惩治力度。同时，四川省高级人民法院还号召各级法院积极争取党委、政府的支持，以便解决健全法官职业保障机制过程中的经费保障和物质激励。

三、审判权责的基层落实

乐山中院在上级政策的指引下，开始了司法责任制的落实与实践。乐山中院在践行司法责任制的过程中，制定了《关于落实司法责任制的实施办法》以及其他有关司法体制改革的文件。这些文件主要参照最高人民法院和四川省高级人民法院的司法体制改革政策，并结合自身实际情况进行了相应的细化。相较于上级法院，乐山中院的司法体制改革文件更加具体并兼具地域特色。

首先，在改革审判权力运行机制方面。乐山市中级人民法院《关于落实司法责任制的实施办法》结合乐山实际情况，对入额法官的配置做出了规定，全院实行刑事、民事、行政审判庭重点配，立案、申诉、审判监督部门适当配，研究室、审管办、执行局零星配，政工党务、行政事务、后勤管理等部门不再配。[①] 同时，该规定还确定了本院和下辖基层法院审判团队的搭配模式，明确了审判权与执行权分离的改革机制，细化了院长、庭长的办案任务数量。

其次，在司法人员职责和权限方面。乐山中院制定了《办案人员权力清单》，明确了员额法官、法官助理、书记员等办案人员的权责界限，以确保审判权力正常运行。相较于中央和省级的改革文件，乐山中院所颁布的《办案人员权力清单》更加贴近本院的实际情况。

再次，在审判责任的认定和追究方面。为了更好的防止审判风险，乐

---

① 《乐山市中级人民法院关于落实司法责任制的实施办法》第3条。

山中院加强了案件审判过程中的监督制约机制,具体而言,院长、庭长都被赋予监督职责,并且加强特定案件[①]的事中监督。负有监督管理职责的人员等因故意或者重大过失,怠于行使或者不当行使审判监督权和审判管理权导致裁判错误并造成严重后果的,还会依照相关规定承担监督管理责任。同时,乐山中院明确了违法审判责任追究的程序,使违法审判责任的追究更加规范化和透明化。

最后,在加强法官的履职保障方面。《乐山市中级人民法院关于落实司法责任制的实施办法》和《办案人员权力清单》都规定要加强法官的履职保障,依法保护法官及其近亲属的人身和财产安全,依法及时惩治在法庭内外恐吓、威胁、侮辱、跟踪、骚扰、伤害法官及其近亲属等违法犯罪行为。[②]

第二节　审判权力的配置

司法权本质上是对案件的判断权和裁决权[③],因此,如何配置审判权力对案件的审理是至关重要的。就权力整体的角度而言,审判活动既有法官的主导、审判辅助人员的协助、当事人及其他相关人员的参与,是一项集体活动,不是一蹴而就或独立个体就能完成的,需要各个主体在不同阶段相互配合、共同努力。在审判活动中,不同主体的分工和配合,是社会分工的具体呈现。彼得在《正规组织——一个比较的方法》一书中指出:“在大多数情况下,资源的分化导致了多元性,而专业主义的一个属性是职业技能的专一性。职业人经受过专业的专门训练,其在处理一个非常有限范围的问题上即成为一名资深专家;他不具备大智慧——因为此刻的他既非圣贤也非智者。从业者缘何对客户具有极大的权威性,其主要依赖于从业者对

① 根据《乐山市中级人民法院关于落实司法责任制的实施办法》第21条的规定,这里的特定案件包括:涉及群体性纠纷,可能影响社会稳定的案件;纳入审判委员会讨论的疑难、复杂且在社会上有重大影响的案件;与本院或者上级法院的类案裁判可能发生冲突的案件和有关单位或者个人反映法官有违法审判行为的案件。

② 《乐山市中级人民法院关于落实司法责任制的实施办法》第49条。

③ 中共中央文献研究室:《习近平关于全面依法治国论述摘编》,中央文献出版社2015年版,第102页。

自己在某个特定领域的专业技能的自信；除此之外，他毫无权威的意义可言。”[①]让专业的人干专业的事，既是法官专业化的需要，同时也是提高审判效率、确保法律权威、提升司法公信力的需要。

那么，乐山中院在本轮司法体制改革中是如何分配审判权力的？本节主要通过明晰审判组织权限、明确审判人员权力、突出法官办案主体地位等三个方面的分析，深入阐明乐山法院是如何落实司法责任制“还权合议庭”要求，实现审判权力科学配置，解决影响司法能力的深层次问题。

一、审判组织权限的明晰

此次司法体制改革中，明晰审判组织的权限是改革审判权力运行的重要举措。最高人民法院《意见》对独任制和合议庭运行机制以及审判委员会运行机制进行了重要调整，以使审判组织的权限更加明晰，符合落实司法责任制的要求。

（一）审判组织的权力赋予

审判组织是行使审判权的载体，因此明晰审判组织的权限对于审判权的运行而言尤为重要。从审判组织形式上看，独任庭、合议庭是主要的审判权力承载主体；从权力运行上看，审判组织的权限是指“让审理者裁判”。

最高人民法院以权力清单的方式赋予了各类审判组织的审判权力。具体而言则是审判组织根据自身独立意志作出裁判，院长、庭长不再签发文书，让审判权力运行祛除行政化，真正回归司法规律的本质要求。这就意味着除审判委员会讨论决定的案件以外，独任庭审理案件由独任法官自行签署文书即可印发；合议庭审理案件按照承办人、合议庭其他成员、审判长顺序签署文书即可印发，承办人是审判长的，由合议庭其他成员、审判长签署后印发。

（二）权力行使的社会风险

明晰审判组织权限的社会风险主要集中于案件质效的提升上。落实明晰审判组织权力的要求，形式上并不困难，只需调整案件办理操作系统，

---

① ［美］彼得·M. 布劳、W. 理查德·斯科特著：《正规组织——一个比较的方法》，夏明忠译，东方出版社2006版，第69～70页。

不再提交院庭长审核签发即可。然而，形式改变的背后，隐藏着案件质效下滑、裁判尺度不统一等风险。实践中，法官、院庭长普遍反映，独任法官、合议庭遇到的以下几类案件，可能引发质效风险，是其难以独立解决并达到良好效果的。

案例1：彝族男女曲模某某和阿余某某订婚前即相互认识。2016年12月，曲模某某依照彝族习俗委托中间人向阿余某某父母提亲。经双方父母同意，双方于2017年1月7日办理订婚手续，曲模某某向阿余某某父亲阿余某甲送交彩礼16万元。2017年2月1日，双方依照彝俗举办婚礼。2017年2月4日，双方到峨眉旅游后，曲模某某以阿余某某有生理缺陷和性格不合为由提起诉讼，要求解除婚约，阿余某某返回彩礼16万元。按照彝族风俗习惯，结婚不扯结婚证，谈恋爱即送彩礼，彩礼在彝族婚姻中与买卖合同定金性质类似：如果男方提出解除婚约，则女方不返还彩礼；若女方提出解除婚约，则需双倍返还彩礼。按照最高人民法院《关于适用〈中华人民共和国婚姻法〉若干问题的解释（二）》第10条的规定，未办理结婚登记手续的，人民法院应当支持返还彩礼。在民族习俗与法律规定相冲突时，独任法官、合议庭能否妥当处理，不仅影响法律司法权威问题，同时也影响民族关系稳定问题，责任相当重大。在访谈中了解到，该案在庭审时，男方曲模某某家族几十人各自手拿砍刀等候在法院门口，以观判决结果。从法律关系上看，该案并不复杂，按照法院一贯做法，可以当庭作出裁判，但社会效果却不一定良好。该市州另一个彝族自治县，在此之前因不同“家支”间婚姻家庭纠纷发生了7死2伤事件，给该案法官、院长、庭长以重大警醒。无独有偶，在该法院发生了另外一起离婚纠纷案件。彝族男女双方结婚后，男方无所事事，不顾家庭只顾自己逍遥自在。为让男方供给家庭部分开支，女方提出离婚。按照彝族习俗，女方提出离婚，则净身出户，不能分得任何财产。女方提起诉讼后，男方同意离婚，但女方内心真实意思并不是离婚，而是以离婚为手段，希望激发男方的生活热情，为家庭生活出点力。对于法院来讲，按照法律规定作出判决简单，但要真正解决实际问题却很难。①

案例2：峨边××工厂于2016年12月停工，所有工人均未发放工资、

① 参见访谈编号#20180201ML。

未解除劳动关系、未做处置安排。119 名当事人到县政府、县委信访、申诉后，均未得到有效处理。之后起诉到法院，要求工厂发放工资，为获取更多利益，当事人几乎每天到法院门口堵截法官、静坐，要求全部执行到位。该案法律关系也不复杂，但涉及群体性利益，容易引起重大社会影响，如果独任法官、合议庭不能妥善解决，将演变为群体性事件，法官难以承受其重。①

案例 3：国庆期间，秦某驾车出游，行使途中违规超车，造成相向行使的蔡某某头部、面部、右腿等多处伤害。经交警认定，秦某负全部责任。经医疗鉴定，蔡某某头部为轻微伤、面部 10 级伤残、右腿 8 级伤残，综合评定伤残赔偿系数为 r。对于多等级伤残如何赔偿问题，最高人民法院、最高人民检察院、公安部、国家安全部、司法部虽联合发布了《人体损伤致残程度分级》规定，但没有明确规定多等级伤残如何确定赔偿系数问题。为解决该问题，中级法院通过审判会议，形成了统一裁判尺度的会议纪要，并下发各基层法院参照执行。会议纪要规定：人民法院对于鉴定机构的综合赔偿系数不予采信，但对于各伤害的伤残等级予以确定；伤残赔偿系数根据伤残等级从 1 级到 10 级分别确定为 100% 到 10%；受害人存在多等级伤残的，先确定伤残等级最高处的伤残赔偿系数，再确定其他伤残的附加赔偿系数；附加赔偿系数根据伤残等级从 1 级到 10 级分别确定为 10% 到 1%，附加伤残存在 2 处以上的，附加赔偿系数相加确定但最高不超过 10%；受害人的最终伤残赔偿系数由伤残最高处的伤残赔偿系数与附加赔偿系数相加确定，但最高不超过 100%。审理本案的法官，对该纪要并不熟知，拟根据鉴定机构确定的综合赔偿系数确定秦某对蔡某某的赔偿款。②

案例 4：××法院××法官在审理一起合同纠纷案件时，监察室收到案件当事人举报称，××法官与另一方当事人的代理人共同进餐，怀疑××法官有违法审判嫌疑。③

从上述 4 类案件来看，案例 1 属于敏感类案件、案例 2 属于可能产生重大社会影响的案件、案例 3 属于可能与上级法院、本法院裁判尺度不统一

① 参见访谈编号#20180322EL。

② 参见访谈编号#20180223JM。

③ 参见访谈编号#20180208SQ。

的案件、案例4属于当事人信访、举报的案件。这4类案件是独任法官、合议庭无法承受或者任由其独立审判可能造成错案的案件。因此,在要求审判组织权限明晰的同时,如何确保法律效果与社会效果、政治效果的统一,如何维持并提升案件质效,提高司法公信力,是政策落实过程中不可回避的课题。

(三)权力行使的风险防控

乐山中院对上述问题进行了深入思考,从强化院庭长监督管理职责、转变审判委员会职能两个方面,对审判组织权限明晰所带来的社会风险进行防控。

1. 强化科技融合,确保院长、庭长正确履行监督管理职责

"让审理者裁判"和"维持提升司法水平"两种目标同时作用,司法实践产生两种极端苗头。一种极端是害怕给法官"断奶"从而"不愿放权"。院长、庭长担心法官素质不高、能力不足乱判案、判错案,于是,变相审批文书、干预案件办理。"现在的法官,特别是刚进入法院经验不足的年轻法官,还不足以能够独立办案,错别字、常识性错误是常事,事实认定、法律适用错误也时有发生,司法文书质量、公平正义如何体现?同时,在司法公开、自媒体急遽发展的背景下,一旦出现瑕疵或错误,很容易引发舆论事件,影响司法公信力。"①

相反,有的院庭长则害怕被认定成干预从而"随意放任"。有的院长、庭长认为,"司法责任制实行法官员额制,只有优秀的法官才能进入员额,相信他们能够对自己的案件依法作出裁判。""我现在是法官,要办案;司法责任制要求我们不能过问法官办理的案件,否则就是干预,是要担责的,我做好自己的事情就好。"②

由此可见,如何确保院庭长正确履行监督管理职责,是政策落实过程中的一大难题。乐山法院坚持遵循司法规律,并充分融合科学技术,逐步确保院庭长监督管理回归正途。具体步骤如下:

第一步,突出法官办案主体地位。严格落实文书签发的相关规定,即

① 访谈编号#20180213LK。

② 访谈编号#20180213LZ。

坚决杜绝院庭长对法律文书进行签发，独任法官、合议庭对自己审理的案件的文书进行签发，强化办案责任意识。自新的审判团队运行以后，除审委会讨论案件外，所有案件法律文书均由独任法官、合议庭自行签发。

第二步，清楚划分院长、庭长行使监督管理职责的权力边界。明确院长、庭长对案件办理中的回避、决定逮捕等程序性事项的管理权，并确定院长、庭长仅对上一部分所列4类案件具有事中监督权，对于四类案件以外的其他案件，不得以任何方式插手和干预。

第三步，建立机制发现4类案件。院长、庭长不愿履行监督职责，主要原因在于4类案件难以发现和界定，害怕对标准把握不准而把监督变成干预。但事实上，院长、庭长的担忧过于多余，在访谈中，员额法官纷纷谈道："遇到敏感、疑难、复杂案件，我们都会主动向院庭长报告。院长、庭长毕竟比我们的审判经验丰富，审判专业性更强，对敏感案件、疑难复杂案件的解决，更有方法和决断，有了院长、庭长监督，我们裁判才会更有自信。同时，提请他们监督，也是对办案压力的一种缓解，有了院长、庭长监督，我们才有裁判的勇气。"①

那么，如何防止员额法官对所有案件提请监督或者为了个人利益逃避监督呢？乐山中院的做法是，对于属于4类案件的，在办案系统上予以标注，立案阶段的立案法官可以标注，案件分配到庭室之后，院长、庭长对分管领域的案件是可视的，一旦发现属于4类案件也可以在系统上予以标注，经标注后的案件，必须经院长、庭长审核把关后，才能办理结案。由独任法官、合议庭主动提请监督的案件，也应当在办案系统上留痕，通过留痕把控监督案件的比例，以此防止所有案件以监督之名实施干预、推脱责任之实。

第四步，监督方式平台化组织化。司法责任制下的监督，不再通过审签文书等行政化手段进行，不能直接改变独任法官、合议庭意见，不能直接表明倾向性意见要求独任法官、合议庭执行，而是通过提请专业法官会议、审判委员会议讨论方式进行，做到监督有度、监督有序。

2. 转变职能定位，确保审判委员会有效发挥重大审判决策和裁判尺度统一的作用

审判委员会作为法院内最高的审判组织，对独任法官、合议庭审判权

---

① 访谈编号#20180205LX。

的行使具有重要制约和指导作用。一直以来,审判委员会受到各种诟病,究其原因,不外乎两种理由:(1)审判委员会并不直接审理案件,违背审理的亲历性原则。(2)审判委员会决议必须执行,实质成为案件实际裁判者,但审判委员会追责困难。以上两点造成“审者不判,判者不责”,严重违背司法规律。鉴于此,对审判委员会多年来存在存废之争。主张废除审判委员会的,主要也是基于上述两点理由;主张保留审判委员会的,缘于审判委员会更有利于抵抗外来压力,促进敏感、疑难、复杂案件纠纷化解。

在改革的过程中,乐山法院主张保留审判委员会,但应当转变审判委员会职能,根据不同审级法院需求,合理界定审判委员会讨论案件的范围。基层法院审判委员会主要为法官办案提供专业支撑,讨论四类案件。中级法院审判委员会兼顾裁判尺度统一和讨论重大疑难复杂案件的职能。乐山中院《审判委员会议事规则》在上级法院的指导意见下,对审判委员会的工作职责进行了进一步细化:①

第三条(工作职责)　审判委员会履行以下审理案件和监督、管理、指导审判工作的职责:

(一)讨论疑难、复杂、重大案件;

(二)总结审判工作经验;

(三)听取审判团队的工作汇报;

(四)讨论决定对本院或者全市审判工作具有指导意义的案例和其他重大典型案例;

(五)讨论决定在本院或者全市法院施行的审判业务文件;

(六)讨论分析审判工作质效情况;

(七)讨论分析审判工作发展态势;

(八)讨论其他有关审判工作的重大议题。

第四条(全委会制度)　审判委员会分为全体委员会议(以下简称全委会)和例会。审判委员会全委会是指由院长主持,审判委员会全体委员出席,讨论决定各类重大、疑难案件或者审判工作重要事项的会议。

下列案件和事项应当提交审判委员会全委会讨论:

---

① 《乐山市中级人民法院审判委员会议事规则》。

（一）研究总结国家法律、法规、政策的贯彻执行情况；

（二）总结全局性、指导性和典型性的审判工作经验；

（三）研究解决审判工作中普遍性、突出性和前瞻性问题；

（四）通过并公布示范性案例和裁判规则；

（五）决定院长担任审判长的回避；

（六）听取案件质量管理报告并确认差错案件；

（七）研究答复下级人民法院有关执行法律和政策并具有普遍意义的书面请示；研究报送上级法院有关执行法律和政策并具有普遍意义的请示；

（八）涉及全市和本院审判工作的重要事项。

审判委员会召开全委会，原则上应当由全体委员出席，确有正当理由不能全部出席的，必须有三分之二以上的委员出席。

提交审判委员会全委会讨论的案件和事项，由院长决定。副院长对其分管的案件和事项认为需要提交全委会讨论的，应当报经院长同意。

审判委员会全委会不讨论案件的事实认定问题，集中讨论案件涉及的法律适用问题。

第六条（应当提交例会案件）　下列案件应当提交审判委员会例会讨论：

（一）本院已经发生法律效力的判决、裁定确有错误需要再审的案件；

（二）同级人民检察院依照审判监督程序提出抗诉的刑事案件；

（三）拟判处死刑立即执行的案件；

（四）拟在法定刑以下判处刑罚或者免予刑事处罚的案件；

（五）拟宣告被告人无罪的案件；

（六）拟就法律适用问题向上级人民法院请示的案件；

（七）认为案情疑难、复杂、重大，需要报请移送上级人民法院审理的案件；

（八）省高级人民法院指令本院再审或者发回重审的案件；

（九）拟上报终结的涉诉信访案件；

（十）拟决定本院赔偿的案件；

（十一）按执行监督程序立案监督的执行案件；

（十二）分管副院长认为应当提交审判委员会讨论的其他疑难、复杂、重大案件。

第七条(可以提交例会案件)　本院审理下列案件时，合议庭可以提请分管副院长决定提交审判委员会例会讨论：

(一)合议庭成员意见存在重大分歧，难以作出决定的案件；

(二)法律规定不明确，存在法律适用疑难问题的案件；

(三)案件处理结果可能产生重大社会影响的案件；

(四)对审判工作具有指导意义的新类型案件；

(五)拟完全改判经基层人民法院审判委员会讨论作出裁判的民事、行政案件；

(六)分管副院长认为需要提交审判委员会例会讨论的其他疑难、复杂、重大案件。

合议庭认为符合上述条件需要提交审判委员会例会讨论的案件，应当提出书面意见和理由，经部门负责人审核报分管副院长审查决定；分管副院长认为有必要的，可以提请审判委员会例会讨论。

二、审判人员权力的配置

建立健全符合司法规律的审判权力运行机制对审判人员职责的明确提出了新的要求。审判组织是由法官和司法辅助人员组成的审判团体，在审判活动中，从权力整体来看，各类审判组织在每个案件审理过程中所履行职责的内涵和外延大体一致；但从权力细分来看，各类人员以至于各个人员，所承担和履行的职责均存在明确的分工。在学界，有学者提出，审判权运行存在的主要问题是运行秩序的紊乱，如长期以来法院内独任法官、合议庭以及庭长、院长、审判委员会各自的职责范围、相互间的权力边界等都不明确或不统一。①　基于此，本轮司法体制改革将厘清各岗位审判人员的职责当做改革重点。

纵观司法体制改革政策文件，审判人员职责一直是落实司法责任制的重要内容。最高人民法院《意见》以及四川省高级人民法院《关于办案人员权力清单的规定(试行)》(以下简称《办案人员权力清单》)对独任法官、合议庭审判长、合议庭其他成员、合议庭承办人、法官助理和书记员的职责进

① 参见顾培东：《再论人民法院审判权运行机制的构建》，载《中国法学》2014年第5期。

行了明确的划分，为中基层法院进行权责分配提供了较为完美的示范。

然而，法院审级不同、审判资源不同、地理区位不同，如果要原原本本照抄上级法院规定，容易造成落实政策形式化、落实效果走样。如何结合自身法院实际，探索出符合乐山法院系统实际情况的权责分配方案，是乐山中院司法体制改革领导小组亟需解决的课题。

我们将以法官助理为例，剖析乐山中院司法体制改革领导小组在遵守上级规定的同时，结合本院实际情况确定审判人员职责的过程。由于法官助理岗位在本轮司法体制改革中才全面设置，对其性质、职责进行明确规定的规范性文件较少，职责划分探索空间较广。同时，如果将审判组织权力作为一个闭合的整体，法官助理作为连接法官与书记员的桥梁，法官助理权责与法官、书记员权责存在此消彼长关系，法官助理职责确定就意味着法官、书记员的职责确定。因此，我们以法官助理职责划分为线索，对审判组织内部各类人员权责划分进行阐释，以期展示乐山法院权责分配的特色。

（一）审判人员赋权的政策设计

对乐山中基层法院而言，可以参照适用的关于法官助理工作职责的规范性文件有 3 个。

2004 年最高人民法院发布的《关于在部分地方人民法院开展法官助理试点工作的意见》（以下简称《法官助理试点意见》），虽然乐山两级法院均未在此前的试点之列，该意见对乐山法院也没有任何拘束力，但是可供参考借鉴。该意见规定法官助理在法官指导下履行下列职责：[①]

（1）审查诉讼材料，提出诉讼争执要点，归纳、摘录证据；

（2）确定举证期限，组织庭前证据交换；

（3）代表法官主持庭前调解，达成调解协议的，须经法官审核确认；

（4）办理指定辩护人或者指定法定代理人的有关事宜；

（5）接待、安排案件当事人、诉讼代理人、辩护人的来访和阅卷等事宜；

（6）依法调查、收集、核对有关证据；

---

① 参见《最高人民法院关于在部分地方人民法院开展法官助理试点工作的意见》，2004 年 9 月 27 日。

（7）办理委托鉴定、评估、审计等事宜；

（8）协助法官采取诉讼保全措施；

（9）准备与案件审理相关的参考资料；

（10）按照法官要求，草拟法律文书；

（11）办理排定开庭日期等案件管理的有关事务；

（12）完成法官交办的其他与审判业务相关的辅助性工作。

在试点经验的基础上，最高人民法院于2015年发布的最高人民法院《意见》对法官助理进行了优化，对全国各地法院具有指导意义。其规定，法官助理履行以下职责：①

（1）审查诉讼材料，协助法官组织庭前证据交换；

（2）协助法官组织庭前调解，草拟调解文书；

（3）受法官委托或者协助法官依法办理财产保全和证据保全措施等；

（4）受法官指派，办理委托鉴定、评估等工作；

（5）根据法官的要求，准备与案件审理相关的参考资料，研究案件涉及的相关法律问题；

（6）在法官的指导下草拟裁判文书；

（7）完成法官交办的其他审判辅助性工作。

在理解参透最高法院精神的基础上，四川省高级人民法院综合其他各省份的经验，于2016年制定了《办案人员权力清单》，其规定，法官助理根据合议庭和法官的指导和安排履行以下审判辅助性工作职责：②

（1）组织庭前会议、庭前证据展示和证据交换等庭前准备工作；

（2）依法调查、收集、核对相关证据；

（3）受法官委托或协助法官办理财产保全和证据保全措施等；

（4）承担委托鉴定、评估、审计等事务性工作；

（5）协助法官进行调解并草拟调解文书报合议庭审核；

（6）根据法官要求查询相关法律政策的规定、参考案例和法理观点，研

① 参见《最高人民法院关于完善人民法院司法责任制的若干意见》（法发〔2015〕13号），2015年9月21日。

② 参见《四川省高级人民法院关于办案人员权力清单的规定（试行）》（川高法〔2016〕287号）。

究案件涉及的相关法律问题；

(7)根据法官的意见参加庭审活动、列席合议庭评议；

(8)在法官的指导下起草裁判文书；

(9)送达法律文书、诉讼材料等；

(10)完成合议庭或法官交办的其他审判辅助性工作。

从上述几个文件的文义规定来看，可以明确的是，各类人员权责以审判活动为主线，法官助理的地位依附于法官，在法官指导监督下履行工作职责，主要从事审判辅助性事务工作。也因此可以推断，法官履行审判核心权力，包括对案件的全面了解、庭审、裁判等活动；而书记员则负责与审判核心权力距离相对较远的事务性工作，包括记录、装卷、结案等。可以说，各类人员权责导向相对明晰，具有很强的参考指导意义。但是，就操作性而言，上述规定仍然给中基层法院的适用带来了以下困难：

首先是权责范围界定不一造成选择困难。分配的职责必须履行，未分配的权力不得越权行使，这是权责明晰的应有之义，一旦各法院确定了本法院办案人员的权责后，就必须不折不扣严格落实。然而，中基层法院应当对法官助理赋予何种权责，3 个规范性文件给出了 3 个不同的范围，如《法官助理试点意见》规定了法官助理 11 项职责，最高人民法院《意见》规定了 6 项职责，《办案人员权力清单》规定了 10 项职责，各项权责有交叉重叠，但也存在差异，中基层法院应当如何选择差异部分，应当如何增减范围，并不明确。职责范围过宽，则可能伤及审判核心权；职责范围过窄，则又无法达到为法官减负松绑的实际效果。

其次是权责标准规定不明造成创造困难。虽然各文件对法官、法官助理、书记员职责具有了较为清楚的导向，但是，各文件并没有规定中基层法院自由发挥的标准，致使对于法官助理职责的创造性规定困难。例如，庭室内勤事务，包括审判统计、文稿写作、信息宣传、调查研究等事务，是否可以直接在法官助理职责中予以明确规定，并以此作为法官助理工作完成、职责履行考量标准，实践中存在困惑。从文义理解分析，法官在审判活动中履行审判职责时，其身份角色为独任法官、审判长、承办人、合议庭其他成员或者审判委员会委员；在履行行政职责、党政职责时，其扮演角色为行政职务和党政职务，虽然各类职责汇聚于一身，但均与其所承担的行政、党政职务一致,不存在冲突。但是,法官助理在审判活动中为法官助理,在负责庭室内勤、其他工作时身份角色仍然是法官助理,却在考核时并不按照法官助理工作量予以考虑,有违公平对等原则。另一方面,内勤等事务确实脱离于具体案件审判活动之外,且并不是所有助理都应执行的标准,加以规定并不合理。

最后是权责性质理解不透造成执行困难。各文件都有兜底条款,赋予法官以分配法官助理权责的权力,但由于法官本身对辅助性事务认识不准,容易造成各类人员职责的随意性,甚或过度侵犯应当由法官行使的核心审判权。例如,对于阅卷笔录是否可以交由法官助理制作的问题,按照最高人民法院《意见》和《办案人员权力清单》的规定,由法官履行。既然由法官履行,在实践中就存在法官将阅卷笔录交由助理处理的情形,按照兜底条款规定,符合文件精神。但是,有的法官助理就提出,从案件审理亲历性角度而言,阅卷笔录是法官对案件的第一印象,是在不开庭审理情况下最直接、全面的了解途径,属于法官核心审判权范围,不能由法官助理代替履行。

(二)审判人员赋权的地域影响

由上可知,法官助理权责分配的规范性文件本身给中基层法院直接适用带来了困难,需要中基层法院在坚持遵循司法规律、尊重客观需要的基础上,积极发挥主观能动性,制定符合本院实际的权责清单。在实施地方化探索的过程中,我们发现以下几个地域性因素与权责分配息息相关,权责清单的制定必须融入对它们的考量。

1. 审级影响职责定位

基层法院主要审理一审案件,且50%以上案件采用简易程序审理,作为一审法院主要审查案件事实问题,着重于定分止争,力争将矛盾化解在基层;中级法院主要审理二审案件,作为二审法院主要审查案件法律问题,着重于服判说理,提供社会行为规则指引。不同审级法院职能定位的不同,对审判组织内部各类人员职责定位影响不同。因此,基层法院应当侧重于在当事人沟通、纠纷调解、事实查明等方面配置力量;中级法院则应当侧重于在问题焦点、观点分歧、法律适用等方面配置力量。

访谈中法官的一些看法,正印证了审级对于权责配置的影响。J法院某民事审判庭某员额法官介绍道，“基层法院法官助理主要还是负责庭前调解、庭前证据交换、接待当事人、文书送达等工作，重要、复杂案件裁判文书一般不安排他们起草。大部分案件通过调解、撤诉方式结案，法官们精力也大部分集中于做当事人工作；此外，基层法院法官助理素质普遍赶不上上级法院，让他们起草复杂疑难案件的裁判文书，我们还得花大量时间精力指导修改，很浪费时间和精力”。① 乐山中院某员额法官则谈道，“我们主要审理二审案件，一审案件所占比例较少，平时遇到的案件法律争议较多。在办案过程中，我感觉到法官助理作用应该更多在搜集参考案例、理论观点等方面发挥，为法官办案提供支撑。一般情况下，到二审法院的案件当事人都比较难缠，由法官亲自做调解工作，更容易化解矛盾”。②

2. 地域影响职责定标

法院所处地理区位不同，经济社会发展水平也各不相同，当地群众法治意识、管理区域半径等都可能千差万别，这些因素都对办案人员权责的配置产生着影响。同时，作为国家政法机关，也是政府机关，仍然需要服务于地方政治经济发展，法院承担着司法权力之外的对外事务，如脱贫攻坚、文明创建等，在对各类人员职责标准进行分配时，还应当考虑上述因素。如 M 县、峨边、金口河“两边一区”地区属于彝族聚居区县，法院维护区域稳定、维护民族团结政治任务较重，在案件审理活动中，各类人员职责标准更应侧重于纠纷化解；相应的这些法院地方政治任务比较重，如金口河必须在 2019 年完成脱贫任务，司法力量占用非常大，所延伸出的审判辅助事务也较多，对于法官助理职责，则应当放宽标准，扩展助理职责范围，减轻法官行政、审判事务性工作压力，提高审判质量和效率。相反，S 区、峨眉、犍为等区县，则属于经济较为发达、旅游业兴盛、人口较多地区，当地民众法治意识相对较高，更偏爱法院以裁判方式指引行为规则，相对而言，这些法院审判工作更具法律应用纯粹性，对法官助理权责标准应当予以限制，更应集中于审判事务。

① 访谈编号#20180214JH。
② 访谈编号#20180203LG。

3. 资源影响职责定量

人才资源是最大生产力。辅助人员数量的多寡、质量的高低直接影响各类人员职责量的安排。从乐山两级法院的团队组建情况来看,各法院法官与法官助理、书记员的比例各不相同,最低的可以达到1:0:1(法官:法官助理:书记员,下同),如S法院,全院仅1~2名法官助理,无法保证每个审判团队都能配备;最高的可以达到1:1:1,如M法院,可以保证每名或每两名员额法官可以配备1名助理。此外,法官助理的年龄结构、专业素养也各不相同,马边、峨边、金口河等法院,助理数量虽然可以充足配备,但助理年龄结构普遍偏大,平均年龄在35岁左右,学历层次较低;S区、峨眉等法院,助理数量相对较少,但助理年龄层次较低,平均年龄在25岁以下,大部分具有法学专业本科学历;乐山中院按照4:2:2组建团队,确保每两名法官配备1名法官助理,且每个团队配备1名研究生学历助理。各类人员权责配备,法官助理数量和质量是关键,数量越多,可以承担的权责范围越广;学历层次越高,专业知识越强,对法官专业辅助性越强,权责分配可以适当往资料搜集、整理、观点梳理、裁判文书草拟等方面。脱离于资源配置的权责分配,最终只能停留于文件,沦为空中楼阁。

(三)审判人员履职的辅助机制

为落实权责分配的要求,乐山法院在上述条件限制下,结合实际探索了不同的法官助理辅助模式,对法官助理职责进行了多样化的创造性配置,促进了司法责任制的有效落实。

1. 专业型辅助——以中级法院为主

乐山中院作为中级法院,相对于基层法院而言,审理的一审案件较重大,二审案件多且主要集中审理法律适用问题;当事人矛盾纠纷更尖锐,担负的裁判尺度统一职责更重,因此,对法律专业性需求较高。在法官员额制背景下,法官助理对于法律专业知识的辅助非常必要。此外,从资源配置来看,乐山中院主要采取“4+2+2”(员额法官+法官助理+书记员)标准模式组建审判团队,确保每两名员额法官配备1名法官助理、1名书记员,法官与助理、书记员职责工作量相对容易量化分配,可以进行普适性规定;此外,每个审判团队中的法官助理均为年轻干警,并至少有1名为研究生学历,法官助理专业素养较强,能够确保专业辅助需求。因此,乐山中院对于法官助理职责的配备主要采取专业型模式，即法官助理主要从事与核心审判权密切相关的辅助事务，包括以下几类：

(1)诉讼材料、诉讼证据的管理。包括审查诉讼材料，协助法官组织庭前会议、庭前证据展示和证据交换等庭前准备工作；依法调查、收集、核对相关证据。为最大限度给法官松绑，解放司法生成力，乐山中院还明确规定，结案时对案卷材料进行审查并网络点击同意结案。

(2)审判延伸辅助程序的办理。包括受法官委托或协助法官依法办理财产保全和证据保全措施等；受法官指派，办理指定辩护人、委托鉴定、评估、审计等工作；协助法官进行调解，送达法律文书、诉讼材料等。

(3)案件法律适用问题的梳理。包括根据法官的要求，准备与案件审理相关的参考资料，特别是类案检索、理论梳理、数据统计、情势分析等，通过上述充分准备，深入研究案件涉及的相关法律问题。

(4)法律文书的草拟。包括协助法官进行调解并草拟调解文书报合议庭审核；在法官的指导下草拟裁判文书。草拟文书实质上是案件裁判权的预行使，必须确保亲历性和精准性，因此，法官助理还需要根据法官的意见参加庭审活动、列席合议庭评议。具体表现为，在庭审中与书记员并排列座，指导书记员做好庭审笔录；在合议中首先说明材料收集、观点梳理的情况，学习合议庭成员处理案件的方式方法，提升自身裁判能力。

(5)其他审判辅助性事务的处理。包括根据法官安排排期开庭、裁判文书上网等。

2. 管家型辅助——以助理数量较少的基层法院为主

S 区、峨眉等法院，法官助理数量少、审理案件数量多，无法参照乐山中院对审判团队进行标准化分配，法官助理数量和质量存在较大差别，为确保公平公正，难以协调各审判团队法官助理的工作内容和工作量，因此，不能对法官助理工作职责进行普适性量化规定。为最大限度发挥法官助理辅助办案职能，提高团队工作效率，此类法院采取了管家型辅助模式。即如果将审判团队比作由团队负责人主持的大家庭，法官助理就是审判团队的管家，在团队负责人的指导监督下，包揽一切管理性事务。包括提醒团队负责人、法官参加行政工作会议，组织、安排书记员参与审判外相关活动，主持、管理党支部活动、团队集体事务，以及审判团队整体工作、审判态势的总结、分析等。

对于法官助理只负责行政、审判管理事务,不参与具体案件审理过程,是否符合中央政策规定?有的院领导认为,“法官助理作为司法体制改革中的新生力量,其任职资格、工作职责在理论上尚存疑虑,尚没有法律层级的规范性文件对其职能、地位进行明确界定和定位,最高人民法院《意见》也仅是政策性指导意见,不具有强制性。法官助理职责需要在实践中不断探索和完善。而司法实践也证明,在法官助理数量和质量无法企及最高人民法院《意见》所规定的职能范围时,只要坚定司法公正、司法效率目标,坚持围绕司法体制改革框架性要求,结合实践作出的变通性选择才是最为符合政策规定的。管家型法官助理虽然没有深入渗透每个案件审理过程,但其在审判团队整体工作的安排、管理、谋划过程中,在审判工作整体态势的总结、分析过程中,其对审判程序有了全面的了解,而案件的审理,特别是基层法院案件的审理,往往程序性工作是关键,这对管家型法官助理而言,不仅有助于个人能力的提升,对审判工作的了解也大大提升。以往的实践也证明,从事内勤管理人员,其能力更强,发展更好”。①

3. 混合型辅助——以助理较多的基层法院为主

井研、J法院、峨边、M法院等法院,法官助理相对充裕,但专业素质相对较弱。从数量上看,其基本能够为每个员额法官按照一定对应方式配置相应数量的法官助理,按照管家型辅助模式设定助理职责,在工作量上过于稀疏,在作用发挥上过于浪费;从素质上看,基层法院法官助理学历、能力与中级法院存在一定差距,对员额法官专业性辅助能力较弱,同时,此类法院案件数量相对较少,M县、峨边等地区案件类型较为普通,几乎不存在新类型案件,员额法官更侧重于事实审理和化解纠纷,对于专业性辅助需求较弱,专业型辅助不符合该类地区法院工作实际。因此,在兼顾考虑各种因素的基础上,采取了混合型辅助模式配置法官助理职责。即在法官与法官助理之间,法官职责向法官助理职责渗透,在法官助理与书记员之间,法官助理职责向书记员职责渗透,法官助理与书记员职责相互交叉,互相配合。在实践中的具体表现是,同一审判事务,可能由法官亲自办理、可能

① 访谈编号#20180210LZ。

由法官助理办理，也可能由书记员办理。如法律文书送达，四川省高级人民法院《各类人员权力清单》和乐山中院《办案人员权力清单》均明确规定为由法官助理负责。

然而，在混合型辅助模式下，送达工作则由法官、法官助理、书记员交叉进行。M法院的员额法官介绍道，“多年来，送达难已经成为制约司法效率的重要因素，送达工作经历了法官、书记员、司法警察再到诉讼服务大厅、书记员的发展历程，但都没有脱离送达难、送达乱的困境。对于法院审判工作而言，送达虽是一项辅助事务性工作，从逻辑上论，可以由法官助理、书记员完成；但从我们法院工作实际来看，我们处于山区偏远地带，地域范围广，一次送达往往耗费一天时间，要出县的，甚至需要两天，虽然配备了充足法官助理，但全部由其负责送达工作，也不太现实，需要书记员加以辅助减轻负担。此外，我们属于民族聚居地方，多数当事人听不懂汉语，且送达是了解当事人情况，促进调解的最佳时机，作为法官，我们也会甄别情况适时亲自送达”。① M法院某法官助理也认为，“法官亲自送达文书，有利于案件纠纷有效化解；法官助理不懂彝语，且地位不及法官，送达威信不足，不利于促进矛盾化解”。② 乐山中院某负责人介绍道，“乐山法院财政普遍不够雄厚，没有能力采取送达外包，而书记员均采用聘用制，且大部分不具有法学专业知识，由于工资待遇不高、身份地位不显，流动性非常大，对送达工作不熟悉，这不仅涉及是否能在审限内快速结案的司法效率问题，严重的可能演变成是否有效送达、文书能否生效的诉讼程序问题。各法院结合实际对送达事项进行相应变通，不仅是审判工作需要，也是顺应司法体制改革的需要”。③ 除送达工作外，有的法院法官助理还承担了记录、文书上网、归档等工作，法官助理与书记员职责事实上未作实质区分。

三、法官办案主体地位的突出

由上可知，审判组织、审判人员依法独立行使审判权有了政策和制度

① 访谈编号#20180218MT。

② 访谈编号#20180217MT。

③ 访谈编号#20180222LJ。

的充分保障。但是，“法官就是法律由精神王国进入现实王国控制社会生活关系的大门。法律借助于法官而降临尘世”，①同样地，政策落实是否到位，制度运行是否顺畅，与参与制度的主体息息相关。本部分从审判权力行使主体角度出发，对员额法官面对司法责任制的心理诉求和解决措施予以阐释，以全面展示乐山法院在政策到制度转化过程中的探索和努力。

（一）理解：法官办案主体地位的认知

依法独立公正行使审判权，是司法责任制的重要内容。对于审判权力行使主体而言，各类人员对司法责任制的实施在主观上存在认识偏差、恐惧心理或成效担忧。

1. 认识偏差

从院庭长个人角度来看，院庭长对司法责任制有一定的认识偏差。院、庭长在审判活动中的角色与作用，特别是院长、庭长对于裁判生成的作用，是最富有争议也最具有实质性的问题。② 院长、庭长办案、法官依法独立公正行使审判权、防止干预过问案件，这是司法责任制的基本要求，各类人员应当严格遵守并全面落实。但是，司法责任制的精神实质并不意味着院庭长完全放任，并不意味着免除院长、庭长监督管理职责。而在实践中，院庭长出于害怕担责、力求省心等多种因素，往往忽视、弱化监督管理职责。也因此为责任减轻、工作量减少、压力减小而高兴。试点准备中，乐山中院对全院干警发放了调查问卷，对审判权运行的相关情况进行了调研和统计，其中，90%以上的院长、庭长不愿意再享有签发权；M法院某负责人提到，“我们工作轻松多了，以前几乎所有的民事案件裁判文书都要经我签发，我们法院虽然案件少，1年也有好几百份。那个时候法官们责任心不强，拟好后想到反正有领导把关，不检查就直接送签，结果很多时候，我们倒成了他们的助理，纠正很多低级错误，包括修改错别字……现在时间解放了，也可以自己办案件了”。③

① ［德］拉德布鲁赫著：《法学导论》，米健、朱林译，中国大百科全书出版社1997年版。

② 参见顾培东：《人民法院内部审判运行机制的构建》，载《法学研究》2011年第4期。

③ 访谈编号#20180201MY。

2. 承受能力弱

从法官个人反应来看，审判人员对司法责任制存在承受怯弱。临近退休的老法官、长期离开审判岗位的法官和年轻法官对此改革心生恐慌，在入额意愿摸底时，表示不太愿意入额。以乐山中院为例，103 名符合报名资格的法官中，有 40 名法官没有报名参加员额考试，其中长期离开综合岗位的 15 名，法定回避 3 名。究其根源，一方面是因为对案件质量终审负责制和错案责任倒查制存在畏惧心理。S 法院某员额法官谈道："员额法官考试报名的时候，我当时还是政治处主任，要动员经验丰富的资深法官积极报名，其中有好几位老法官就坚决不报名。他们认为：案件质量终身负责制太重，即使犯罪都还有追诉期，案件质量责任却没有，压力好大，到时候退休了牙齿都掉光了，还要被追责，让我回忆案件具体情况都回忆不出来了，坚决不报。"①乐山中院某青年法官改革前是办案先锋，结案快质量高，但因为案件质量终审负责制也不愿意入额，还主动请求人大免去了审判员身份。另一方面是因自身能力不足而担忧。乐山中院政治部人事处某负责人谈道："我自被任命为审判员以来，一直在政治部工作，虽然有资格报名参加员额考试，但是自我还是有自知之明，目前已没有能力承担起审判任务了。②"J 法院某年轻法官谈道："院庭长不签发文书了，对我们的案件不把关了，心里还是有点虚，很害怕判错，压力很大……"③S 法院某年轻法官还谈道："我刚进法院两年，才被任命为助理审判员，进入员额后自己对自己的案子负责，下笔如有千斤……"④

3. 对改革存在疑虑

从法院管理角度出发，管理者因各种原因对司法权责改革存在成效担忧。总体而言，上级法院担忧裁判尺度统一问题，案件量大、法官素质高的法院担忧较小，案件量小、法官素质相对较低的法院担忧较多。乐山中院司法体制改革领导小组某负责人谈道，"我们法院法官年龄呈哑铃型结构，年轻的、经验不足的和临近退休的、学历水平不高的法官多，30 ~

① 访谈编号#20180209SW(2)。

② 访谈编号#20180207LT。

③ 访谈编号#20180206JY。

④ 访谈编号#20180209SY。

40 岁的法官少,法官素质存在差异;我担心院庭长不再审签文书后,没人给能力不足的法官把关,案件质量会滑坡;同时,法官们素质参差不齐,无人对裁判尺度进行把控,同案不同判现象会加剧”。[①] S 法院研究室某负责人则介绍说,“S 法院从 2010 年开始便作出了审签权下放的决定,30% ~40% 的案件由庭长签发,60% 的案件由合议庭法官自行签发。因此,此次改革要求的取消院庭长签发权,对我院压力不大。我们担忧的是资深法官不愿入额,年龄偏小、审判经验不足的法官较多,可能影响案件质量”。[②] M 法院司法体制改革领导小组某负责人则认为,“我院法官素质相较于成都、S 法院而言偏低,理论知识不足、学历较低,还有民族地区案件特殊性质,青年法官难以把控尺度,院庭长不能签发文书了,假如出现一起影响力案件,则会引起民族矛盾”。[③]

(二)保障:一线办案法官的整体素质

虽然,按照人员分类管理要求,全市法院已经奔着法官队伍专业化、职业化、正规化目标,分别于 2016 年 5 月、2016 年 11 月完成了首批员额制法官选任工作,从全市 517 名法官中,优中选优产生 289 名员额法官,为司法责任制的推行在一定程度上奠定了主体基础。但是,从全市法院首批员额法官的构成来看,司法责任制的主体基础还很薄弱,具体情况如表 5 - 1 所示。

表 5 - 1　全市法院首批员额法官选任情况(共 289 名)

	性别		学历			年龄				职务		
类别	男	女	本科	硕士	博士	30 岁以下	31 ~ 40 岁	41 ~ 50 岁	51 岁以上	院领导	中层干部	一般干部
名额(名)	172	117	244	41	1	17	82	130	60	69	143	77
比例(%)	59.5	40.5	84.4	14.2	0.4	5.9	28.4	45	20.8	23.9	49.5	26.6

1. 员额年龄结构

法官年龄虽然不能完全代表法官的能力和水平,但确从一个侧面反映了法官是否具备善于做工作、善于决定、敢于承担的能力,是否对世情、国

① 访谈编号#20180118LW。

② 访谈编号#20180209SW。

③ 访谈编号#20180201MZ。

情、省情、社情、民情具备深入的了解和积蓄。“自己还没有结婚,没有切身体会夫妻感情维系之道,是难以对别人感情是否破裂作出判断的”,这是对法官年龄重要性的直接诠释。从全市法院法官年龄结构来看,小于30岁的有17人,占全市法院5.88%;这部分人员,大多数是刚走出“象牙塔”步入社会的年轻人,对社情民意尚未有充足的体会和认知,理论与实践的对接还存在脱节,审判权能否依法独立公正行使受到挑战。

2. 审判工作经验

法律的生命不在于逻辑,而在于经验。法官职务层次虽然并不完全代表法官的审判工作经验,但鉴于职务晋升的优选性,“职务层次越高,审判经验越丰富,审判能力和水平越高;职务层次越低,审判经验越贫乏,审判能力和水平相对较弱”是一般规律。从全市法院入额法官职务层次来看,一般干部人员占26.64%;这表明,全市法院审判经验相对不足的法官占有一定比例,审判权依法独立公正行使的能力还有待提高。而乐山中院各员额法官审判工作年限也说明了这一点,如图5-1所示。

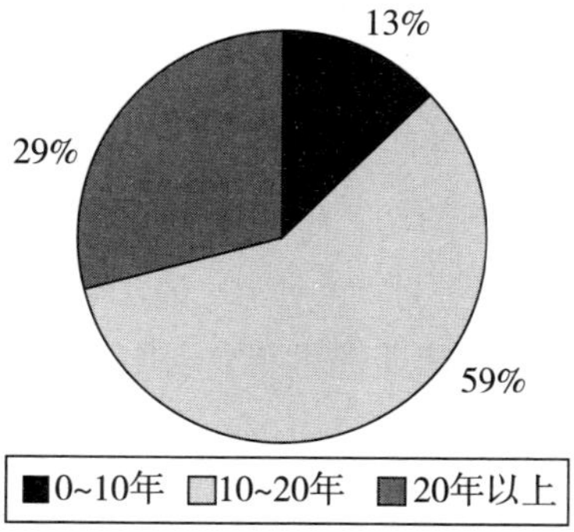

图5-1 乐山中院55名员额法官审判经验分布情况

3. 理论专业水平

同样地,学历并不与理论专业水平画等号,但学历高低影响理论专业水平高低确是一般规律,从入额法官学历层次一定程度上能够看出某个地方法院的整体素质和水平。从全市法院法官学历层次来看,具有研究生学历的法官数量很少,全市法院共41名,仅占14.2%;其中乐山中院有19名,已占据一半,11家基层法院仅有22名。具有博士生学位的法官更是稀缺,全市法院仅1名。而占绝大多数的大学学历者,仅有少部分为法学本科毕业,大部分则为在职院校毕业。此外,全市法院还有3名法官并不具有大学学历。具体情况如图5-2所示。

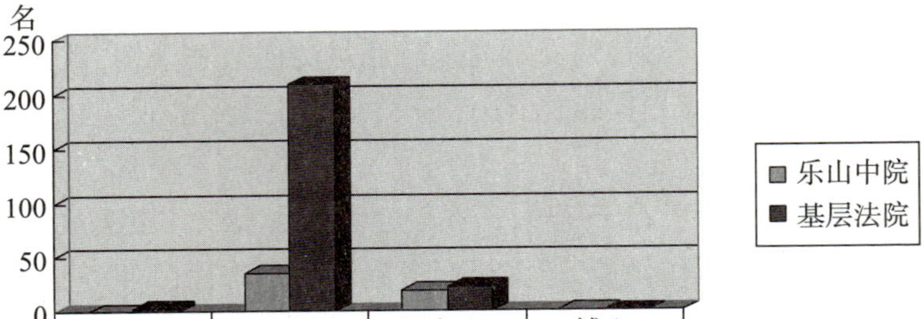

	大学以下	大专	研究生	博士
乐山中院	0	35	19	1
基层法院	3	209	22	0

图5-2 全市法院员额法官学历层次分布情况

(三)支持:法官专业会议的实际运行

从上述可知,权力主体对于司法责任制的要求,不仅存在主观怯弱,而且在客观能力上也存在一定差距。为确保司法责任制的有效落实,除加强司法培训外,乐山法院主要强化了专业法官会议机制,充分发挥专业法官会议作为"法官外脑""司法智库"的作用,为法官裁判提供咨询参考,提升裁判自信;为院长、庭长监督管理提供平台,确保裁判尺度统一。

1. 专业法官会议工作整体情况

首先,专业法官会议制度已经逐步建立。自司法责任制改革以来,全市两级12家法院逐步制定了《专业法官会议工作规则》(以下简称《工作规则》),确定了专业法官会议组成人员,并细分了刑事、民事、商事、行政、执行、综合等类型化专业法官研讨会,明确了讨论对象、范围和流程。经过一年多的运行,部分法院结合工作实际,对本院专业法官会议制度进行了修订完善。如沙湾、五通进一步细分了专业法法官会议的类型;金口河、峨眉增设了例会制度,固定了专业法官会议召开的时间。专业法官会议制度在全市范围内基本建立并逐步完善。

其次,专业法官会议运行基本顺畅。按照专业法官会议制度的相关规定,各法院纷纷启动并实际运行了专业法官会议。自制度建立以来,市中区、沙湾、峨眉、夹江法院召开专业法官会议次数相对较多,达到20次以上;市中区、沙湾、峨眉、犍为法院讨论案件数量20件以上,其中峨眉法院讨论案件数量为30件;市中区、犍为法院讨论案件类型较为全面,既有民事、刑事类案件,又有行政、综合类案件;同时,夹江、峨眉、五通、峨边法院还注重发挥专业法官会议统一裁判尺度的功能,通过专业法官会议反思案件发改原因,提升裁判质量,其中J法院讨论发改案件12次,峨眉法院组织研讨了繁简分流工作规程、办案时效管控等事项,五通法院讨论后形成规范性文件2份,峨边法院讨论发改案件1次。由此可见,专业法官会议制度运行较为顺畅(具体讨论情况见表5-2)。

最后,专业法官会议成效初步显现。专业法官会议的召开,为重大、疑难、复杂案件的法律适用问题提供咨询参考意见,坚定了独任法官、合议庭的裁判自信,确保了裁判质量;专业法官会议对发改案件、规范性文件的讨论,有利于统一裁判尺度,提升案件质效;同时,专业法官会议有效发挥了审判委员会过滤机制作用,有效减轻了法官对审判委员会的决议依赖,增强了法官独立担当意识。自专业法官会议制度实施以来,峨眉法院经专业法官会议讨论的30件重大、疑难、复杂案件,服判息诉率达100%;审判委员会讨论案件数量同期减少40%,上诉率同比降低25%。此外,峨眉法院对繁简分流、办案时效管控等规范性文件的讨论,提高了法官对改革、管理事项的参与度,提升了对法院管理的认同感,减少了新型制度推行的困难,激发了工作积极性。

表5-2　全市法院专业法官会议讨论数据统计

法　院	制度(制定0,未制定1,修改2)	刑事	民事	行政	执行	综合(非具体案件,裁判尺度统一)	总　计
乐山中院	0:《专业法官会议议事规则(试行)》 2:2018年2月修订	10	19	8	2	3	42
市中区	0:《专业法官会议工作规则(试行)》	9	10	2	0	0	21

续表

法院	制度(制定0,未制定1,修改2)	刑事	民事	行政	执行	综合(非具体案件,裁判尺度统一)	总计
沙湾	0:《专业法官会议工作规则(试行)》 2:调整为刑事、民事	7	14	0	0	0	21
五通	0:《专业法官会议工作规则》刑事、民事、商事、执行	5	6	0	1	2	14
金口河	0:《专业法官会议工作规则(试行)》 2:2018年3月增加例会制度	0	3	0	0	0	3
峨眉	0:《专业法官会议工作规则》;民事、刑事、行政 2:例会制度,每月召开2次	5	20	4	0	3	32
犍为	0:《专业法官会议工作规则(试行)》	4	14	0	3	3	24
井研	0:《专业法官会议工作规则(试行)》	1	5	0	0	0	6
夹江	0:《专业法官会议工作规则》	3	6	0	0	12	21
沐川	0:《专业法官会议工作规则(试行)》	2	10	0	0	0	12
峨边	0:《专业法官会议工作规则(试行)》	0	4	0	0	1	5
马边	0:《审判委员会、法官专业会议工作规则》	0	9	0	0	0	9
	合计	46	120	14	6	24	210

2. 专业法官会议运行问题及根源

首先,专业法官会议存在讨论案件数量较少、类型不全等问题,金口河、峨边、井研法院讨论案件数量低于10件,各法院讨论内容基本集中于民商事案件,刑事、行政案件召开次数较少;讨论形式走过场、咨询意见不真实不充分,部分专业法官会议成员对于不是自己承办的案件就不愿参加讨论,在不了解案件真实情况下,常常不独立发表意见,随意附和他人观点。

其次,专业法官会议的成果转化不积极,各法院只习惯于就案论案,不善于总结审判经验,虽然J法院等法院多次对发改案件进行了讨论,但形成的统一裁判尺度的规范性文件较少,对审判实践的普遍性指导较弱。

由此可见,专业法官会议开得少、效果不好,作为“法官外脑”“司法智库”的作用发挥非常有限,究其原因,主要有以下几点:

一是主观认识不到位导致“不愿开”。对于案件承办人而言,认为将案件提起专业法官会议讨论,是个人能力不足的表现,因害怕丢面子而不愿提起召开;对于专业法官会议组成人员而言,当前实行法官办案责任制,自己为自己的案件负责,由于本身也承担了大量审判任务,对于不是自己的案件,不愿意参加讨论而“浪费时间”,即使“迫于无奈”参加了,也不愿意认真分析问题发表意见;对于院庭长而言,召集人员困难,启动程序复杂,并且容易受到“干预过问”案件的质疑,不愿意组织召开。

二是制度规范不明确导致“不会开”。一方面,虽然各法院均制定了《工作规则》,但从《工作规则》的具体内容来看,专业法官会议如何启动、主持人如何召集、参加人如何发言、记录人员如何记录等程序性内容规定较为简单粗放甚或没有规定,导致各类人员不会开。另一方面,专业法官会议与审判委员会、部门工作会议、法官议事会议、审判长联席会议等机制的区别理解不到位,导致专业法官会议功能走样、作用失效。

三是配套机制“缺地气”造成“不能开”。从组织机构来看,各法院均选拔了专业法官会议成员,并参照乐山中院之前的规定细分了刑事、民商事等类型化研讨会;制度学习借鉴本无可厚非,但在借鉴学习过程中,大部分法院缺乏自主创新意识,制度规定不接地气、脱离实际。如乐山中院员额法官较多,为保障专业法官会议提供意见的专业性,在组成人员上进行了精挑细选,确定了各类型研讨会的固定人员;但是,对于基层法院而言,员额法官人数较少,特别是刑事审判方面,除了院领导,多数法院仅有1名刑事法官,单独成立的刑事专业法官会议咨询意义不大,形同虚设。从讨论对象来看,各法院设定的专业法官会议功能范围较为单一,多数只规定了讨论重大、疑难、复杂案件的法律适用问题;然而从法院职能角度而言,基层法院重在事实审,司法实践中多数问题是事实难题,且事实问题和法律问题本身不能截然分开,囿于讨论范围的限制,造成专业法官会议不能开。

3. 专业法官会议工作改进方向

2017 年,全市法院发改案件(不含新证据)同比上升 12.83%,信访申诉案件同比上升 77.36%。司法责任制改革后,院庭长不再审签法律文书,由于员额法官素质参差不齐和权力自由空间空前较大,案件质量存在下滑风险,"同案不同判"现象存在继续上升趋势,需要一种机制来保障司法审判质量,确保司法公信力。专业法官会议作为民主协商机制,为法官办案提供专业参考,是司法责任制改革背景下应运而生的配套保障机制,虽然存在诸多问题,但在当前情势下,只能加强不能削弱。为充分、有效发挥专业法官会议专业咨询、尺度统一的作用,各法院必须坚持问题导向,对症下药,促进专业法官会议工作成效不断提升。

首先,深化认识,精准定位专业法官会议工作职能。第一,专业法官会议是业务交流、专业把关的关键环节。虽然专业法官会议只是咨询协商机制,讨论意见仅供法官参考,不具有强制性;但是,集体的智慧总是大于个人的智慧,专业法官会议集中优秀人才为法官拓展思维、提供意见,对承办人而言,不仅可以促进业务交流,也是对案件质量的把关。第二,专业法官会议是个人能力提升的重要平台。对参加人而言,在专业法官会议上发表意见,不仅是为承办人出谋献策,也是不同观点的交锋、个人法律思维的训练、解决问题能力的检验,有助于个人能力的提高。第三,专业法官会议是院庭长履行监督管理职责的核心手段。司法责任制要求,院庭长不再审签法律文书,不能干预过问司法案件,提供倾向性意见;如何履行监督管理职责,保障审判质效,只有转变传统"盯人盯案"模式,实现监督的一般化、平台化、组织化。专业法官会议作为协商机制,不仅为个案提供参考,也为裁判尺度统一提供平台,是院庭长实现监督管理的核心手段。

其次,细化规则,规范完善专业法官会议操作流程。一方面,确保专业法官会议启动简便易行。明确专业法官会议的启动人员、启动时间、启动要求,适度放宽提请专业法官会议讨论的案件范围和条件,拓展专业法官会议讨论的类型,可针对类案进行裁判尺度统一的讨论,也可推荐评选典型案例。另一方面,确保专业法官会议讨论充分有效。明确专业法官会议讨论的形式,承办人必须提交书面的报告,对案件事实、争议焦点、倾向意见、其他事项进行明确说明,对讨论的问题提前进行全面的理论检索和资料收集;各参加人平等发言,按照资历由青年法官先发言,确保讨论充分性;主持人做好指挥,保障讨论有序深入。再一方面,确保专业法官会议结果发挥作用。做好专业法官会议结果应用跟踪,明确规定讨论后,合议庭再次复议,复议结果向主持人报告;主持人结合案件情况,履行监督管理职责,决定是否提交审判委员会讨论;同时做好讨论过程记录,讨论笔录入卷备查。

最后,强化保障,创新补给专业法官会议配套措施。第一,科技融合,创新会议召开方式。针对专业法官会议成员难组织、召开时间难协调等问题,可创新性开辟案件网上讨论区域,专业法官会议成员在限定时间段内,在讨论区域自由发表意见建议。第二,工作考核,激发成员参会热情。对各成员参加专业法官会议的次数、发表意见等情况进行记录,合理核定工作量、科学评价工作能力,作为法官绩效考核、优秀评定的参考依据。第三,完善组织,保障法官咨询需求。基层法院员额法官少,本身可提供咨询的人员较少,但各类案件咨询需求多,应当适度放宽专业法官会议成员条件和标准。对于刑事案件,针对刑事法官较少困境,可创新召开跨专业的专业法官会议、综合专业法官会议,以保障法官寻求支持的需求。

第三节　审判责任的落实

审判权作为国家判断权,牵动着人民切身利益,关系着群众人身自由甚至生命等重大权益,必须受到制约。正如孟德斯鸠在《论法的精神》中所说:“一切有权力的人都容易滥用权力,这是万古不易的一条经验。有权力的人往往使用权力一直到遇有界限的地方才休止。”[①]所以,审判权作为一种权利,应当加以监督和限制。我国审判权运行过程必然是一个在“严格适用法律”和“不能机械拘泥于法条”之间寻求平衡的过程。[②] 在此情形下,

① [法]孟德斯鸠著:《论法的精神》,张雁深译,当代世界出版社1961年版,第76页。

② 参见申伟:《我国审判权运行特征研究》,载《兰州大学学报》(社会科学版)2015年第6期。

如何对审判权运行建立有效制约机制，是司法实践不得不回答的命题。

乐山中院在本轮司法体制改革过程中，是如何实现对审判权力进行制约的？本节将从审判过程程序监督和违法审判法律责任两个方面，剖析乐山中院对审判责任的监督和追究。

一、审判责任的防范

对审判过程进行管理，是确保司法责任制落实的重要手段之一。审判活动是一项由法官主导、司法辅助人员、当事人、诉讼参与人等共同参与的法律活动。由于审判过程时间长、参与人员多、各方意志相互对抗、各种利益纠纷交织，法官的行为自主性强。在司法责任制背景下，院长、庭长不再签发法律文书，审判权行使的可控性弱，审判权力行使的公正性受到挑战。因此，审判过程符合司法规律要求，作为审判权的程序性体现，是审判权得以依法独立公正行使的基本前提。如何对审判过程进行监督并确定相应责任，确保审判权在法律轨道内行使，是本部分探讨的重要问题。

（一）管控审理期限节点

审理期限是衡量审判质效的重要指标。审判活动必须在审限之内完成，因此，审限是审判过程的反映，同时也是审判权行使情况的反映，对审限的管控就是对审判权行使的管控。乐山法院主要从四个方面进行了探索。

1. 期限化整为零

“迟到的正义非正义”，三大诉讼法对各类案件审理期限都有相应的规定，在法定期限内结束审判活动，是司法规律的基本要求。但是，审限是一个较长的时间段，而诉讼法对审限并没有做进一步细分，也没有任何规范对审限内各阶段活动的期限作出明确规范。为确保审理活动审判权的高效有序行使，乐山法院对审限进行了化整为零，在审判活动的各个阶段，设定了以下时间节点。案件受理后，2 个工作日内移送案卷材料，2 个工作日内审查卷宗并进行关联性判别，如果属于不适合承办人承办案件，则需要在 3 个工作日内调整分案，其他合议庭成员不适宜审理的，应在 2 个工作日内提出；案件排期开庭，应在 5 个工作日内完成；案件结案后，应在 7 个工作日内完成归档。

2. 管理主体明晰

对于审判过程的管理监督,根据内容的不同,确定不同的管理主体。基本遵循程序性事项由审管办管理,实体性事项由院长、庭长监督。如审限中止、扣减等由审管办审核把关,四类案件事中监督由院庭长把关。

3. 管理结果通报

审判人员是否按照规定行使审判权,需要结果反馈。审管办建立了通报制度,对排期开庭情况、审限扣减情况、长期未结案情况等进行通报,并作为绩效考核的依据。

4. 过程违规责任

对于审判权的行使,审判过程监督管理是责任前提,结果通报是责任依据,而真正落实到责任的,则是对违反审判过程相关要求的惩处。乐山法院严格执行惩处规定,对无故拖延办案造成严重后果的,予以一定处罚。2017 年,犍为法院某员额法官无正当理由,无故拖延办案,当事人极其不满,造成严重不良社会影响,损害司法公信力,乐山中院对其予以了警告处分。

(二)探索繁简分流机制

虽然审理活动各阶段均有节点控制,但由于资源的限制,影响司法公信和制约司法能力的深层次问题仍然未能解决。司法体制改革后审判效率提升缓慢,影响改革成效。为此,S 法院、峨眉山市和犍为县 3 家法院积极探索案件繁简分流机制改革,促进简案快审、难案精审,以减轻群众诉累,及时化解矛盾纠纷,提升审判质效。

1. 新设诉前调解程序

坚持以人民为中心的发展思想,满足群众不同的司法需求,新设诉前调解程序。一是充实诉前调解资源。强化诉前调解力量,S 法院引入员额法官参与诉前调解、峨眉山市法院由各审判团队法官助理流动协助诉前调解、犍为县法院由未入额资深法官组成专业化调解团队进行调解。引入多元化解纠纷机制,设置律师调解室、人民调解员调解室、人民陪审员调解室等诉前调解场所,加强与司法、乡镇、社区等人民调解组织的联动,合力化解纠纷。二是明确诉前调解案件范围。S 法院明确 8 类、峨眉山市法院明确 15 类不能进入诉前调解的案件,犍为法院明确诉前调解引导原则,让当事人愿意调解、适宜调解的案件，首先进入“民先调”渠道予以化解。三是规范诉前调解操作规程。细化诉前调解案件登记、调解期限、结果处理、案卷移送、超期后果等流程，实现诉前调解与诉讼立案的无缝衔接；规范诉前调解告知书、结案表、无争议事实确认表、简案转繁案审批表等10余项文书，强化调解可操作性。

2. 再造案件审理流程

以建立科学、精准、高效的案件流转衔接办理机制为目标，促进简案快审、难案精审。一是打造繁简“分水岭”，构建科学高效的分流机制。精细划分简案与繁案标准，S法院明确4类简案、峨眉山市法院明确15类繁案、犍为县法院明确7类简案和3类繁案，建立以案为要素，以案件类型、特点、繁简程度、审理程序为依据的分流模式，构建以效率为导向的分流制度，实现类案集约化办理，防止简单案件办不快，复杂案件办不精。二是打通简审“快车道”，健全简案快调速裁机制。简化文书送达、审理、裁判程序，减少排期等待时间，做到简单案件来之即办、办之即结、结之即了。峨眉山市法院实行“一次庭审”“门诊庭审”，快速审理简单案件；犍为县法院实行捎口信、电话、短信、传真、电子邮件等简便传唤、通知方式，简案突破举证期限、法庭调查、法庭辩论等程序限制。S法院、峨眉山市法院确定简案审理期限为45日，犍为县法院确定为30日。三是精修繁简“变轨阀”，优化繁简程序衔接机制。明确简案转繁案的标准和程序，限定简案转繁案的比例和渠道，增强程序转换的协同性和及时性，避免推诿扯皮，减少程序转换次数，防止诉讼程序来回反复，增加当事人诉累，降低审判效率。S法院规定了7类案件、限定了12%比例，确定由同一承办法官审理；峨眉法院规定了6类案件、限定了5%比例，确定由繁案法官审理或同一法官审理；犍为法院规定了转化原则、限定了均衡数量、确定由繁案团队审理。

3. 强化繁简分流保障

转变思想观念，根据审判方式、工作模式的转变，因地制宜强化各项综合配套机制。一是强化科技应用。打造“互联网+”分流工作模式，3家法院全部安装并有效运行诉前调解登记系统；完善案件审理系统，重置案件流程节点，强化案件办理网络监控。二是强化工作培训。加强对法官、法官助理、立案窗口人员的繁简分流工作培训，强调诉前调解与立案、立案与分案、简案转繁案的程序转换方式，明确简案审理方式、期限和流程，保障分流工作的正式有效运行。三是强化绩效考核。由统一考核向分类考核转变，建立分类明晰、权重科学的考核标准，区分案件类型和难易程度，分别设定不同考核重点，确定考核指标，实行动态管理，树立想作为、敢作为、善作为的良好激励导向。

二、审判责任的追究

从实质上而言，过程行为的监督管理，是对审判权行使过程的指引；绩效考核是对审判权行使效果的评估。虽然上述两种形式对审判权行使形成一定制约；但是，由于均不具有惩罚性，审判责任流于表面，难以形成对权力行使者的威慑。要真正确保权力落到实处，还要靠法律责任的落实。

（一）审判责任的认定范围

由“司法权独立的主体基础”部分可知，法官对司法责任制普遍存在畏惧，究其原因是对违法审判范围认识不准所致。法官潜意识认为，只要案件被发回、改判或者信访、申诉，并且无论是什么时候发现，都会被追究责任。法官的认识，扩大了违法审判的范围，导致法官行使审判权畏首畏尾，不敢裁判。如何明确错案的标准，是当前这一制度的最大难题。[①]

事实上，最高人民法院《意见》对违法审判责任的范围进行了明确规定，给法官依法履职吃了“定心丸”。最高人民法院《意见》规定：法官应当对其履行审判职责的行为承担责任，在职责范围内对办案质量终身负责。法官在审判工作中，故意违反法律、法规的，或者因重大过失导致裁判错误并造成严重后果的，依法应当承担违法审判责任。法官有违反职业道德准则和纪律规定，接受案件当事人及相关人员的请客送礼、与律师进行不正当交往等违纪违法行为，依照法律及有关纪律规定另行处理。最高人民法

① 参见公丕祥等：《司法公正的价值内涵和制度保障》，载信春鹰等主编：《依法治国与司法改革》，社会科学文献出版社 2008 年版，第 173 页。

院《意见》还对违法审判责任的具体情形进行了列举:①

(1)审理案件时有贪污受贿、徇私舞弊、枉法裁判行为的;

(2)违反规定私自办案或者制造虚假案件的;

(3)涂改、隐匿、伪造、偷换和故意损毁证据材料的,或者因重大过失丢失、损毁证据材料并造成严重后果的;

(4)向合议庭、审判委员会汇报案情时隐瞒主要证据、重要情节和故意提供虚假材料的,或者因重大过失遗漏主要证据、重要情节导致裁判错误并造成严重后果的;

(5)制作诉讼文书时,故意违背合议庭评议结果、审判委员会决定,或者因重大过失导致裁判文书主文错误并造成严重后果的;

(6)违反法律规定,对不符合减刑、假释条件的罪犯裁定减刑、假释的,或者因重大过失对不符合减刑、假释条件的罪犯裁定减刑、假释并造成严重后果的;

(7)其他故意违背法定程序、证据规则和法律明确规定违法审判的,或者因重大过失导致裁判结果错误并造成严重后果的。

除审判人员存在违法审判责任外,最高人民法院《意见》还明确了以下内容:负有监督管理职责的人员等因故意或者重大过失,怠于行使或者不当行使审判监督权和审判管理权导致裁判错误并造成严重后果的,依照有关规定应当承担监督管理职责任。追究其监督管理责任的,依照干部管理有关规定和程序办理。

违法审判责任范围虽然进行了限定,但由于案件质量终身负责,审判责任对法官影响仍然很大。我们不应也不能给予法官过多的限制,导致法官无法正当行使其权力,毕竟法律是一种过程而不单是规则,它是一种将规则适用于不同情况的辩证的过程。② 另外,在司法实践中,“错案”并不是一个严格意义上的法律术语,没有一个统一的认定标准与制度规范,办案机关往往将司法机关履行刑事赔偿、不批捕、不起诉或者无罪判决视为错

① 参见《最高人民法院关于完善人民法院司法责任制的若干意见》(法发〔2015〕13号)。

② 参见周汉华:《中国司法改革的基本思路》,载信春鹰等主编:《依法治国与司法改革》,社会科学文献出版社2008年版,第23页。

案认定的标准，有的地方甚至将上级法院改判或发回重审的案件作为错案追究办案人员的错案责任。① 为排除审判人员不敢判决、害怕判决的顾虑，最高人民法院《意见》从反面明确了不得作为错案进行责任追究的情形：②

(1)对法律、法规、规章、司法解释具体条文的理解和认识不一致，在专业认知范围内能够予以合理说明的；

(2)对案件基本事实的判断存在争议或者疑问，根据证据规则能够予以合理说明的；

(3)当事人放弃或者部分放弃权利主张的；

(4)因当事人过错或者客观原因致使案件事实认定发生变化的；

(5)因出现新证据而改变裁判的；

(6)法律修订或者政策调整的；

(7)裁判所依据的其他法律文书被撤销或者变更的；

(8)其他依法履行审判职责不应当承担责任的情形。

对于最高人民法院违法审判范围的规定，乐山法院严格予以遵守，并纳入了《乐山市中级人民法院关于落实司法责任制的实施意见(试行)》之中。各基层法院也分别在本院的相关文件中予以了明确。

笔者认为，最高人民法院《意见》对审判责任范围的规定已经较为详细明确，下级法院可以自由发挥的空间较小。由于目前尚未发生需要追究违法审判的情形，故对此没有过多延伸解释性规定。但是，就长远发展而言，在未来的适用中，中基层法院有必要对"重大过失""裁判错误""严重后果"等词语的内涵做进一步的列举式说明，以确保责任追究的可操作性。

(二)审判责任的承担主体

确定存在违法审判责任后，是否案件审理过程中所有参与人员都应当被追究责任？各类人员被追究责任的程度和形式是否一致？这不仅关系着办案人员的切身利益，也是办案人员确定自己如何履职的重要依据。因此，审判责任的划分，对于营造分工负责、相互配合的办案秩序，促使审判

① 参见李建明：《错案追究中的形而上学错误》，载《法学研究》2000年第3期。

② 参见最高人民法院：《关于完善人民法院司法责任制的若干意见》(法发〔2015〕13号)。

权依法高效行使,具有决定性意义。区别于办案组织形式和办案程序,最高人民法院《意见》对审判责任承担作出了如下规定:

独任制审理的案件,由独任法官对案件的事实认定和法律适用承担全部责任。

合议庭审理的案件,合议庭成员对案件的事实认定和法律适用共同承担责任。进行违法审判责任追究时,根据合议庭成员是否存在违法审判行为、情节、合议庭成员发表意见的情况和过错程度合理确定各自责任。

审判委员会讨论案件时,合议庭对其汇报的事实负责,审判委员会委员对其本人发表意见的情况和过错程度合理确定各自责任。案件经审判委员会讨论的,构成违法审判责任追究情形时,根据审判委员会委员是否故意曲解法律发表意见的情况,合理确定委员责任。审判委员会改变合议庭意见导致裁判错误的,由持多数意见的委员共同承担责任,合议庭不承担责任。审判委员会维持合议庭意见导致裁判错误的,由合议庭和持多数意见的委员共同承担责任。合议庭汇报案件时,故意隐瞒主要证据或者重要情节,或者故意提供虚假情况,导致审判委员会作出错误决定的,由合议庭成员承担责任,审判委员会委员根据具体情况承担部分责任或者不承担责任。审判委员会讨论案件违反民主集中制原则,导致审判委员会决定错误的,主持人应当承担主要责任。

审判辅助人员根据职责权限和分工承担与其职责相对应的责任。法官负有审核把关职责的,法官也应当承担相应责任。

法官受领导干部干预导致裁判错误的,且法官不记录或者不如实记录,应当排除干预而没有排除的,承担违法审判责任。

由上可知,审判责任承担坚持"权责统一"基本原则,即谁履职、谁担责。按照上述规定,对中基层法院而言,独任庭审理、非法干预责任承担不难理解,操作性较强。但是,对于合议庭、审判委员会和审判辅助人员责任承担的适用,存在一定困惑。

1. 合议庭责任承担问题

合议庭成员间存在不同分工,但合议庭决议又是共同作出,如何区分不同成员是否承担责任以及责任承担范围和大小,是一大难题。

2. 审判委员会责任承担问题

审判委员会讨论案件，是经合议庭合议后提请的，既涉及合议庭意见、审判委员会多数意见和审判委员会少数意见，多种意见交织，责任认定和划分难以科学平衡。这主要表现在构成违法审判情形时责任人难以确定：例如，最高人民法院《意见》规定，审判委员会多数意见改变合议庭意见导致裁判错误的，由持多数意见的委员共同承担责任；但是，从责任范围部分可以看出，只有存在故意或重大过失并导致严重后果的，才能被追究违法审判责任，我们无法排除，在坚持多数意见的委员中存在部分委员非因故意或重大过失，而是真正发自内心持有恰好与多数意见一致的观点，一并对这部分委员追究责任不符合规定。又如，最高人民法院《意见》还规定，审判委员会维持合议庭意见导致裁判错误的，由合议庭和持多数意见的委员共同承担责任；对此，其与“审判委员会讨论案件是，合议庭对其汇报的事实负责，审判委员会委员对其本人发表的意见及最终表决负责”的规定不相符，事实上，合议庭意见被审判委员会意见改变是常事，不能因为某个别委员的故意曲解而最终造成的裁判错误而扩大责任承担主体；并且，假如某个别委员曲解法律发表意见，但最终该意见为少数意见，则不能追究责任，在某种程度上对违法发表意见的委员是一种纵容和放任；此外，对于合议庭对汇报事实承担责任的规定，也应当区分情形来处理，惯常情况下，仅由承办人向审判委员会进行汇报，合议庭其他成员并不参见，承办人在汇报案件时，故意隐瞒主要证据或者重要情节，或者故意提供虚假情况的，应当只能追究汇报人的责任，而不能追究合议庭其他成员的责任。

（三）审判责任的追责程序

在案件审理中，主要存在两种司法辅助人员，即法官助理和书记员。对于法官助理和书记员的责任承担，主要困惑在于要不要追究责任，追究责任是否可行？以及法官审核把关责任的确定。

1. 追责可能性

实践中，书记员几乎全部为聘用制人员，对其追究责任，存在制度依据障碍。而法官助理对责任承担也存在质疑。在调研过程中，M法院某法官助理明确提出，“我们助理仅是协助法官进行类案检索、观点梳理、文书草拟等工作，我们是否需要在裁判文书上署名，署名后是否就意味着要对文书承担责任。如果让我们承担责任,我认为及其不公平,因为判决最终是由法官作出的,判断权行使主体为法官,助理根本不能决定文书的最终样态,对助理追责缺乏事实依据”。①

2. 法官审核把关责任的确定

法官助理、书记员均在法官的指导下工作,从逻辑上分析,法官应当对审判过程中的所有行为负有审核把关义务。但是,实践中存在一种悖论:权力清单明确规定由书记员送达,法官对此不承担责任;但是,送达问题是程序性问题,因为重大程序问题而发回重审,则必然成为法官的责任。如书记员电话通知当事人开庭,当事人也承认收到通知,但判决后,由于未能达到该当事人预期而上诉,二审审理中,提出未收到通知,成为重大程序违法,虽然实体上无措,但按照法律规定只能发挥重审,成为法官责任。笔者认为,中基层法院对于审判责任的划分和认定,还需要继续深化认识,细化情形,做到具体情况具体分析。

3. 责任追究程序

虽然最高人民法院于 1998 年便颁布了《人民法院审判人员违法审判责任追究办法(试行)》,②对法官不负审判责任的情形作了具体规定。但是这些规定过于笼统,而且立法位阶相对较低,更为重要的是法律没有规定具体的程序保障机制保障责任豁免在实践中得以落实。③ 程序公正决定实体公正。对于审判责任的追究,首先应当确保程序公正。最高人民法院《意见》规定,审判责任追究具有以下程序:

需要追究违法审判责任的,一般由院长、审判监督部门或者审判管理部门提出初步意见,由院长委托审判监督部门审查或者提请审判委员会进行讨论,经审查初步认定有关人员具有本意见所列违法审判责任追究情形的,人民法院监察部门应当启动违法审判责任追究程序。各级人民法院应当依法自觉接受人大、政协、媒体和社会监督,依法受理对法官违法审判行为的举报、投诉,并认真进行调查核实。

---

① 访谈编号#20180211MB。

② 《最高人民法院人民法院审判人员违法审判责任追究办法(试行)》(法发〔1998〕15 号)。

③ 参见王迎龙:《司法责任语境下法官责任制的完善》,载《政法论坛》2016 年第 5 期。

人民法院监察部门应当对法官是否存在违法审判行为进行调查、并采取必要、合理的保护措施。在调查过程中，当事法官享有知情、辩解和举证的权利，监察部门应当对当事法官的意见、辩解和举证如实记录，并在调查报告中对是否采纳作出说明。

人民法院监察部门经调查后，认为应当追究法官违法审判责任的，应当报请院长决定，并报送省（自治区、直辖市）法官惩戒委员会审议。高级人民法院监察部门应当派员向法官惩戒委员会通报当事法官的违法审判事实及拟处理建议、依据，并就其违法审判行为和主观过错进行举证。当事法官有权进行陈述、举证、辩解、申请复议和申诉。法官惩戒委员会会根据查明的事实和法律规定作出无责、免责或者给予惩戒处分的建议。法官惩戒委员会工作章程和惩戒程序另行制定。

对应当追究违法审判责任的相关责任人，根据其应负责任依照《法官法》等有关规定处理。(1)应当给予停职、延期晋升、退出法官员额或者免职、责令辞职、辞退等处理的，由组织人事部门按照干部管理权限和程序依法办理；(2)应当给予纪律处分的，由纪检监察部门依照有关规定和程序依法办理；(3)涉嫌犯罪的，由纪检监察部门将违法线索移送有关司法机关依法处理。免除法官职务，必须按法定程序由人民代表大会罢免或者提请人大常委会作出决定。

对于中基层法院而言，最高人民法院《意见》的上述规定仍然稍显抽象，且由于各法院工作机制的不同，上述规定的可操作性受到质疑，责任追究程序还需要予以适当变通和完善。为确保责任追究落到实处，乐山中院对责任追究程序做了地方化探索：①

线索搜集加强对疑似违法审判案件线索的搜集，通过以下渠道进行：

(1)从“问题案件”清单库中搜集；

(2)从信访申诉登记资料中搜集；

(3)从纪检监察部门受理投诉、举报资料中搜集；

(4)从再审改判案件中搜集；

(5)从其他可能发现违法审判案件的渠道搜集。

① 参见《乐山市中级人民法院关于落实司法责任制的实施办法》，2017 年 3 月。

初步审查对于搜集的线索，一般由院长、审判监督部门或者审判管理部门提出初步意见，由院长委托审判监督部门审查或者提请审判委员会进行讨论。

程序启动经审查、讨论认定有关人员具有本意见所列违法审判责任追究情形的，人民法院监察部门应当启动违法审判责任追究程序，对法官是否存在违法审判行为进行调查，并采取必要、合理的保护措施。在调查过程中，当事法官享有知情、辩解和举证的权利，监察部门应当对当事法官的意见、辩解和举证如实记录，并在调查报告中对是否采纳作出说明。

逐级报审人民法院监察部门经调查后，认为确实存在违法审判情形的，应当报请本院院长决定，并逐级报请上级法院审议；上级法院审议过程中，需要继续调查核实的，由本院监察部门进行配合、协助。省法院审议决定后，报由省法官惩戒委员会最终审议。

追责程序启动后，只要有其中任一环节认为不应当追究当事法官违法审判责任的，都应当按照法官履职保障的相关规定予以消除不良影响，恢复其名誉；省法官惩戒委员会经审议建议追责的，根据其应负责任依照《法官法》等有关规定处理：

（1）应当给予停职、延期晋升、退出法官员额或者免职、责令辞职、辞退等处理的，由组织人事部门按照干部管理权限和程序依法办理；

（2）应当给予纪律处分的，由纪检监察部门依照有关规定和程序依法处理。

（3）涉嫌犯罪的，由纪检监察部门将违法线索移送有关司法机关依法处理。

免除法官职务，必须按法定程序由人民代表大会罢免或者提请人大常委会作出决定。

错案纠正经确认为错案的，应当依法决定再审或者通过其他方式进行纠正。因错案造成赔偿的，对错案责任人依照《国家赔偿法》第24条的规定，追偿部分或全部赔偿费用。

三、小结

纵观中央、四川省和乐山市各级法院发布的有关落实司法责任制的改革文件以及乐山试点法院的改革过程，我们发现乐山试点法院落实司法责任制主要通过重新分配审判权责来实现的。

首先，在审判权力的配置上。乐山试点法院通过改革独任制和合议庭运行机制，以及审判委员会运行机制，明晰了各审判组织的权限。乐山试点法院还通过权力清单的形式，规定了独任庭和合议庭司法人员的审判职责、院长庭长的管理监督职责，进一步明确了各审判人员的权力。

其次，在审判责任的落实上。乐山试点法院通过管控审理期限节点和探索繁简分流机制的方式，加强了审判责任的防范。同时，乐山试点法院还在最高人民法院、四川省高级人民法院发布的政策文件的基础上，进一步明确了审判责任的认定范围、承担主体和追责程序，使违法审判责任的追究更加严格规范。

基于此，我们得出以下结论：本轮司法体制改革既赋予审判组织和审判人员独立、明晰的审判权力，也予以他们更为严格规范的责任约束，司法责任制的贯彻落实有赖于审判权力与审判责任的有效统一。

第六章　司法责任制的自治规则：工作绩效考核

赖虹宇　周兴复

与学者普遍的抱持的批评意见不同，工作绩效考核在司法体制改革实践中受到基层法官的广泛接纳。对四川省乐山市法院系统的法律社会学调查显示，绩效考核已经成为政策约束下的基层自治规则，激发了改革的内生动力。顶层设计通过目标设定与方案框架，原则上划定了基层自治的边界与可能空间。被考核对象参与考核方案协商与意见征询，体现了制度生成的自治。法院结合自身实际自主设计指标体系与确定分值比例，在考核的指标内容上实现自治。通过动态调整回应实施中的问题，完成了考核结果调整的自治。绩效考核在乐山实践中的启示在于，通过设定符合司法规律的考核指标，能够实现规则自治与司法管理需求的双向互动，且绩效考核制度业已成为当前法官自治与常规约束的制度工具。此外，顶层设计论下的自治激励，还具有改革方法论上的重要意义。

第一节　问题与材料

本轮司法体制改革的核心，是抓住司法责任制这个“牛鼻子”，其核心要义和科学内涵是“让审理者裁判，由裁判者负责”。[①] 2016 年 7 月，中央政法委在长春召开全国司法体制改革推进会，确定全面推开司法责

① 参见张文显：《论司法责任制》，载《中州学刊》2017 年第 1 期。

任制改革。而在此之中，工作绩效考核被作为服务法官员额制改革，保护司法人员依法履行法定职责，完善司法职业保障的重要政策之一，成为司法责任制改革的一个核心环节和重要内容。[①] 截至2017年5月，全国共有北京、天津、山西等近20个高级法院出台了绩效考核和奖金分配的实施意见。[②] 随着司法体制改革的有力推进，绩效考核的基层落实也已经全面推开。

虽然工作绩效考核正如火如荼的推行，但在本轮司法体制改革启幕之前的相当时期内，在司法机关中推行工作绩效考核往往被认为具有过于浓厚的行政化色彩、脱离了司法运行规律而备受诟病。例如，学者批评，法官考评制度的设计是以行政系统的要求为轴心而展开，并且各项指标的设定通过自上而下的方式而实现。[③] 或者认为，应当从政法传统思维中走出来并过渡到法治思维中。[④] 一方面学者对工作绩效考核在法院的运行普遍抱持批判性态度，另一方面这一制度却在实践中广受应用、并在本轮司法体制改革过程中大行其道。如何理解与解释这种现象，以及发生这一矛盾现象的根源又究竟如何引发了笔者的思考。

要对这些问题予以回答，特别是对理论的批判与实践的接纳之间的张力进行合理的解释，最好的方法就是通过实证研究。当前，对工作绩效考核的实证研究主要集中在微观层面。例如，某些学位论文对法院的绩效考核指标体系、检察官分类管理的制度实践等进行了较为浅表性的描述。[⑤] 而对法院工作绩效考核作出较为系统的实证研究学者，则对工作绩效考核的实践提出了批评。例如，某学者通过某市基层法院的司法

---

① 最高人民法院关于印发《人民法院落实〈保护司法人员依法履行法定职责规定〉的实施办法》的通知（法发〔2017〕4号）。

② 参见何帆：《完善绩效考核办法，实现员额“有进有出”》，载《人民法院报》2017年5月26日，第2版。

③ 参见李拥军、傅爱竹：《“规训”的司法与“被缚”的法官——对法官绩效考评制度困境与误区的深层解读》，载《法律科学（西北政法大学学报）》2014年第6期。

④ 参见张建、李瑜青：《法官绩效考评制度的功能与反思》，载《政治与法律》2016年第5期。

⑤ 参见黄磊：《我国基层法院法官考评研究——以长春市南关区法院的司法实践为例》，吉林大学行政学院2017年硕士学位论文，第12～14页；牛清鹏：《H区人民法院绩效考核指标体系研究》，贵州民族大学法学院2017年硕士学位论文，第3～4页；张嘉盛：《检察机关人力资源绩效管理研究——以深圳市为例》，天津大学研究生院2016年硕士学位论文，第3～6页。

实践进行实证分析表明,在指标最优的中轴原理下,法院与法官成为互惠共同体,法院渐渐远离自身本质,使法官的策略行动能够得以展开,最终结果是司法公正的丧失。① 同时,他还认为,“从统计数字看,结案数据不断优化,但这是以牺牲法官案件审理时间、经历和司法公正为代价的”。② 值得注意的是,该学者最新的研究成果则表明一定程度的态度转变,认为“构成要素的不足不能成为否定绩效考评制度的理由。司法管理(绩效考评制度)与司法审判都是司法权的有机构成,两者互为职称,都是司法权顺利运行的保障机制”。③

从该学者研究态度本身的变迁可以看出,对绩效考核制度的微观观察,如考评指标、考评体系等,虽然是重要的却是不全面的,无法准确厘定绩效考核制度的体系定位,无法深入发掘绩效考核制度的功能与作用。换言之,我们必须通过实证研究去深入描绘,作为工作绩效考核制度的末端,基层法官对工作绩效考核的态度如何?工作绩效考核在实践中的广泛运行,是否以及何以回击了学者的广泛批评?绩效考核制度除了自上而下进行司法管理的功能之外,是否还存在尚未引起观察者重视的新功能?而这些现实的、客观的制度运行与本轮司法体制改革这一宏观背景以及相关制度之间的关联,又必须予以廓清。

乐山市法院系统是最高人民法院确定的第三批司法体制改革试点单位,并选择辖区内的 S 法院、J 法院、M 法院三家作为基层试点法院。自 2016 年 9 月起,乐山中院正式启动审判团队运行机制,全面落实司法责任制,并将司法体制改革向全市法院推开。乐山市的改革实践,为观察司法体制改革提供了鲜活的材料与现实的理据,是独具地方经验与特色的典型样本。特别是其在绩效考核工作中的先行先试,提供了许多独创性经验,在推行过程中面临的特殊情况与普遍难题,也给出了相关的应对与完善方案,值得深入总结与积极研究,也是观察司法体制改革背

---

① 参见张建:《指标最优:法官行动异化的逻辑与反思——以 J 市基层人民法院的司法实践为例》,载《北方法学》2015 年第 5 期。

② 张建:《法官绩效考核制度中结案考核及其悖论——以 J 市基层人民法院的司法实践为例》,载《北方法学》2015 年第 5 期。

③ 张建:《法官绩效考评制度的法理基础与变革方向》,载《法学论坛》2018 年第 2 期。

景下工作绩效考核制度实践运行的绝佳窗口。

本章基于对乐山市法院系统司法体制改革全过程进行调查与实证分析,我们发现,不同于过往的绩效考核自上而下的强力推行以及在伴随其中的实践异化,以司法责任制为核心的绩效考核充分体现了“基层自治”的色彩。包括制度生成的程序自治、指标体系设置的自治、具体分值比例的自治、考核结果的实质公平性自治、与指标调整方案的自治等多个方面。正因为自治要素的作用发挥,绩效考核制度作为中央司法体制改革政策中的核心内容,在实践中受到了法官的普遍欢迎,起到了较好的制度激励作用,激发了司法责任制改革的内生动力,并由此使法官行使审判权的独立性得以加强,司法管理向司法规律回归。

本章内容的核心数据与材料来源于我们对四川省高级人民法院、乐山中院、乐山市各基层法院的实地调查与访谈。受访对象包括一下几类:(1)各受访法院司法体制改革方案设计和推动的主管领导;(2)员额法官;(3)法官助理(含参与入额未成功的法官助理、未参与入额遴选的法官助理、入额后主动退出员额的法官助理、法官助理序列的执行员);(4)行政人员。我们对访谈内容作了书面记录与现场录音,除涉及个人信息与法院保密内容的部分以外,我们对所记录的访谈内容进行了整理。访谈的内容主要包括:上级法院对工作绩效考核制度的要求、本院工作绩效考核的制定思路、工作绩效考核工作推进的过程、考核对象是否以及如何参与工作绩效考核的制定与调整、考核对象对工作绩效考核结果的接受度与现实感受、工作绩效考核推行后的反馈机制、推行中发现的突出问题、改善的方案等问题。

第二节　规则自治边界:绩效考核的目标限定

一、工作绩效考核的目标转向

本轮司法体制改革围绕司法责任制这一主线,使工作绩效考核的内涵与逻辑依然发生了结构性变革。司法责任制,要求工作绩效考核在“权责统一”基础上,客观真实地反映法官依法独立行使审判权的质效,用以评价法官办案的工作和效果等。可以说,在司法责任制的统领之下,法官工作绩效考核已经从实质内涵上发生了重大的基础性转变,体现出迥异于过往法官绩效考评制度的特点。考察绩效考核在司法责任制改革背景下的地位与作用,是准确理解与评价绩效考核方法的制定、施行、完善之利弊得失的前提与基础。如果仍从形式上将"绩效考核"作为行政化规制手段而予以彻底否定,则无法真正体认绩效考核作为一种评价机制如何与其他相关制度一起,相互协调、相互促进,最终完成司法体制改革事业。

(一)服务于司法权力运行

在过往的绩效考评制度实施过程中,广受诟病之处就在于,其并未真正关注到司法规律,而是以行政思维对法院司法权力的运行进行考核。"科层的行政管理已经深入到中国司法运行的方方面面,现实生活中的司法为了生存不顾本应坚持的独立、权威等理念,以整体的方式进入行政体系,于是我们一边指责行政化,一边却努力向行政权力靠近。"①

在本轮司法体制改革启幕之前,四川省高级人民法院系统就推行"两个一流考核",这项考核作为对全省法院系统"向管理要质效""以一流树公信"的重要举措,其目的在于:从回应人民群众对司法公正的关切出发,以司法公正为核心,通过"努力让人民群众在每一个司法案件中都能感受到公平正义"来彰显司法公信力。因此,这项考核的目的,是通过绩效考核的方式,自上而下地强化对各级法院的全方位管理,以过程控制实现司法公信力塑造。

作为对省高级人民法院"两个一流考核"的具体落实,乐山中院出台了《乐山市中级人民法院 2017 年度全市法院"打造一流队伍、争创一流业绩"工作的考核办法》,这一办法有如下特点:(1)从考核对象来说,这类考核强调对团队而非个人的考核,即侧重点的是团队考核;(2)从考核指标上来看,包括"领导班子和队伍建设(37 分)""执法办案(38 分)""重点工作(17 分)""基层基础建设(8 分)"以及加分扣分项,涵盖了法院工作的方方面面;(3)从考核结果运用上来看,用以评选综合奖和单项奖,考核结果并不与任何法官个人的评价挂钩。从中可以看出,"两个一

① 王申:《科层行政化管理下的司法独立》,载《法学》2012 年第 11 期。

流”考核主要作为对下级法院的工作抓手,考核对象不完全是司法审判质效的内容。

司法体制改革背景下的法官绩效考核则完全遵从了不同的逻辑:第一,司法责任制必须落实“让审理者裁判,由裁判者负责”,由此表明司法责任的主体应当是“审理者”。最高人民法院《意见》明确了各类司法人员和审判组织的职责和权限,并规定凡是进入法官员额的,都要在司法一线办案。因此,绩效考核的评价对象就从对法院的评价,转化为对“审理者”个体的评价。第二,围绕实现司法责任制的目标,绩效考核的直接目的在于遵循司法规律,评价司法权力运行质效。因此,绩效考核必须摒除行政化的指标设定,排除与审判规律、司法职业特点、司法权力运行不相关联的考核指标。

2017 年 7 月 12 日,四川省高级人民法院下发通知对《四川法院员额法官、审判辅助人员绩效考核实施办法(试行)》作了针对性修订,其中第 3 条对“绩效考核”的概念进行了明确规定:

“第三条　本办法所称的绩效考核,仅指司法责任制改革实行以后,各级法院内部组织开展的,围绕法官、审判辅助人员履行审判职责情况进行的业绩评价考核。

绩效考核工作应当坚持以下原则:

(一)科学合理,尊重司法规律;

(二)正确导向,提升审判质效;

(三)分级分类,符合工作实际;

(四)量化考核,鼓励创先争优。”

总结而言,在司法责任制背景下,绩效考核已经从对团队的整体考核转变为对审理者个人的个体考核;从对法院全方位工作的指标评价转变为司法裁判质效的指标评价。其本质,是应用于法院系统的绩效考核,从考核的行政逻辑向考核的司法逻辑转变。

(二)服务于薪酬制度改革

绩效考核的另一核心功能,是对法官薪酬改革的协调与配合。为贯彻落实《法官、检察官工资制度改革试点方案》,2016 年 7 月 22 日,人力资源社会保障部、财政部印发了《法官、检察官和审判辅助人员工资制度改革试点实施办法》(以下简称《实施办法》)。其基本要求是,在实行法官员额制基础上,建立与法官单独职务序列相衔接、有别于其他公务员的工资制度,工资水平按照高于当地其他公务员工资收入的一定比例确定。同时,统筹提高法院其他人员待遇水平。为实现这一要求,《实施办法》指明:法官增资额一部分通过提高基本工资实现,一部分通过发放绩效考核奖金实现。审判辅助人员、司法行政人员工资结构不变,增资额通过加发绩效考核奖金实现。绩效考核奖金的设置,不与法官等级、行职级挂钩,主要依据工作量、工作质量和工作效果等因素确定。

换言之,司法责任制确定了人员分类管理、员额法官单独序列等改革基础性方案,与之配套的薪酬制度亦应有所调整。而绩效考核,则直接服务于薪酬制度的改革。从改革目的上讲,是为了实现对司法职业人员的激励作用。对此,可从相关政策文本上可作类似观察:

"工作目标:建立与工作职责、实绩和贡献紧密联系的法官人员绩效考核奖金分配机制,充分发挥物质奖励的正向激励作用,增强全院干警的工作责任心,调动业务一线干警的工作积极性,鼓励审判一线人员多办案、办好案。"①

M 法院司法体制改革领导小组某成员道出了他对司法责任制改革与绩效考核之间的关系:"本次司法体制改革的基本原则去行政化与落实司法责任制,伴随的是审判权力的下放,落实到合议庭与员额法官个人。在我看来,有权力就有责任,有责任就应当用利益来保障。"②

总结而言,司法责任制语境下的绩效考核,其结果可直接作用于法官特定薪酬的增加,是一项服务于法官物质激励、激发改革内生动力的核心制度,迥异于过往实行的与审判人员奖励不挂钩的其他考核。

(三)服务于人才动态遴选

在《最高人民法院关于全面深化人民法院改革的意见——人民法院第四个五年改革纲要(2014～2018)》中明确提出,"完善法官业绩评价体系……将评价结果作为法官等级晋升、择优遴选的重要依据"。可见,

---

① 《J 法院法官、审判辅助人员绩效考核奖金分配暂行办法》(2017 年 3 月 8 日修订)。

② 访谈编号#20180201MP。

法官绩效考核在职级激励、人才选拔上的作用持续得到顶层设计者的重视与认可。

但司法责任制下，绩效考核的人才遴选功能是否又发生相应变化呢？对此的回答仍然不可孤立的看待，应当与围绕司法责任制展开的一系列改革结合起来考察，其中涉及人才遴选最为重要的则是“法官员额制”改革。我国过去司法人才（法官）遴选的基本方式是“内部逐级遴选”与“公开向社会遴选”。在司法体制改革之前，绩效考核与内部逐级遴选有所关联，但并非决定性的部分。换句话说，为服务于高审级法院对富有审判经验法官的现实需求，内部逐级遴选的对象也关注具有较高审判质量的基层法官，绩效考核能够作为评价被遴选者的一种机制而被利用。但问题是，这样的遴选机制，侧重的是对具有案件审判资质的人在不同地区、不同层级法院间的流动，并不直接表征被遴选者的裁判能力，审理质量，毋宁只是管理视角而非真正的司法权力运行逻辑。

员额制改革将司法专业化往前集中推进，但应当注重对员额法官的动态调整，司法责任制语境下的绩效考核将发挥突出作用。最高人民法院的相关负责人撰文指出：要建立动态化法官员额调控机制，解决好“有进有出”的问题。法官员额不是“保险箱”，按照中央要求，各级人民法院应当健全“有进有出”“能上能下”的动态化调控机制，将员额退出与干部管理、违法审判责任追究和办案绩效考核挂钩，对于只拿待遇不愿尽责、担当不够不敢尽责、能力不足不能负责、违纪违法惩戒问责的法官，要及时退出员额。在制度设计上，除兼顾退休、离职、惩戒等事由外，关键在于通过科学考核、依法追责，使不能独立办案、案件质效较差、完不成核定工作量的人及时退出员额，树立正确的改革导向。①

二、工作绩效考核的顶层设计

中央政策层面有对绩效考核工作的具体安排。《人民法院落实〈保

① 参见何帆：《完善绩效考核办法，实现员额“有进有出”》，载《人民法院报》2017年5月26日，第2版。

护司法人员依法履行法定职责规定〉的实施办法》作了如下规定：①

第8条，各级人民法院应当健全完善法官考评委员会工作机制，由法官考评委员会组织、领导对法官的考核、评议工作。法官考评委员会由本院院长、相关院领导、相关部门负责人和若干法官代表组成。主任由院长担任，法官代表由全体法官推选产生。

对法官审判绩效的考核、评价，必须由法官考评委员会作出，考核结果应当公示。法官对考核结果如有异议，可以申请复议。

对法官审判绩效的考核办法和评价标准，应当合理设置权重比例，注重审判工作实绩，充分考虑地域、审级、专业、部门、岗位之间的差异，但不能超出法官的法定职责和职业伦理。考核结果和业绩评价应当作为法官等级晋升、岗位调整和绩效考核奖金分配的重要依据。

上述考核的指导意见由最高人民法院统一制定，各级人民法院结合辖区实际进一步细化，并报上一级人民法院备案。

……

第16条，各级人民法院应当配合有关部门，按时足额发放法官的基本工资、津贴补贴。绩效考核奖金的发放，应当遵循审判实绩导向，坚持公开、公平、公正的原则，不得与法官等级、行政职级挂钩，注重向一线人员倾斜。

……

第19条，各级人民法院应当依法保障法官的休息权和休假权，认真落实年度休假等制度，切实保障法官必要的休假时间，并将法官休假落实情况纳入各部门绩效考评范围，不得以任何方式变相阻碍法官休假。

各级人民法院应当根据审判规律和法院实际，合理测算法官工作饱和度，科学确定法官工作量，适时调整法官员额配置或者增补审判辅助人员，不得强制要求法官在法定工作日之外加班。

通过这一文件的内容可知，顶层设计对于绩效考核如何运转，划定

① 最高人民法院关于印发《人民法院落实〈保护司法人员依法履行法定职责规定〉的实施办法》的通知(法发〔2017〕4号)。

了相应的框架与范围，事实上划定了工作绩效考核的自治空间及其边界。

第一，从考核主体上。不同于以往由上级法院自上而下的考核下级法院的行政式的绩效考核，当前的工作绩效考核须建立考评委员会，且必须涵盖法院领导与基层法官，组成结构上满足了民主的要求，体现出较为明显的自我管理价值取向。同时，这一考评委员会是逐级建立在各级法院内部，仅负责对本单位进行考评考核。

第二，从考核对象上。本次司法体制改革以法官员额制改革为中心，在“责任落实到人”的制度理念下，绩效考核已经完全脱离了过去的法院整体考核，借由压力下放与传导，从而影响法官策略选择的旧有路径，直接将考核对象落实到法官个体。亦即工作绩效考核虽然名义未变，其内涵则已经翻天覆地，将过去的“团体考核”变为了“个体考核”，也从根本上成为了法官自身激励的制度基础。

第三，从考核内容上。顶层设计并未对具体的办法与标准作出统一的规划与设定，而是从原则上予以引领，例如，要求“合理设置”“考虑差异”“注重职责与伦理”等。同时，自主空间与一统制管控的张力，仍受到顶层设计者的重视。为防止地方按照自己的意图随意解读实施政策，防止自主执行的灵活性越大，与政策主线的偏离越大，设计者还要求最高人民法院统一制定考核的指导办法，地方结合实际予以细化，但报上一级法院备案。由此，考核制度的前端（政策框架）与末端（方案结论）都受到约束与限制。

三、约束限定之下的乐山思路

乐山中院作为试点单位，对司法体制改革前后工作绩效考核的变化与意义有深入的认识：

“对于哪些要素纳入绩效考核，我们必须有所认识。并非所有东西都要考核，能否通过考核使得法官裁判的质量和效率得到提高。要符合司法裁判规律，不能禁锢法官的裁判思维。”“在司法体制改革之前实行的绩效考核，只考核到团队而不涉及到个人。同时，司法体制改革前的绩效考核涉及对所有问题的考核，不仅包括司法权力运行，如审判工作的考核，还涉及对行政事务的考核。”①

特别是基层试点法院，作为法院层级中的末端主体，在绩效考核办法设置中的自主性受到了来自所有上级法院的原则性限定。其作用，一方面在于将绩效考核办法契合自身法院实际；另一方面在于可能存在的特殊情况，能够为试点工作提供地方知识与实践经验。J法院司法体制改革领导小组某负责人则言明：“关于绩效考核问题，乐山市中院统一了各个考核项目的框架。总的来说，绩效考核办法的框架来源于上级，在具体的指标值和具体的权重、分值、加减分项目和分值上，各个法院根据自身情况进行设置，体现出相对的不同。”②

因此，立足于司法体制改革背景下工作绩效考核的目的约束，与顶层设计的框架安排，乐山中院仍在可能得自主空间范围内，对工作绩效考核在乐山法院的落地落实，进行了整体安排，确立了4项总体思路。

（一）绩效考核工作要遵循司法规律、契合岗位特征

乐山中院认为，法官业绩考核既是落实司法责任制的重要内容，也是实现法院人员分类管理和薪酬制度的重要手段。考核指标及权重设置是否科学合理，直接影响法官及其辅助人员的工作积极性、影响法官裁判权的独立行使。考核机制既要科学反映审判的规律性，也要考虑3大审判、立案、审监、综合审判团队各自工作的特殊性和同一审判不同类型案件的审理特征，注重考核的科学性、精准性和公平性，重点选取案件质效评估体系中能够有效体现法官职业品格、审判能力水平的指标进行考核。为此，我们将法官业绩的考核指标分为三大类：基础指标、动态指标和奖惩指标。基础指标即案件质效指标，主要反映法官办案量及审判质效情况；动态指标即随年度变动的考核指标，主要反映法官当年的重点审判任务完成情况；奖惩指标即基本分值以外的加减分指标，主要反映法官案件审判的正负面影响情况。基础指标、动态指标和奖惩指标下均设若干子项目指标，并设定相应的权重分值、案件系数及加减分标准，共同构成考核分值。考核指标的设置以定量考核为主，定性考核为辅，

① 访谈编号#20180125LF。

② 访谈编号#20180206JZ。

区分不同审判领域、不同工作岗位，对立案、刑事、民事、行政、执行和综合团队法官按条线考核，不跨领域比较。不同审判领域法官的定量考核指标均设定底线标准、警示标准与优秀标准，彰显考核的激励作用和司法的价值取向。同时，考核指标及权重的确定，反复征求员额法官及司法辅助人员的意见，不断修正和完善，充分体现对法官自主管理、自我发展的尊重，切实调动员额法官在考核中的积极性，防止过度行政管控伤及法官独立司法人格的养成。同一审判领域的案件系数折算，是根据过去已结各类案件的平均审理时间，由分管院领导和员额法官在充分讨论的基础上，对不同类型、不同难易程度的案件的折算系数形成共识后报考核领导小组同意并确定为考核计分依据。

（二）绩效考核要强化质量优先，兼顾效率效果

在对法官业绩进行考核的 3 大指标中，乐山中院根据指标特点及工作实际，在基础指标中，设置了审判质量、审判效率、审判效果 3 个子项目，具体设置了 7 个小项。首先对审判质量予以优先关注，将审判质量作为法官审判业绩考核的核心内容，主要考核案件质量和文书质量。配套建立了“问题案件”监督管理机制，由未入额的资深法官和专业法官会议成员组成“问题案件”监督管理委员会，通过发改案件、信访申诉案件、评查案件、信访举报、检察院抗诉和检察建议等途径发现问题案件，并对“问题案件”进行评查和处理。其次兼顾审判效率，设置了结案率、法定审限内结案率和长期未结案等考核指标，通过设定底线标准实行底线管理。在办案数量上，将不同审判领域法官平均办案数设为目标值，并通过结案率调控此指标，在案件逐年上升的情况下也要确保完成审判任务。在审判效果方面，将二审开庭率（申请再审听证率）、信访申诉及再审审查抗诉率设置为考核指标，亦实行底线管理。在动态指标中，主要设置了文书上网率、庭审直播数量、司法行为及作风规范情况等指标。在奖惩指标中，将调解撤诉率、优秀文书、优秀庭审等设置为加分项，将流程信息差错率、因审执工作失误造成重大负面影响等设置为扣分项，促进法官精品意识和工匠精神的养成。

（三）绩效考核要突出个人业绩，分层分类考核

为发挥审判团队自主管理、自我发展的作用，激发团队活力，促使团

队良性发展,也为建立和完善个人业绩档案,将其作为晋职晋级或者进入、退出员额法官的依据,一方面,将绩效考核的重点放在干警个人审判业绩的考核上,增加院长、庭长不同于其他法官的业绩考核指标和权重;另一方面,也赋予审判团队对员额法官和司法辅助人员内部工作情况的定性考核评价分值。

对法官、法官助理、书记员、执行员进行分类考核。分别制定了《法官绩效考核实施细则》《法官助理绩效考核实施细则》《书记员绩效考核实施细则》《执行工作考核实施细则》等相关制度。赋予审判团队法官对法官助理、书记员工作业绩的评价权。首先对法官助理的考核。主要考核各审判领域法官助理年平均协助办案数、草拟裁判文书数量、质量和裁判文书上网率等。此外,按照法官助理权利清单中明确的职责,对其工作不负责任,出现案件质量或瑕疵问题的,扣减相应分值。采取加分制,鼓励具有助理审判员身份的法官助理办理案件,以此提升业务能力。其次对书记员的考核。主要考核各审判领域书记员记录案件数量、质量、卷宗归档和科技法庭使用等方面。

(四)绩效考核要加强组织领导,强化结果运用

成立由院领导、审委会委员和资深法官组成的绩效考核委员会,负责考核工作。考核采用"1+1+1"模式,即实行月通报、季度考核和年度总评相结合,将考核过程和结果全公开。具体流程为:先由被考核对象自主评分,再由分管院领导、团队负责人、相关职能部门进行综合评价,报绩效考核委员会决定后,及时将结果反馈给被考核对象,并给予被考核对象足够的复核和申辩期。同时,我们还赋予分管院领导、团队负责人对相应员额法官和司法辅助人员的定性考核权限及分值,以强化院庭长管理。考核结果将是绩效工资分配、办案均衡把控、职级职务晋升、员额法官进退的唯一依据,发挥好业绩考评的指挥棒和度量衡作用。

第三节 生成程序自治:绩效考核的制定过程

绩效考核办法,作为落实司法责任制的一项中心环节,旨在解决"谁

来考核"以及"如何考核"的问题。就前者而言,中央相关政策及《法官法》已经明确提出建立"法官考评委员会",以此作为绩效考核的实施主体。真正关键的则是回答"如何考核"的问题。在前述思路的统领下,乐山试点法院的工作开始稳步推进,但由于"先行先试"的客观困难性,乐山试点法院开始了艰辛的探索。

乐山地区与成都地区、巴中地区一起作为司法体制改革第三批试点地区,选择了 S 法院、J 法院、M 法院作为基层法院试点。本次司法体制改革力度大、范围广、影响深,试点单位担负着先行先试、改革创新的重大任务。一方面,与司法体制改革中的其他制度,如人员分类管理、员额制改革、人财物省级统管等一样,绩效考核的方案也并无明确具体的统一安排,有赖于地方探索;另一方面,如前文所述,以司法责任制为核心的本轮司法体制改革,从制度建构逻辑上对绩效考核进行了结构性重塑,意味着对过往绩效考核思路、方式、路径、指标的扬弃成为题中之义,绩效考核方案也必须进行重新设计与整合。因此,地方试点法院的自主探索,变得尤为关键。乐山中院司法体制改革领导小组某负责人对此则有如下描述:

"乐山中院作为试点法院,接到任务之后,实际上内心都是非常忐忑的。所有的司改政策从中央层面上,都只是大框架,具体的框架意见都并未出台。在乐山中院接到司改试点任务几个月后,才收到中央政法委的框架意见(机要件)。不知从何入手,倍感压力巨大,只能自我探索。"①

基层试点单位对此亦感到任务的艰巨性。J 法院司法体制改革领导小组某负责人说:"2014 年 12 月,乐山中级人民法院党组把我院作为基层试点单位,但是当时中央政法委的框架方案都还没下来,但是司改的具体方案不知道怎么搞。省高级人民法院非常重视,召集试点单位开会,开了至少四五次会议。给交代的任务是,自下而上、先行先试,给四川省、中央提供试点经验,但四川已经属于第三批。对于人员分类、审判运行机制改革、人财物直管,到底如何设计方案是直接面临的问题。其

① 访谈编号#20180125LF。

中，人员分类以及最终如何管理评估，是最大的困难。”①

与此同时，司法体制改革作为一项系统改革，每项制度改革的着手落实之间虽有先后顺序，但无法相互独立。就工作绩效考核来讲，正如前文所述，绩效考核是作为司法责任制落实的重要环节而存在的，当法官入额、人员分类管理、审判团队搭建之后，绩效考核的重要性便会凸显出来。乐山中院研究室某负责人描述了法官工作绩效考核在乐山中院落实的整体过程：

“在2016年5月之前，司法体制改革的主要着力点在于落实司法责任制、如何选拔员额法官以及人员分类管理的工作，对绩效考核制度并未特别关注。在2016年9月之后，才开始着手落实这一工作。这一工作的推行，实际上也是从上到下的推动，要求全省在2016年年底全面推开。”②但囿于传统的行政化的绩效考核办法，并未适应司法权力运行规律，在新一轮司法体制改革的背景下就无从照搬借用，因此，一开始基于过往惯性与路径依赖的考核办法制定，便遭遇了危机，“接到任务后，分管副院长要求司改办、研究室提供拟定绩效考核的初步方案。但这是一种全新的探索，一开始的方案并未得到领导的认可”。③

具体的绩效考核方案制定过程则是：

一、对外借鉴参考

“先试点再推广”是我国许多制度“从政策到规范”的重要形成路径，已经成为我国治国理政的独特策略和政策方法论。从类型上来看，试点可分为“探索型试点”“测试型试点”“示范型试点”，分别对应全新政策方案的设计、既有方案的进一步调整与完善、成熟方案的积极效果展示。④ 作为司法体制改革第三批试点单位，乐山中院的司法体制改革探索，整体上杂糅了3种试点模型。从绩效考核方案的拟定来看，既有

① 访谈编号#20180206JZ。

② 访谈编号#20180106LH。

③ 访谈编号#20180106H。

④ 参见周望：《中国“政策试点”研究》，南开大学周恩来政府管理学院2012年博士学位论文，第87~93页。

前期试点单位的方案可资借鉴，但这类方案本身是否符合乐山实际，又存在持续探索的必要。

访谈中，乐山中院司法体制改革领导小组某负责人对此有所介绍："当时，我们两个分管副院长，虽然各管一块，但其实相辅相成，相互之间进行了充分交流和意见交换。在明确整体现状之后，我们下定决心首先向其他地市州广泛学习。我们分别通过各种渠道向上海、广东、湖北、云南（第一批试点）、贵州（第一批试点）、北京等法院学习，拿到了比较完整的第一批试点的资料。但这种借鉴与学习并非试图照搬，而是试图结合自身实际进行削减，取长补短，甚至是吸取经验和教训。例如，湖北恩施的法官进行了相应的自主管理，由法官自己讨论系数折算的方法。虽然这是一个基层法院的创新做法，但我们感觉这种方法确实很好，我们就予以借鉴和学习。另外，某省的入额考核的分值计算标准在初始探索中，并未保证资深法官入额，造成了较大的争议，由此给我们提供了可吸取的教训。"①

二、结合实际设计

制度设计必须因地制宜，这不仅是一项制度真正落实的基础，从试点角度来讲，也是提炼典型意义，归纳典型经验的必要前提。例如，在四川省高级人民法院的设计中，便根据四川省的实际情况对绩效考核的中央框架进行了调整和设计：

"我们在进行绩效考核设计时，重点考虑了四川省的实际情况，并且在最终的方案中体现了四川特色。比如，我们设计了案件的权重系数，分了案由、划分固定系数和浮动系数，并强调通过技术手段精细管理；此外，我们还主要参考入额时的定案量确定了办案任务，并非常强调今后绩效考核结果的实际运用问题。"②

同理，乐山法院绩效考核方案的成型，必须贴合乐山实际，方才具有落实可能。在向其他省市的法院学习借鉴了绩效评估方案在内的司法

---

① 访谈编号#20180125LF。

② 访谈编号#20180306SJ。

体制改革经验后,乐山中院进行了两方面的详尽分析。

第一,是对人的分析。与绩效考核紧密相关的员额法官与人员分类管理问题,是分析的重点,其中乐山境内存在的少数民族地区法院人员问题,是具有典型性与特殊性的问题。

"虽然'以案定额'是一项基本方法,但在具体情况中可能并不绝对适用。例如,乐山市境内的M县、峨边等少数民族和边远地区,重要的可能并非案件多少的问题,而是民族地区的人员流失与彝族地区的稳定问题。因此,我们解决方案是提出'以岗定员',与此同时要保留具体的彝汉双语人员的名额。尽量保证在法院各个窗口和部门,要有懂彝语的法官,特别是立案庭、法警队等都要有所保证。"

第二,是对案件的分析。司法责任制须落实到法官依法独立审判案件之上,案件本身既是法官工作的具体标的,也关涉当事人的合法权益。如何保证对案件的审理在保障上的制度化与科学化,是必须考量的现实问题。乐山中院对此进行了深入的分析。

"我们对全市的案件收结案情况,案件类别等进行了深入调研与分析。只有依照于这样深入的调研,才能确定审判团队如何搭建。由于39%的员额一旦确定,变动的难度变大,如果一旦审判团队的构建搭配不当,将严重影响案件审理的质量与效率。就法院管理者而言,如何通过司法体制改革,把质量与效率管控起来,才能使司法体制改革的目标真正落地与实现。"

结合对人对案的分析与地方实际,乐山法院的考核指标设计颇具特色:宏观上,设计了基础指标、动态指标、奖惩指标。将上级法院要求的数量、质量、效率、效果的考察归入基础指标,并对其他围绕审判质效的工作依照其重要程度、难易程度、科学合理要求布置在其他指标中。微观上,某些具体指标结合地方实际,发挥试点法院的主动性,设置了区别于上级法院的相关指标要素。例如,对"服判息诉率"的考核,虽然上次法院仍然将之设置为考核指标,但乐山中院则并未直接设置这一指标,改为考核上诉率、申诉率等指标,上级法院对此方案亦给予了充分尊重。

三、意见讨论征求

乐山法院的司法体制改革方案,还秉持了“开门搞司改”的理念。为最大限度地实现群策群力,乐山中院向市政协专题汇报,并借助这一平台召集了政协委员、资深律师等对司法体制改革提出具体意见。同时,邀请国内的著名学者,如顾培东教授等到法院开展司法体制改革精神传达、方法论证等的宣讲活动。总的来看,乐山法院的这些努力,收到了相应的效果,一方面使全院上下对司法体制改革的目标、体系、方法、路径等有了较为清晰的认识;另一方面使社会各界,特别是党委、人事、财政等其他单位了解了法院正在进行的司法体制改革,营造了司法体制改革的社会氛围。

需要注意的是,由于绩效考核,特别是法官入额的初始考核涉及法院人员的重大利益调整,法院队伍的稳定是管理者必须考虑的重点问题。乐山中院司法体制改革领导小组某负责人对此有充分的认识:

“由于涉及利益的广泛调整,必须做好人的工作,这是第一位的。对内要让法院全体干部人人知晓司法体制改革,例如,让法官人人学习并勾画选择、确认案件如何分类;召开若干会议,院领导与一线法官、庭长交流;院长要求自己跟每个中层干部谈话,每个分管领导与分管条线的干部谈话,做到‘人人见面’。例如,案件分类问题,我们就广泛听取了法官的意见,以防止出现忙闲不均,而这恰恰又涉及到绩效考核。”①

绩效考核方案的具体拟定亦是如此,必须尽可能的是法官对涉及自身利益调整的事项予以知晓。乐山中院研究室某负责人描述道:

“绩效考核办法的初始方案,我们通过内网向法院每一位成员进行了发放。并且我们多次召开意见征求会,想各部门征求相关意见。但事实上,各部门在一开始并没有提出什么意见。”“但是,案件折算,特别是折算的标准征求意见较多,收到了不下十次的意见反馈,综合考量真实工作量、案件难易程度、工作时长等因素。”②

---

① 访谈编号#20180125LF。

② 访谈编号#20180106LH。

四、党组集体决定

司法体制改革遵循着从政策到制度的发展规律,从试点单位的角度来看,只有相应的政策框架,没有具体的行动指南。在这中间,法院管理者的角色扮演着重要的作用。“在当代中国法院院长的多元角色期待中,管理家处于核心地位。……其活动大致包括‘审判管理’与‘司法政务管理’两大场域。”①因此,抛开绩效管理的具体设计而言,其本身作为管理的重要手段,必然凝集着法院院长等管理者的逻辑与思维。这一点,在我们的访谈中亦得到验证:

“在只有政策框架的前提下,又加之各个法院的情况并不一致,一把手的管理理念与管理思路也不尽相同。换句话说,一把手想怎么管,就变得格外重要。总的目标是要达到司法责任制的要求,那么具体的制度方案怎么设计?这必须有一个框架性的思路。我们院党组的观点是,不能‘一刀切’。”②

此处所言的党组集体决定,显著区别于旧式绩效考核的强制推行。因为,此处的党组集体决定的前提,是绩效考核方案本身已经经过基层法官的反复措施与意见征询,党组集体决定的对象本身已经充分凝集了自治与民主的元素,决定本身一是担负起领导层本身的政治决定职责;二是在制度设计公平与制度设计效率间寻求一个连接点,通过集体拍板,使绩效考核草案变为可堪适用的具体方案。

五、上级法院把控

政策试点的技术性目标,在于通过将政策方案放到具体的地区或部门进行实践操练,并吸取现实的经验和知识,从而对全局性的政策实施有所助益,这一运行机理可总结为“吸收—辐射”。③ 观察本次司法体制改革的试点过程,不难发现试点单位的层次化、结构化特征。四川作为

---

① 左卫民:《中国法院院长角色的实证研究》,载《中国法学》2014 年第 1 期。

② 访谈编号#20180125LF。

③ 参见周望:《中国“政策试点”研究》,南开大学周恩来政府管理学院 2012 年博士学位论文,第 145 页。

中央的司法体制改革试点地区，乐山作为四川省的试点地区，乐山S区、J县、M县又作为乐山市的试点地区，这种层次递进的试点结构，使司法体制改革的每一项试点成效均受到了相应的管理与把控，“吸收—辐射”的中心节点增多。

虽然最高人民法院在《人民法院落实〈保护司法人员依法履行法定职责规定〉的实施办法》中明确，“考核的指导意见由最高人民法院统一制定，各级人民法院结合辖区实际进一步细化，并报上一级人民法院备案。”但事实上，由于本次司法体制改革的全局性，以及作为全国深化改革的重要一环，司法体制改革的相关方案在省级层面进行了层级提升。

“2016年3月，司法体制改革正式推开。四川省委政法委组织牵头做了法检两家的方案，经过省委常委会同意通过，以四川省委的名义，将四川试点的方案报给了中央深化改革领导小组。”①

同时，作为试点的结构性环节，下级法院的试点方案实际上都受到上级法院的过程控制，而非简单的报上级备案。例如，乐山中院的司法体制改革方案成型后，作为试点法院的成果向上级法院进行了报送，上级法院则将试点法院的经验传送其他法院作为制定的参考。这是典型的“吸收—辐射”的过程。但上级法院的过程控制，事实上精细到了每一个具体的环节。乐山中院的绩效考核方案中，曾设计使用“错案率”作为差错案件的评价指标，但上级法院并未采纳这一建议，并沿用了“发改率”的指标与做法。

“省高院并不强制要求必须采用他们设定的方案，但是对他们要求必须放置的指标就放置进去，具体的比例设置交由我们自己确定。但是，我们的方案，他们要进行审核。”②

需要说明的是，此处只是从程序上对上级机关的把控作出描述，形成制度生成的封闭链条。但其内容主要表达的是顶层设计对自治方案的边界划定与权力把控问题。

---

① 访谈编号#20180306SL。

② 访谈编号#20180125LF。

第四节　指标内容自治:绩效考核的规则内涵

一、指标体系的自主设计

最高人民法院的对绩效考核的范围划定在数量、质量与效果。最高人民法院制定印发的《法官、审判辅助人员绩效考核及奖金分配指导意见(试行)》要求,设置绩效考核奖金发放主要依据责任轻重、办案质效、办案数量和办案难度等因素,体现工作实绩,向一线办案人员倾斜。2017年4月7日,最高人民法院常务副院长沈德咏在"全国法院司法责任制督察整改情况通报暨推进案件繁简分流机制改革视频会议"上的讲话中强调,"各地要根据《法官、审判辅助人员绩效考核将近分配指导意见》,建立完善与办案数量、质量、效果直接挂钩的绩效考核奖金分配方法"。

因此,在这样的顶层框架下,在对绩效考核办法进行具体设计时,如何妥当安置各类数据指标、合理设计系数与权重,成为地方试点法院发挥自主性的重要方面。例如,四川省高级人民法院在数量、质量、效果之外,还增加了对效率的考核,而这种设计作为一种上层约束,被复制应用到包括乐山法院在内的中级法院和基层法院。但是,对考核范围的限定,仍然留有自主设计的空间。换言之,中央和省级法院对范围的限定,并没有直接点明考核的具体指标以及这类指标在考核体系中的权重、乃至指标本身的数值。可将四川省高级人民法院本院机关的法官绩效考核办法与乐山中院的考核办法作一对比:

首先,四川省高级人民法院对本院机关的法官绩效考核,将4项指标并列设计,4项考核范围加总占考核总分的90%,另加团队考核10%作为对前述指标的综合评价。其中,数量占比50%、质量与效果合计30%、效率占比10%。可初步总结为,在四川省人民法院的考核体系中呈现如下特点:(1)对数量的考核最为关注;(2)将质量与效果统合考察;(3)对效率的考核放在最次要的角度予以考虑,如表6-1所示。

表 6－1　四川省高级人民法院院机关法官绩效考核①

项　目	指标名称	考核内容及方式	分　值
办案数量考核(50分)	办结案件数量及案件权重系数	完成基本办案任务,按照有关案件权重系数的规定,所办案件的权重系数之和为最终得分(超过 50 分的,以实际得分为准)。超额完成基本办案任务的,每超 1 件(折后)加计 0.5 分。承办法官申请调整案件并被批准的,每件(次)扣 0.5 分。 庭长超额完成年度基本办案任务的,在全院法官办结案件权重系数平均得分基础上,增加超额办结案件的权重得分,且每超额 1 件(折后)加计 0.5 分。	50
办案质量与效果考核(30分)	质量评查情况	在裁判文书评查、庭审考评、案件质量评查中,被认定为存在违反法律、司法解释规定情形,实体判决明显错误的案件,每件对负有责任的法官,扣 4 分。区分主次责任的,承担主要责任的扣 4 分,承担次要责任的扣 2 分。 经评查认定在审判程序、事实认定、法律文书制作方面存在重大瑕疵,每件对负有责任的法官扣 2 分。区分主次责任的,承担主要责任的扣 2 分,承担次要责任的扣 1 分;存在一般瑕疵,且裁判结果正确的案件,每件对负有责任的法官扣 1 分。区分主次责任的,承担主要责任的扣 1 分,承担次要责任的扣 0.5 分。 质量评查情况的基础得分,以文书评查、庭审考评的平均得分乘以 12% 计算。 评查案件的范围,包括法官办理的所有案件。	12
	改判发回重审情况	无案件被改判、发回重审、指令再审或决定再审计 6 分。 一审案件被二审改判、发回重审,两件以内的每件扣 0.5 分,从第 3 件起,每件扣 1 分。 生效、复核案件被改判、发回重审、指令再审或决定再审,两件以内每件扣 1 分,从第 3 件起,每件扣 2 分。 因出现新事实、新证据、新法新规或因政策原因而改判、发回重审、指令再审或决定再审的除外。	6
	服判息诉率	服判息诉率达 90% 及以上计 4 分,70% 以下不计分,计分区间内按实际值相应赋分。	4
	信访投诉率	信访投诉率 10% 及以下计 4 分,30% 以上不计分,计分区间内按实际值相应赋分。	4
	社会效果	办案工作未造成不良社会影响的,计 4 分。因办案工作造成负面社会影响,受到通报批评的,每件扣 2 分。	4

① 参见四川省高级人民法院关于印发《院机关员额法官、审判辅助人员绩效考核实施细则(试行)》的通知(川高法〔2017〕64 号)。

续表

项　目	指标名称	考核内容及方式	分　值
办案效率考核(10分)	结案率	结案数达到政治部门规定的年度办案目标任务,且结案率在部门整体结案率上下10%幅度内的,计1.5分;高于部门整体结案率10%的,加计0.5分;低于部门整体结案率10%以上的,扣0.5分。结案率低于60%的,当年结案率不计分。	2
	长期未结案件办理	年末无1年以上长期未结案件或长期未结案件化解率达100%的计4分。年末存在1年以上未结案件的,每件扣0.2分。存在3年以上未结案件的,每件扣1分。存在5年以上未结案件的,每件扣2分。未结原因为管辖权异议、评估鉴定拍卖、公告、须以另案结果为依据的除外。	4
	拖延办案责任	不存在故意拖延办案或因重大过失造成的效率低下的,计4分。经考核认定存在故意拖延办案情形,尚不需要追究办案责任的,每件扣1分;因重大过失延误办案的,每件扣0.5分。	4
审判团队运行评价(10分)	调研指导	按照工作安排,完成相应的调研指导任务,团队内每位法官加计0.5分;形成调研成果或出台具有审判业务指导性质的规范性文件的,每项承办人计2分。	7
	裁判文书公开	裁判文书上网率达100%计1分,80%以下不计分,计分区间内按实际值相应赋分。	1
	庭审公开	在庭审公开网公开庭审的,每1件审判长计0.1分、其他合议庭成员计0.05分。庭审直播的,每1件审判长计0.2分、其他合议庭成员计0.1分。	1
	案例指导	按照研究室规定的案例报送要求,每年报送3件以上典型案例,团队内每位法官计0.5分。	0.5
	教育培训	在网上法官学院在线学习达到规定学时的计0.5分。	0.5
加分项(10分)	调研或学术获奖	获得全国法院系统学术讨论会一等奖、二等奖、三等奖、优秀奖的作者,分别计2分、1分、0.8分、0.5分;获得全省法院系统学术讨论会一等奖、二等奖、三等奖的作者,分别计0.5分、0.3分、0.1分;多名作者的平均分摊计分。获得全国法院重点调研课题一等奖、二等奖、三等奖、优秀奖的,课题组成员按总分2分、1.5分、0.8分、0.5分平均分摊计分;、获得全省法院重点调研课题一等奖、二等奖、三等奖、优秀奖的,课题组成员按总分1分、0.8分、0.5分、0.3分平均分摊计分。同一调研成果获得上述多项奖励,按最高值计分,不重复计分。	4

续表

项　目	指标名称	考核内容及方式	分　值
加分项（10分）	优秀裁判文书、优秀庭审评比	案件承办人获得全省优秀裁判文书、优秀庭审、庭审标兵等表彰奖励的，每项（次）计1.5分；优秀裁判文书、优秀庭审的其他合议庭成员，每项（次）计0.5分。	3
	入选指导性或参考性案例	入选最高法院指导性案例的承办人、编写人分别计1分，其他合议庭成员分别计0.5分；入选省法院参考性案例的承办人、编写人分别计0.5分，其他合议庭成员分别计0.25分。	3

其次，乐山中院则结合数量、质量、效率、效果四个基础框架，设置了不同于省高级人民法院机关累加制的考核方式。乐山中院对此有着前瞻性的探索，他们认为：

“在对绩效考核办法进行设计时，秉持了三大原则，即简便易行、科学合理、公平公正。秉持上级的要求，从绩效考核的内容上都是一样的，都是从数量、质量、效率、效果四个方面进行设计。但在具体指标的设置摆放上则有不同的考虑。大部分法院的考核办法都是累加式的，如办一件案件折算为多少工作量，得多少分，逐次累加。我们在参考借鉴过程中发现，上海市第二中级法院采用的动态奖惩方案更加合理，因此，予以了借鉴。我们在设计绩效考核方案时，就以平均数作为了基准数，首先折算出各个条线法官办案的平均数量，然后再上下浮动，达到平均数量则有基础分值，超过平均数量则加分，未达到的就减分。这样的优点则在于，激励法官一直办案，防止为达到基本要求后就中断办案。”①

乐山中院参考北京司法体制改革的动态考核指标的设置，吸收了“动态管理”这一理念，贯穿到了绩效考核的全过程。在乐山中院关于考核体系的探索中，员额法官的“大小动态”考核最为瞩目。“小动态”是由法官根据案件类型、难易程度自主决定案件折算标准，实现办案量的精准考核，激发其内生动力，鼓励法官多办案、办难案；“大动态”是院党组根据地方经济社会发展趋势、重点工作和法院队伍状况，精准调节考核指标，引导法官主

① 访谈编号#20180106LH。

动找差距、补“短板”,提升司法能力,自觉适应时代发展需要,服务和保障工作大局。①

第一,是在绩效考核框架中设置了动态指标。乐山中院的考核办法汇中,将裁判文书上网差错情况、庭审直播数、司法行为及司法作风、调研指导、典型案例这五项设置为动态指标。

第二,是动态指标内容本身的动态化设计。动态考核指标来源于乐山中院对北京等先行试点单位的学习与借鉴,但在此过程中又有所发扬。

“我们吸收学习了北京‘动态管理’这一理念,但我们进行了不同的设置。它的动态管理指标项本身一经确认并不调整,而我们则希望根据当年工作方向确定新的动态管理指标,因此属于更加宽泛的设置。”并且,“对法官的绩效考核,要扎根中国改革的土壤中,要顺应时代的发展,与时俱进,结合每年法院要求法官参与的工作进行比对。例如,我们前瞻性的觉察到庭审直播会作为司法公开工作的标志,于是,我们在2017年的动态指标中,将庭审直播的指标纳入,并要求院庭长参与庭审的案件件件直播,最终产生了积极的效果,乐山法院的庭审直播率、文书上网率都名列前茅。但应当意识到,当直播、文书上网成为一种习惯后,这些指标的考核就成为不存在与不必要的,反过来证明动态调整的必要。”②

乐山中院的考核方案,如表6-2所示。

表6-2 乐山市中级人民法院院机关法官绩效考核方案

项目		指标	考核目标值	考核内容	分值
基础指标(80分)	数量(25分)	办案数	条线平均	以省法院规定的年度目标办案任务(65件)为底线办案任务。完成底线办案任务,按照各条线案件权重系数的规定,折算各审判领域法官年平均结案数,达到平均值的得25分,每增加1%加0.3分,每减少1%扣0.3分。	25

① 参见黄卓、梁涛美:《法院司法体制改革的“乐山经验”》,载《四川法制报》2017年10月19日,第14版。

② 访谈编号#20180125LF。

续表

项　目		指标	考核目标值	考核内容	分　值
基础指标(80分)	质量(20分)	质量评查情况	—	在裁判文书评查、庭审考核、案件质量评查中,被认定为存在违反法律、司法解释规定情形,实体判决明显错误的案件,每件对负有责任的法官,扣4分。区分主次责任的,承担主要责任的扣4分,承担次要责任的扣2分。 经评查认定在审判程序、事实认定、法律文书制作方面存在重大瑕疵,但裁判结果正确的案件,每件对负有责任的法官扣2分。区分主次责任的,承担主要责任的扣2分,承担次要责任的扣1分;存在一般瑕疵,且裁判结果正确的案件,每件对负有责任的法官扣1分。区分主次责任的,承担主要责任的扣1分,承担次要责任的扣0.5分。 质量评查的基础得分,以文书评查、庭审考核的平均得分乘以14%为质量评查得分。 评查案件的范围,包括法官办理的所有案件。	14
		改判发回重审情况	≤2%	无案件被改判、发回重审或指令再审计6分。 一审案件被二审改判、发回重审,与所审结案件占比在2% ~5%之间的每件扣0.5分;占比超过5%,每增加1件加扣1分。生效、复核案件被改判、发回重审或指令再审,与所审结案件的占比在2%以内的,每件扣0.5分;占比超过2%,每增加1件加扣1分。 因出现新事实、新证据、新法新规或因政策原因而改判、发回重审、指令再审或决定再审的除外。	6
	效率(25分)	结案率	90%	结案率达到90%的得12分,每增加1%加0.3分;每减少1%扣0.3分。	12
		法定审限内结案率	100%	承办案件全部在法定审限内结案的得5分,每减少1%扣0.5分。(扣除不计入审限的期间,含以撤诉方式结案的案件)	5
		长期未结案	≤2%	长期未结案数量不超过2%的得8分,每增加1件扣1分,扣完为止。	8

续表

项目		指标	考核目标值	考核内容	分值
基础指标(80分)	效果(10分)	二审开庭率	75%	二审开庭率达到75%的得5分,每增加1%加0.2分;每减少1%扣0.2分,扣完为止。(程序性案件除外)	5
		再审审查抗诉率	≤2%	再审审查抗诉率不超过2%的得3分,每增加2%扣0.5分,扣完为止。	3
		信访申诉率	≤5%	信访申诉率不超过5%的得2分,每增加2%扣0.5分,扣完为止。	2
动态指标(20分)		裁判文书上网差错情况	—	裁判文书上网不存在差错的得满分,由法官决定裁判文书是否上网公开出现差错的,每错1件扣0.5分,扣完为止。	5
		庭审直播数	10件	庭审直播数量达到10件的得5分,增加1件加0.5分,上限5分;减少1件扣0.5分,庭审直播出现差错撤回1件扣0.1,扣完为止。	5
		司法行为及司法作风	零失范	在司法行为和司法作风方面不存在违反规定的情形,得5分。每出现1次违反要求的行为,扣0.5分,扣完为止。	5
		调研指导	1篇	按照工作安排,完成相应的调研指导任务的得1分,形成1篇以上调研成果并被研究室采纳或推荐报送至其他单位的,或者形成具有审判业务指导性质的规范性文件的,加计2分。多名人员共同完成的,平均计分。	3
		典型案例	2篇	按照研究室规定的案例报送要求,每年报送2件以上典型案例的,得2分,每少1件扣1分。	2

续表

项目		指标	考核目标值	考核内容	分值
奖惩指标	奖励项	调撤率≥20%		每增加1%加0.2分。	5
		优秀文书、优秀庭审		被评为优秀文书、优秀庭审等的,国家级加5分,省级加2分,市级加1分。同一内容获得多项奖励,以最高计,不重复计分。	5
		优秀调研成果		所著调研文章获得奖励的,国家级加5分,省级加2分;或在法律类中文核心期刊上公开发表的,计5分。多名作者联合署名的,各作者平均计分。 入选省法院参考性案例的,承办人和编写人分别计4分,入选最高法院指导性案例的,承办人和编写人分别计8分。其他获评典型案例,省级加2分,国家级加4分。多名作者联合署名的,各编写人平均计分。 同一内容获得多项奖励,以最高计,不重复计分。	无上限
	惩罚项	流程信息差错率≤2%		流程信息差错率不超过2%,每增加5%扣0.2分。	5
		重大负面影响		按照《关于审判人员拖延办案责任追究的暂行规定》,故意拖延办案,尚不需要追究办案责任的,每件扣1分;存在重大过失造成效率低下的,每件扣0.5分。 因法官在处置重大敏感案件过程中,存在瞒报、漏报、缓报情形,或拒不执行工作方案,影响重大敏感案件妥善处置的,造成严重后果的,或者因不按工作流程进行处置,导致案件处理出现差错的,每件案件扣5分。	5
年度考核不计分情形		1.无正当理由未完成基本办案任务的; 2.按照司法责任制有关规定被追究违法审判责任的; 3.在党纪、政纪规定的处分影响期内的。			
特别规定:院领导及综合审判部门法官,认真履行相应工作职责,按照《乐山市中级人民法院关于落实司法责任制的实施办法》规定的办案比例完成办案任务,无年度不计分情形的,以全院法官平均分为绩效考核得分。审判业务庭庭长,认真履行相应工作职责,按照《乐山市中级人民法院关于落实司法责任制的实施办法》规定的办案比例完成办案任务,无年度不计分情形的,以本庭法官平均分为绩效考核得分。立案一、二庭庭长及法官,认真履行相应工作职责,按照政治部核定的年度目标任务完成办案任务,无年度不计分情形的,以全院法官平均分为绩效考核得分。					

一方面，整体结构上，数量、质量、效率、效果四项必须考核的指标，总计占比 80%，但只作为基础指标。同时加入了 20% 权重的动态指标，作为对基础指标的补充和调节。此外，还设置了奖惩指标，对一些并非关涉司法审判实体质量本身的引导性事项纳入考核，但不作硬性要求，体现了较强的灵活性，是乐山中院的一大创新。

另一方面，在四项指标的权重上，数量与效率占比最高，合计 50%，但两者比例相同，说明乐山中院的考核体系最为重视数量与效率。对质量的考核占比 20%，虽比数量与效率的考核占比低，但并未有特别巨大的差异。对效果的考察仅占比 10%，可见是被放在最次要予以考核，而效果考察的诸项指标在我们的调研中为一线法官反映最为强烈。

二、分值比例的自主确定

除了指标体系的设置可以发挥巨大的设计自主性以外，具体分值比例的设计亦有相当的自主空间。虽然对基层法院来说，由于其处于制度执行的末端，这样的自主空间已经被积压得相对较小。但调研中我们发现，基层法院对具体指标的考核比例与数值仍有一番别样的考虑：

第一，考虑指标的激励导向与法官的承受能力之间的平衡问题。S 法院详细阐述了它们在绩效考核指标设计中的考虑："虽然整体指标设置的框架是来自上级法院，但以基础办案量这个数据为例，我们的设置就比全省的标准高了 10 件。这是根据前一年受理案件数与结案数的情况计算拿出来的，当时担心如果把基础办案量设置得低了，法官达到基础办案量后就拒绝继续收案。超额加分的设定比例，是 1% 还是 2%，也是经过测算的。基本办法就是用乐山中院的框架性方案去测算之前的工作，做了一次模拟测算，看有没有大的出入，是否有畸高或者畸低的情况。希望实现既能体现差距又能保证合理与公平的设计目标。"①

第二，对司法规律以外的其他要素的考虑，也客观上影响了分值的项目也分值的具体设定。例如，J 法院在绩效考核中，主要思考和试图解决如

① 访谈编号#20180209SW。

何准确评价一个法官的工作任务量。[①] 但在另外一个基层试点法院,则将本不属于法官工作绩效考核但又有所关联的考核纳入其中。例如,某试点基层法院在对"效率"的考核中,借鉴了四川省高级人民法院系统"两个一流"考核的要素,增添了"平均审理效率"指标,规定审理的三分之一为高效,高效案件达到50%方能获得基础分,超过加分,不足减分。关于类似的指标设置的考虑,M法院领导的说法是:

"大部分的指标体系来自于省市法院,最早的绩效考核办法中并没有纳入其他属于县市地方中心工作的考核项目。但在省高级人民院领导到本地调研的时候,我们邀请了县委县政府的领导一起参与调研,就反映出一个问题:有些属于当地县委县政府中心工作的事项,如党建、精准扶贫等,如果不纳入绩效考核范围,法院就直接选择不去做这类工作,对法院来说参与地方经济社会发展的任务就无法完成,因此,我们将这个指标纳入到了绩效考核中来。"[②]

"另外一个问题是,压力下放与任务分解。省市法院对基层法院有'两个一流'的考核,虽然是对整体和团队的考核,但这些指标要分解到法官头上。一个重要的原因是,以改判发回重审率为例,我们法院本身案件就很少,要达到相关的比例,可能1~2件案件的改发,就会造成该项考核的比例不达标。因此,我们将'两个一流'的相关指标分解到每个法官的绩效考核办法中去。"[③]

第三,基层自主性的发挥体现出空间有限、就高不就低的特点。换言之,存在绩效考核指标层层加码现象。例如,某试点基层法院将"调撤率"定为75%,这一指标的设定则完全来自其自主选择,与之对照,乐山中院的调撤率指标控制在≥20%并仅仅作为"奖惩项"。虽然这样的差异,很大程度上来自法院审级的不同造成对调撤率的需求不一,但深入检视这一具体数值如何得以确立,却不仅关涉评价这一指标是否科学,而且也便于观察影响基层法院工作绩效考核指标设定的具体因素。对此,M县法院司法体

① 访谈编号#20180206JZ。
② 访谈编号#20180201MP。
③ 访谈编号#20180201MZ。

制改革领导小组某成员有如下阐释:

“关于调撤率达到75%的指标是我们自己定的,在司法责任制之下的法官绩效考核框架中,对此上级没有给定相应的范围或底线。我们将其设定为75%,主要是考虑到四川省法院系统‘两个一流’的考核。比如,如果在此基础上有调撤率70%、结案率90%的要求,我们就适当上浮。”①

第五节　结果调整自治:绩效考核的动态完善

一、绩效考核实施中的问题

(一)员额法官绩效考核

1.“服判息诉率”问题

例如,在民事案件中,上诉是当事人的法定权利,对服判息诉率指标,很难通过法官的主动性发挥予以完成。

“服判息诉率95%已经是很难完成的一个指标,基层法院很难再加码完成。本身很难为了完成这个任务,法官大多通过判后释疑程序,向当事人讲解为什么这样判决等,相当于做思想工作。通常情况下,这一任务基本上能完成,但不一定都是得到这一项的满分。中院主要是二审案件,一审案件比较少,所以对服判息诉率的考核不如地方法院那么严格。”②但另一位法官则认为,“判后释疑工作对法官来讲是重复工作,根本起不到什么作用”。③

一名从事行政案件审判工作的受访法官谈道:“行政案件当中,当事人与行政机关做抗争,一般从一开始就打定主意要死磕到底,愿意穷尽所有的法律程序,包括上诉、申诉、抗诉等救济途径。因此,在行政案件中,服判息诉率根本无法为法官掌控,并非法官的能力问题或者态度问题。”④

---

① 访谈编号#20180201MP。

② 访谈编号#20180126LL。

③ 访谈编号#20180126LY。

④ 访谈编号#20180126LL。

一名从事刑事审判工作的受访基层法官谈道："上诉是当事人的合法权利，特别是在上诉不加刑的原则下，当事人往往倾向于上诉，这个比率实际上是法官无法掌控的问题。通过判后释疑工作，在全年案件中也仅有2～3件做通了工作。"①

一名从事交通事故审理工作的受访基层法官谈道："我们审理的交通案件大多涉及保险公司，而保险公司基本上都有能力、有意愿把诉讼程序走完。去年个人办理了100多件案件，上诉了十多二十件，真正改判的只有1件。而且90%以上都是保险公司提起的上诉。"②

在对四川省高级人民法院法官的访谈中，他们提到了为何设置"服判息诉率"这一指标：

"从2008年起，法院系统开始推行案件质量评估体系，将"上诉率"的考核改为"服判息诉率"，之所以到现在仍然一直保留这一指标原因，一方面，存在领导的意志，因为每年法院领导向人大进行报告时，对此数据都很重视。另一方面，则是从管理的角度，虽然有意见认为可能不符合司法审判的规律，但从审判管理的角度是能够看出一些问题，还是能够反映一些法官的工作。"③

2. 调撤率问题

乐山中院一名受访法官认为应当再降低调撤率作为奖励指标的门槛。"绩效考核中，将调撤率作为了奖惩指标，但是，却对它仍然设定了基数，要≥20%。但我认为不应该设定基数，既然是一种鼓励和倡导的指标，那么就应当调撤一件就加分一件。特别是不同的案件，调撤的可能性是不同的。法官在处理案件当中，除了调解就是下判决，应当是鼓励调解或撤诉，而非设定指标。设定之后，将其作为任务来完成，可能存在导向上的问题。"同时，该名法官还认为，调撤率指标与其他法律之间可能存在冲突与矛盾，"例如，法官投入精力去完成调解，就有可能影响审限的完成，最终影响结案率。并且结案率作为主要的基础性的考核指标，很多法官并不愿意

---

① 访谈编号#20180201MJ。

② 访谈编号#20180207JY。

③ 访谈编号#20180306SJ。

去做调撤率的工作。”①

调撤率的问题可能在不同的庭室具有不同的作用,是否能够起到真正的导向意义是存在疑问的。一名立案庭的基层法院受访法官则表示,“立案庭工作的特殊性,让我充当了一个过滤机制的作用,来的案件我进行庭前调解工作,能够调好的则直接以调解结案,调不好的就进行登记立案,分给其他业务庭。因此,我的调撤率达到了100%,并且规定的24件案件量,我实际完成了49件。”②

3. 办案件数工作量核算的科学性问题

第一,乐山中院在一审案件与二审案件工作量上的差异性。乐山中院知识产权与环境资源审判庭一名受访法官谈及,“例如,现在是一件一审案件=1.5个二审案件。现在是宁愿办两件二审,不愿意办一件一审。因为,二审法官同样要对一审的全面审查,要全面过一遍一审的思路,但是从工作量来说,包括查明事实、本院认为等部分,可以节省许多工作量。而一审案件的文书,要从头到尾撰写,从精力投入来讲,至少应该是二审案件的1倍以上。而本庭在全院一审案件中所占比例是最多的,去年达到50%以上,对此我们深有感悟。”③

第二,不同的案件类型在工作量上的特殊性。前述法官谈到,刑事法官做了大量的工作,但一件刑事案件到底应当折算为多少系数,确实应当科学判断。再如执行案件,过去一年能办20件就已经不错了,但如果按照65件的标准件数,那就差得远。那么执行案件的折算系数又该是多少呢?④

另一名未入额的法官助理也提及这一问题:“如何科学考察法官的办案工作量,是一个大问题。比如,我们承办了一个黑社会案件,涉及13个被告,42起犯罪事实,工作量相当于42个一审案件,3个人分工合作,工作了1年,判决书都300多页。但是按照绩效考核办法,只能最多顶格算4个

① 访谈编号#20180126LY。

② 访谈编号#20180201MY。

③ 访谈编号#20180126LL。

④ 访谈编号#20180126LL。

案子。”①

在对试点基层法院的访谈中，从事刑事审判的法官对这一问题的反映尤为突出。“绩效考核对刑事审判法官不太公平，本人从事刑事审判，绩效考核基本上是最后一名。本院一年有60件左右刑事案件，2017年收案62件，领导分了8件去办理，折算比例1：1.2，如果按办案60件来算，满打满工作量才72件。民事案件数量，民事员额法官平均90件以上。本院是以岗定员，而非以案定员，这种天然的数量差异，无法拉平。建议调高折算比例。”②

第三，办案件数指标比例的科学性。“根据中院最新的考核办法，完成办案件数指标（20分）与参加合议庭指标（5分），总共才占到百分制的25分。我认为至少应当占到50分以上，否则法官加班加点的工作，体现在分数上所占比例仍然拉不开差距。绩效考核的目的，应该是多办案多得，办好案多得，但由于数量指标所占比例过小，可能因为其他指标的扣分项等影响。甚至会出现，承办了越多的案件，可能影响了结案率等指标，造成最终的分数不高，事实上打击了法官工作的积极性。”

4. 结案率问题

“本院绩效考核办法规定，结案率达到90%的得12分，每增加1%加0.3分；每减少1%扣0.3分。例如，我负责的案件一审案件多，原定计划可以达到98%，但年底一下子来好多一审案件，那我可能最多达到90%，比如跟二审的100%作比较，那我的分值差距就太大了，并非法官个人主观努力就能控制的问题。特别是行政案件可能涉及到片案影响，例如涉及到环保督察、两会召开等因素，就只能暂停。”③

从事刑事审判的法官则认为，“结案率完全可以保证，这是因为刑事案件有法定审限的明确规定，结案率不存在问题”。④

① 访谈编号#20180126LL。

② 访谈编号#20180201MJ。

③ 访谈编号#20180126LL。

④ 访谈编号#20180201MJ。

（二）司法辅助人员绩效考核

1. 辅助工作内容问题

“法官助理草拟文书要草拟到哪种程度作为考核的标准？是全篇草拟，还是对案件事实进行梳理就行？司法体制改革之后，谁办案谁负责，裁判文书最终都是法官的裁判思路与意见。如果全篇都是法官助理草拟，那么法官在文书上就没什么作用了。”①

同时，由于人员搭配无法真正做到制度预设的比例，造成法官助理的工作无法严格按照相关制度设计进行分工。“虽然我是法官助理，但我既做了法官助理的工作，也做了书记员工作，还有内勤方面的工作。而书记员与内勤的许多工作实际上是无法量化的，造成做了工作却无法考核。”她同时表示，“如果是分工明确的法官助理，愿意积累经验，遇到员额考试机会还是愿意尝试。但不愿意再在法官助理工作之外承担书记员工作”。②

书记员同样存在如此的困惑，一名具有政法编制的书记员谈到，“我现在除了做书记员的工作，还承担了内勤的工作。工作量至少是司改前的3倍。但是绩效考核当中却并未对这部分工作进行考核”。③

2. 绩效考核基础问题

首先，是对司法辅助人员的考核进行捆绑的问题。“法官助理的考核与法官捆绑，又主要考察法官的办案数量。但是有些法官积极，有些法官不积极，这样捆绑，对某些助理来讲就比较吃亏。而且由于审判团队的相对稳定，法官助理人员调整的可能性也不大。”④“法官助理，考核权重最重的就是跟团队与法官的工作量，造成法官助理考核与法官的绩效捆绑。最终考核结果的差别，基本上之决定于跟哪个团队和法官。”⑤

对此可通过某试点基层法院的年度绩效考核结果予以验证，如表6－3所示。

---

① 访谈编号#20180202MB。

② 访谈编号#20180207JH。

③ 访谈编号#20180208SZ。

④ 访谈编号#20180202MS。

⑤ 访谈编号#20180207JS。

表 6-3 2017 年 1~12 月法官助理绩效考核得分情况①

姓 名	辅助工作成效	辅助办结案件数	草拟裁判文书数量	裁裁判文书质量	团队负责人评价	团队其他人员评价	流程信息管控	档案归档	裁判文书上网	信息调研	法律辅助质量	服务地方社会经济发展	辅助工作量	最 终得分
A	54. 67	28. 35	12. 00	55. 00	5. 00	4. 00	3. 00	3. 00	5. 00	5. 00	4. 00	5. 00	27. 80	161. 81
B	54. 67	5. 47	12. 00	5. 00	5. 00	4. 00	3. 00	3. 00	5. 00	5. 00	4. 00	5. 00	3. 60	112. 74
C	61. 24	13. 93	12. 00	5. 00	5. 00	4. 00	3. 00	3. 00	5. 00	5. 00	4. 00	5. 00	4. 80	131. 97
D	61. 24	9. 82	12. 00	5. 00	5. 00	4. 00	3. 00	3. 00	5. 00	5. 00	4. 00	5. 00	0. 20	120. 26
E	59. 87	14. 16	12. 00	5. 00	5. 00	4. 00	3. 00	3. 00	5. 00	5. 00	4. 00	5. 00	3. 80	129. 33
F	49. 89	7. 39	12. 00	5. 00	5. 00	4. 00	3. 00	3. 00	5. 00	5. 00	4. 00	5. 00	12. 80	119. 08
G	52. 27	15. 92	12. 00	5. 00	5. 00	4. 00	3. 00	3. 00	5. 00	5. 00	4. 00	5. 00	4. 00	121. 19
H	52. 27	12. 08	12. 00	. 500	5. 00	4. 00	3. 00	3. 00	5. 00	5. 00	4. 00	5. 00	3. 20	119. 54
……														

从表 6-3 可以明显看出,决定各法官助理绩效的变动要素主要是 3 个:辅助工作成效、辅助办结案件数与辅助工作量。第一个指标,按照法官绩效考核的 50% 计算,因此,属于同一团队的法官助理存在得分相同的情况;第二个指标通过系数折算则得到第三个指标,其基本依据是法官的办案数量与办案效率,在此过程中法官助理事实上是被动的。而其他考核指标,事实上基本上失去了拉开差距的意义。

其次,是某些绩效考核指标的科学性问题。由于绩效考核表现出明显的考核数量的特征,对工作量的计算变得尤为重要。有书记员谈道:“某些指标,特别是折算系数的科学与合理问题应该重视。本院刑事法官工作量,按照 1∶1. 2 的比例折算,但与之捆绑的书记员工作量折算比例却仍然是 1∶1,这既不公平也不科学。”②

(三)其他特殊性问题

1. 有关立案工作的特殊性

例如,对庭审直播率的考核。“立案庭员额法官的案件,都是通过调解撤诉结案,根本无法进行庭审直播,对立案庭法官进行庭审直播考核,是不公平的。去年我就因没有完成这一指标,被扣了 5 分,绩效工资少拿了

① 依据为某试点基层法院 2017 年度法官助理绩效考核结果(部分),对考核对象姓名以字母替代。

② 访谈编号#20180208SZ。

1000 元左右”。[①]

再如，立案庭的绩效考核基础。“立案庭在法院中是一个非常特殊的部门，其主要职能是案件服务。立案庭不应当以案件数量作为指标基础，应当以一种综合的考核指标。同时，立案庭的司法辅助人员并应当以法官的办案数量作为考核依据。在立案庭，法官的主要工作是审查立案条件的问题，其他辅助人员的工作体现法院的首要形象、接待群众来信来访等，都是案件以外的工作。对立案庭以案件数量为考核基础是不合理、不科学的”。[②]

2. 有关执行工作的特殊性

受访的基层法院执行法官，普遍反映执行工作具有相当的特殊性。对这一问题，许多业务庭的法官事实上并未给予相应的重视与理解。执行业务所具有的特殊性首先就表现为“执行难”，这造成对绩效考核的适应性变差。一线的受访执行法官谈到，“执行难是一个非常突出的问题，但是在考核压力下，为了让数字好看，3 个月期限到了，如果发现没有可执行财产，就适用执行终结程序来结案”。[③]

此外，执行案件的特殊性不仅是“执行难”这一结果上的评价问题，还在于执行工作本身具有的区别于其他案件的特征。一名 J 法院的受访执行法官谈道：“首先，由于执行案件涉及审判、仲裁、公证债权、财产刑等，来源多样，对法律知识额综合要求非常高；其次，执行工作的工作量特别大，文书太多，执行法官每天都在加班；再次，执行人员直接面对一线，执行对象复杂多样，执行法官存在人身危险；最后，事实上还存在相应的政治风险。比如，如果没有发现不定期来款，当事人会一直追究，从政治上来讲，还要承担不作为的政治风险。法院权威的提高应立足于执行工作的提高，应当对执行人员的绩效考核特别设计，并在政治上、经济上、职业预期上给予合理的待遇，但目前这种共识还没有形成。”[④]

---

① 访谈编号#20180201MY。

② 访谈编号#20180202MA。

③ 访谈编号#20180202MS。

④ 访谈编号#20180207JJ。

3. 绩效考核“倒挂”问题

受访的某基层法院，在绩效考核结果特别是绩效奖金的发放上，发生了员额法官绩效奖金远远低于行政人员、低于司法辅助人员的现象。对此，员额法官的代表性观点认为：“司改的目的是为了让法官办好案件，法院的主要工作就是审判和执行。法官助理是为了服务员额法官办好案件，其他行政岗位也是服务于这个案件审判这个目的。绩效工资中，员额法官应该高于法官助理和行政人员，但现在后两者远远高于员额法官。其他两类人员最高可以拿到1.6万，最低的员额法官才1万左右，我们认为指标计算方式应当有所改进。”①

但是，行政人员对此有不同看法。“绩效比法官高，个人觉得很正常。司改增资的时候，是用工资收入+绩效收入的总收入与地方比。员额法官收入增加的部分，已经有很多落实在平常的工资中了，而行政人员从工资的角度来说，行政人员是低于地方的平均工资水平下的，并且司改对行政人员的工资并未变动。从拿到的总额来说，员额法官是高于行政人员的。只是绩效奖励的部分，行政人员更高而已。”②

通过对绩效考核运行效果的调研以及其中暴露出的相关问题，事实上主要矛盾集中在两个部分：一是相关指标的科学性问题，这类问题涵盖较广，非常细碎繁杂；二是相关指标所表征的绩效考核公平性问题。从调研中发现，对案件数量及工作量的考核，是绩效考核最为核心的部分，同时也是引发最大争议的部分。本质上来说，后一个问题与前一个问题是一体两面的关系，指标系数如果在设计上科学合理，也就能最大限度地实现绩效考核的公平公正。但是，必须注意到的是，法院内部的工作量考核，由于存在专业分工，也要满足司法运行规律的要求，事实上是存在着“天然的不公平”的，例如，刑事案件审理法官案件数量不足是一个普遍存在的问题，而且理论上讲，随着司法质效提升与司法公正的推进，以及社会治理与社会治安的持续改善，理想状态下刑事案件总体上应当呈现下降趋势。这种微观变化在对法官的访谈中已经有所体现。

---

① 访谈编号#20180201MJ。

② 访谈编号#20180202MW。

二、考核方式的干预性微调

如前所述,以案件数量为基本考核基础的绩效考核,因案件类型的差异导致法官集团内部忙闲不一,不仅无法真正与法官的主观能动性相适应,也无法天然的实现起点公正。对分案机制进行设计,乐山试点法院进行了自主探索,总结出两种典型的分案机制。

(一)方案一:大循环分案

大循环分案旨在不区分案件类型,打破刑事、民事、行政案件的专业区分,员额法官随机分案,解决的是案件数量基于庭室划分的天然不均衡问题。在随机分案的结构下,绩效考核的重点是对案件的工作量进行折算系属的分析与拟定。但对这一方案,存在正反两方面意见,其实质是对司法审判专业化与绩效考核激励之间张力的不同解读。

对大循环分案持反对观点的人,主要认为:第一,司法应当专业化,不同类型案件裁判差异太大,大循环分案无法保障法官的专业水平;第二,长期分庭室判案,法官知识积累成本和转化成本太高,越是资深法官越难以转换和重新学习。在受访法官中,代表性的观点认为:

“我在刑事口从事专业刑事审判工作了十多年,相当于十多年没有办理过民事案件,而民事案的审理件随着社会发展的变化非常大,要重新学习要求太高,年龄的影响可能精力也无法跟上。司法体制改革的目的是要办好案,提高审判质量,如果贸然审判其他类型案件,则很有可能出错,毕竟专业要求有很大差别。宁愿绩效考核效果不佳,也不愿从事大循环分案。”①

同一个法院民事审判法官对专业化审判仍有所需求和考虑。“民事案件不区分类型,合同、物权等具体类型间的裁判是存在很大差异的,在民事案件审理中,也没有实现专业化。”②

另一基层试点法院的领导,对大循环分案的作法并不认可。“基层法院也要组建专业化审判团队,不能成为社区医生式的法官,基层法院从现

---

① 访谈编号#20180201MJ。

② 访谈编号#20180201MW。

实需求上也仍然需要专业型的法官。第一，80% 的案件在基层，有 90% 的案件在一审就服判息诉了，像本院的一审服判息诉率都是 93% 以上。如果大量的案件不是专业化的法官来审理，那么司法制度对社会的指引功能就无法得到很好的发挥。第二，从法院服务地方经济社会发展的角度来看，党委政府实际上需要法院提供专业化的精准、专业的法律服务。第三，过去采取过类大循环模式，只区分刑事、民事等大类别，在类别内部大循环，但是调研发现很多法官对其他类型不了解，现学现判。司法权力如果这样运行，对当事人的权益保护很不利。"①

对大循环分案模式持正面意见的主要来源于司法管理者。因此，在对大循环分案模式进行正面肯定的理由中，更强调从管理者视角进行考虑。如下的代表性言论均来源于某基层试点法院领导对分案机制的思考：

"第一，社会生活具有相当的复杂性，案件难易程度没有办法截然划分，无法直接设定某类案件是难案或者易案，不应当设定折算系数。第二，员额法官就应当是一个多面手，案件应当不分条块，通过大循环随机分案。"②

"我们曾了解到，最高人民法院有司改领导者认为，小的基层法院就应当是赤脚医生，什么类型的案件都能去解决。像我们法院，员额法官本来就很少，再去进行专业性的人为切分，是很不适合的。中级法院应当允许基层法院的上诉率达到一定的比例，要有一定的容忍度。"③

"基于二审终审制，二审程序实际上承担的是一种纠错机制。如果基层法院强调专业性，事实上没有可行性。例如，从收案数量上来看，刑事法官永远要吃亏；再如，员额法官人数的角度考虑，总共就十余名员额法官，如何进行案件类型划分？就我们法院来讲，民事案件内部几名员额法官之间，已经实行了内部的大循环。总的来说，实行跨越刑事、民事、行政案件大循环的理由主要有这几个：第一，法律关系特别复杂的民事案件在基层是比较少的；第二，民事案件的调撤比率是比较高的，很多案件是通过调解

---

① 访谈编号#20180206JZ。

② 访谈编号#20180201MZ。

③ 访谈编号#20180201MP。

撤案来解决的;第三,通过大循环的方式进行分案也便于考核;第四,还有一个考虑是有利于培养新人。基层法院法官助理要入额是非常难的,如果不通过大循环方式来培养新人,增强其审判技能的培养,是很难有竞争力的。①

(二)方案二:“调人”与“调案”相结合

乐山地区的试点基层法院,应对案件不均衡,还创设了一种人为干预的机制。这种机制强调灵活性与动态性,在现有的实践中会在每一个新的考核年度恢复到基础的框架性分案机制上,再根据每年的情况进行调整。无论是“调人”还是“调案”,都是临时的、动态的。

“团队之间工作量的均衡问题。测算依据是前3年的平均数,每年都会有一些新的变化,会导致受案不均衡,影响最终工作量。首先,是调人。如果某个团队的工作量少了,就抽调一个人出来到工作任务比较重的团队支援工作;其次,是调案。例如,去年商事团队的案件受理量非常大,到半年的时候,传统民事的人均办案数量和商事相差一倍。我们就将商事口的民间借贷案件和金融借款案件调出来,调整到另外两个传统民事庭。”②

目前的试点法院实践,试图将这一机制建成制度:由审管办严格监控每名法官的工作任务量,并由审管办来提出“调人”或“调案”的方案,最后由院长办公会来研究决定。

与该试点基层法院相类似的案件调节制度化努力,在乐山中院层面已经推开。乐山中院针对因收案不均导致考核结果不合理、案件效率提升慢等问题制定《案件调剂细则》,根据收结案情况或团队调案申请实行定期调案和临时调案双轨制。按照“以多补少”的原则,向收案较少、办案基数不足的审判团队动态调剂案件,实现团队与法官均衡办案。

总体而言,无论采用哪种模式,都体现出较为明显的“干预式微调”,这种微调本身也是基层自主的一种体现。首先,这种微调本身并未偏离制度设计初衷,甚至是通过微调本身向制度设计目标靠拢。基于案件类型对案件数量进行分配,本身就是对民事、刑事案件天然特征的一种回应,毋宁说是对司法

① 访谈编号#20180201MZ。

② 访谈编号#20180206JZ。

规律的尊重。其次，这种微调还实现了实体公正。一方面，不同条线法官对于通过多办案、办好案从而获取激励绩效，已经建立起相应的心理预期，如果仅因自己专业分工的不同等客观原因上导致在考核结果中占据劣势地位，不仅容易引发法官队伍建设的不稳定，也背离了通过绩效考核实现制度激励的目标。通过人为干预与调整，这种实体上的公正性得以满足。

三、考核指标的优化性调整

司法体制改革至今，乐山地区的试点法院至少已经进行过 3 次绩效考核。事实上，每一次绩效考核中暴露出来的问题，在下一次绩效考核办法中都不同程度的得以修正与回应。在受访法院的管理者看来，通过在考核中发现问题，再在下一次考核中进一步进行完善，是一项改革试点工作的题中之义，也是推动司法体制改革进一步完善的重要手段。但是，对于这样的动态调整，受访试点法院的管理者也普遍意识到它的被动性：

首先，试点法院虽然能够在绩效考核办法的制定与完善中发挥相应的自主性，但这样的自主性无疑是受到约束与限制的。受访法院的管理者特别是基层法院的管理者普遍指出，绩效考核办法的框架与考核方向来源于上级法院制定，基层法院在其中的自主空间实际上是非常有限的，大多是作为一种执行者的角色。对于被考核者反应强烈的一些指标设定，例如服判息诉率等，根本无力对其进行更改。而这，有赖于自上而下的管理转变。

其次，绩效考核过程中所呈现的问题，很大程度上并非是绩效考核这项改革本身存在的问题，而是一直存在的问题在司法体制改革的过程中渐渐浮现。因此，要通过绩效考核办法的预先设计就达到科学合理，是一种缘木求鱼的想法。

例如，对不同的案件类型之间法官的考核问题，在调研中仍发现了不少意见的反馈。但事实上，乐山中院对这一问题的预先设计，本身是具有极强的科学性的。乐山中院在绩效考核方案制定伊始，就注意到刑事、民事、行政、审监、立案等各自工作的特殊性，为确保考核的公平性和合理性，在办案数量、结案率等指标的考核上，以条线平均作为考核的参照标准，并在上下区间浮动加减分。考核结果在全院拉通排序。这一做法，并非所有法院通行，甚至并非四川省高级人民法院采行的方案，而其运行实效，已经得到了同行关注且为上级法院司法体制改革工作负责人肯定：

“对于法官的绩效考核，省法院是拉通考核，乐山法院始终坚持条线考核，这应该是乐山法院的一大特色。从运行效果来看，我们认为这种做法是具有合理性的。”①

可见，调研中发现的意见反馈，事实上也只是对具体折算标准如何更“科学合理”的意见与建议。但是无论是管理者还是被考核者，所谓的“科学合理”事实上都是一种相对的理解。但到底多少的差距既能反映问题，又能为人接受，这种微妙的平衡非常考验管理者的经验与水平。

“绩效考核的指标科学性、合理性，在不断地调整过程中。我们目前已经经历了3次绩效考核，考核过程中已经对某些指标进行了逐步的微调，经过科学测算与民主程序，达到一个相对合理稳定的状态。对“合理”的判断，也要依赖于管理者的管理经验。”②

准此而言，对绩效考核的指标进行相机调整，就有了极大的必要性。这种调整，有哲学家卡尔·波普尔（Karl Popper）所言之“试错法”的意味，其目的是为了在动态调整中尽可能的实现考核指标体系的科学化。乐山中院某分管领导认为，“绩效考核作为一个导向，如果设定指标时出现偏差，则设计者应当承担责任。因此，我们认为需要根据每年的考核结论逐步调整完善指标。”③

针对纷繁复杂的实践状况，乐山中院确定了相关指标系数的调整方案，并在历次调整中予以完善。例如，案件折算系数的具体规定，主要以案件审理程序、案件审理难易以及是否附加工作量为标准进行设定。在案件审理程序上，区分一审、二审、再审、内审、行政非诉审查，按照各程序证据审查难易、社会关注程度等相应设定折算系数；在案件审理难易上，根据近3年案件审理的平均时间、证据审查标准等不同，相应提高或降低折算系数，如民事审判领域对形成共识的破产清算、建设工程、合伙纠纷、房地产开发项下的合资合作等较难案件，相应提高折算权重；刑事审判领域对死

① 访谈编号#20180306SJ。

② 访谈编号#20180209SW。

③ 访谈编号#20180125LF。

刑案件、重特大一审案件相应提高折算权重；行政审判领域的行政许可规划等作为复杂案件。在附加工作量上，对需要额外审查、花费时间精力的司法建议、反诉、管辖异议、刑事附带民事、增加被告数量、案卷数量、数罪并罚、行政附带赔偿等事项，增加折算系数。执行领域和审判监督领域案件系数折算类同。

某些指标的设计与运行的实效也需要检验，以验证导向性问题并调整不同类别人员的行为方式。例如，“包括案例系数折算在内的细节，至少讨论了不下10次。发了无数次的征求意见，但收到的意见反馈很少。事实上，在一项制度推行之初，在没有触及到法官切身利益的时候，都有随大流搭便车的思想，并未真正投入和参与。”①基层试点法院同样反映了类似情况：“我们在制定绩效考核方案之前，都进行了充分的意见征求。征求意见的时候，大家都表示没有意见，真正落实的时候，大家的意见就都出来了。但这同样给我们以启示，便于我们在新一轮绩效考核时对某些具体的指标进行修改。”

例如法官参与合议庭的积极性导向问题，可以通过绩效考核予以纠偏。“绩效考核办法要求每一位法官参加合议庭必须达到最低办案数量（65件）的2.1倍，其最初目的是让庭长少参与合议庭，鼓励一线法官参与。第一次考核的结果表明，庭长作为普通法官大量参与合议庭，挤占了其他法官达不到这一要求。”②

例如，法官助理与书记员职责分工的落实问题，也能够通过绩效考核的方法予以实现。“法官助理必须尽案录入并计算自己的草拟文书量，草拟文书量要达到50%。但是，很多人基于原有的工作惯性而没有录入，在考核时提出意见。并且，有些团队没有理解到4∶2∶2搭配的意义，将法官助理当成了普通书记员，造成法官助理根本就没有草拟文书，造成人员分类管理的制度预设价值没法发挥。绩效考核如此落实之后，我相信中院从此不会再有法官把法官助理当作书记员来安排工作。”③

---

① 访谈编号#20180125LF。

② 访谈编号#20180125LF。

③ 访谈编号#20180125LF。

此外，对于一些原先并未有所考虑，但在实践运行中发现的全新问题，仍然可以通过这样的自主调整，获得圆满的解决。例如，司法责任制改革后，考核对象只针对个人，审判团队取代了庭室设置，院庭长作为普通法官加入审判团队，可能引发两个问题。一是院庭长参与审判，客观上可能对分案公平性造成影响；二是院庭长监督职能如何考核，院庭长双肩挑情况下工作任务如何核算等问题。在我们的调研中，也有对这一问题的部分反馈。乐山中院研究室工作人员介绍道："我们在 2016 年 9 月至 12 月，以及 2017 年 1 月至 5 月，分别进行了绩效考核。但在此过程中发现，对院庭长的考核太重视数量和质量，没有包含监督管理，审管办之后重新制定了院庭长的单独的考核方案。"①

乐山中院及时修正对庭长的考核机制，突出其统筹协调、内部监管、条线监督指导的职能发挥，出台了专门针对院庭长的绩效考核方案，用 50% 的分值考核其办案数量和质效，用 50% 的分值考核其一岗双责的履行，确保庭长全面履职尽责。具体考核方案可如表 6 – 4 所示。

表 6 – 4　乐山市中级人民法院庭长绩效考核

项　目		指　标	考核目标值	考核内容	分 值
庭长职责考核（50分）			省院各项重点指标	以每年省院下发的重点指标评估得分为准	3
	团队审判管理（29分）	团队长期案件化解率	100%	本团队长期未结案化解率达 100% 的计 3 分，化解率达 90% ~ 80% 的计 2.5 分；化解率达 80% ~ 70% 计 2 分，70% ~ 60% 计 1.5 分，60% ~ 50% 计 1 分，50% 以下不计分。	2
		流程管理	0%	无差错得 3 分，每增加一件扣 0.5 分。	2
		团队案件质量管理	庭审质量	团队庭审平均分得到 90 ~ 100 分的得 3 分，70 ~ 89 分得 2 分，60 ~ 69 分得 1 分，59 分以下不得分。	3
			上网文书 100%	团队上网文书得到 100% 的得 2 分，每减少 5% 扣 0.5 分。	2

① 访谈编号#20180106LH。

续表

项目		指标	考核目标值	考核内容	分值
庭长职责考核(50分)	团队审判管理(29分)	团队案件质量管理	案件质量监督	本团队所办理案件未出现失误的得5分；一般瑕疵的得3分；被认定为重大失误的不得分。	5
			完成评查工作	根据本院关于评查的安排完成各项工作评查事项的，计3分，未完成任务的按照相关规定扣分。	3
		团队管理	执行信访值班制度	团队按规定执行的得1分，未到岗的一次扣0.5分。	1
			随机分案	调剂分案10%以内的得2分；超过10%～20%得1分；超过20%的不得分。(因特殊情况需要调整分案的除外)	2
			内部裁判尺度统一	内部裁判尺度统一得3分；不统一造成一般影响的得1分；造成重大影响的不得分。	3
			严格审限管理(无差错)	没有差错得满分；差错1件扣0.5分，扣完为止。	3
	审判指导监督工作(21分)	对下指导	对下级法院的发改分析	发改分析涉及案件占本团队对下发改案件100%的计3分，80%以下不得分。计分区间内按实际值对应计分。	4
			对下监督	定期对本辖区法院相关条线的案件进行质量监督，一年至少2次。其中每季度至少一次发改分析(再审审查、启动再审等的分析)。未完成其中一项一次的扣0.5分。	4
			审判指导	针对裁判尺度统一制定的指导性文本、会议纪要等1篇，得3分；每增加一篇增加一篇加1分。加分上限3分。	3
		其他职责	调研	全庭及本人完成调研任务的得2分。没有完成不得分。	3
			参加专业会议	参加法官专业会议达80%，且认真履行职责的计2分，未认真履行职责的不得分。	2

续表

项目		指标	考核目标值	考核内容	分值
庭长职责考核(50分)	审判指导监督工作(21分)	其他职责	按时参加审委会会议	参加审委会会议达80%,且认真履行职责的计2分,未认真履行职责的按照相关规定扣分。不是审委会成员的直接得分。	2
			落实院长、副院长交办的其他管理事务	认真完成院长、副院长交办的其他管理事务,该项分值由院领导确定。	3
特别规定:本考核占庭长考核总分的50%,另外50%与《乐山市中级人民法院法官绩效考核》的考核内容一致。					

对考核指标内容的优化性调整,是最能反映出绩效考核自治面向的一个方面。司法体制改革之前推行的绩效考核办法,从内容到程序都极其刚性,特别是当压力传导到基层法官个人时,其对考核结论并无任何反馈机制。一方面,对考核内容与程序设计的合理性、公正性没有意见表达渠道;另一方面,对考核结果只能选择被动接受。在这种模式之下,被考核对象无任何自主性可言,并由此生出诸多弊端。而围绕司法责任制改革,绩效考核的内容、指标、结果的科学性、公正性,是一个需要经过试错、验证、完善的整体过程,被考核者的切身利益被考核结果左右,其自然有巨大的内在动力去追求考核标准的实质公正。因此,制度设计赋予被考核者以反馈机制,特别是对动态指标进行更新,不仅符合司法审判与时俱进的要求,也符合制度设计回归司法规律、服务于司法权力运行的初衷。

第六节　乐山司法体制改革中规则自治的制度启示

以乐山中院对法官、审判辅助人员在2016年9月至12月间的绩效考评为例,结果分值差距大致在70~110分区间浮动。① 体现出绩效考核方案的设计较为科学,得到了上级法院司法体制改革负责人的肯定:“乐山中

① 参见《乐山市中级人民法院关于司法体制改革试点工作情况的总结》,2016年12月16日。

级法院的工作绩效考核结果显示，各法官考核结果之间的档差比较明显，说明考核真正出了效益，是一个典型的‘乐山经验’。”[①]

根据乐山中院王雪梅院长2017年2月9日在乐山市第七届人民代表大会第二次会议上所作的《乐山市中级人民法院关于司法体制改革工作情况的报告》显示：通过司法体制改革的举措，长期以来存在的审判分离、权责不明、层层审批、请示汇报等问题正在得到解决，法官的审判主体地位进一步凸显，“让审理者裁判、由裁判者负责”真正得到落实，以法官为核心，以法官助理、书记员为辅助，以司法行政人员为保障的分类科学、结构合理、权责明晰、管理规范、符合司法职业特点的人员管理制度基本形成。其成效主要体现在：一是法官办案积极性明显提升；二是法官责任心明显增强；三是院领导带头办案日趋常态；四是审判质效全面提升。司法统计数据显示，2016年9～12月，四个试点法院法官人均结案数同比上升38.59%。全市法院直接由独任法官、合议庭裁判的案件比例为99.9%，依法提交审委会讨论案件为0.1%。

对乐山中院工作绩效考核现况的新近总结则表明：(1)法官主动要求多办案、办难案的情况已成常态，全院7个审判法庭均已实现饱和运行。2017年1～10月，乐山中院新收诉讼案件(不含减刑、假释)2783件，审结2758件，结案数同比增长52.12%，结收比达到99.10%，同比增长17.43%，团队和法官个人的优势得到有效发挥。(2)司法综合能力明显提升。法官服务大局意识和司法能力增强，涉四川投资集团公司等一批重点企业大要案件得到妥善审理和裁判。7件案件分别入选“全国指导性案例”和“全省指导性案例”，《关于当前基层干部涉扶贫资金犯罪问题与建议》等2个情况反映和1个情况专报获市委书记批示肯定。庭审直播数量位列全国中级法院第14位，全省第1位，裁判文书上网率达90.20%。(3)管理指导不断增强。院庭长的程序性审批、审判综合指导、质效管理等职能进一步规范，2017年1～10月，乐山中院领导带头办理案件204件，平均结案率90%以上。各团队每月召开团队质效分析会，指导和督促团队法官改进工作、提升效能；各审判条线建立类案指导机制，通过每月一期的发改案件分

① 访谈编号#20180306SJ。

析和两月一次的审判问题研讨，加强对下业务指导和裁判尺度的统一。基层法院受访法官的代表性观点可验证这一结论："司法体制改革之后，各位员额法官的积极性很强。过去分案时，如果属于复杂疑难案件，各位法官之间可能存在推诿的现象。但现在各位法官，很积极的通知当事人进入诉讼程序、送达文书，整体效率得到了大大的提高。结案率、法定审限内结案率、办案数量等指标，多角度的促进了法官裁判质量与效率的提升。"①

这表明，工作绩效考核制度改革的成效已经凸显。但进一步总结乐山法院司法体制改革的实践经验，我们还可以从理论上得到如下全新的制度启示：

一、规则自治与司法管理需求的双向互动

承上所述，法院系统的审判工作发生如此众多不同以往的全新变化，都来自于工作绩效考核效能的积极发挥。可以说，司法体制改革背景下的工作绩效考核，其设计逻辑与运行逻辑早已实质区别于先前案件质量评估中的绩效考核，学者所言之"管制有余、激励不足"导致审判人员或公诉人员逃离审判、公诉一线，甚至逃离法检机关的所谓"逃逸现象"，②已经大幅度减弱。甚至在我们的调研过程中，反而获取到的更多是未入额法官助理对尚未入额的失落之情与争取下次入额的雄心，③这也从侧面反映了当前工作绩效考核作为一种司法业绩评价机制、司法职业保障手段、司法权力运行机制的科学性，以及由此给员额法官与"准法官"带来的强大吸引力。

过去的绩效考核办法，无论从指标设置、推行路径等各方面来看，都体现出典型的自上而下式的强制性色彩，作为制度末端的司法职业者个体，被虚化与符号化，绩效考核目标导向下，引发了不必要的制度谬误。例如，在我们的调研访谈中，四川省高级人民法院的司法体制改革负责人提到，"'两个一流'考核本身是对法院整体的考核，但在操作过程中，某些地方法院将其转化为了对法官个人的考核。之所以有这样的激励，是因为虽然这

---

① 访谈编号#20180201MY。

② 参见施鹏鹏、王星辰：《论司法质量的优化与评估——兼论中国案件质量评估体系的改革》，载《法制与社会发展》2015年第1期。

③ 访谈编号#20180208SX。

种考核本身不与法院内部的任何绩效直接挂钩，但其实如果在这类考核中排名靠前，作为一种业绩和荣誉标志，是可以在地方目标考核中占据优势地位的。”[①]

通过顶层设计对制度目标的设定，工作绩效考核的地位与作用被重新构造。考核对象被落实为司法职业者个体，指标设置整体上完全围绕司法裁判、围绕审判权力运行、围绕司法责任制度落实，从试点法院的运行实效来看，绩效考核实现了对司法职业者个体的有效激励，改善了司法效率，促进了效率提高。从这个意义上来说，司法体制改革之前，移植行政机关进行绩效考核的思路与做法的非议，并非绩效考核这一方法本身的缺陷与不足。从目前的现状来看，不强化管理手段，包括加强绩效考核，法院将难以有效运行，司法公信力也无从提升，权衡利弊，目前实施审判绩效考核有一定现实必要性。[②] 并且，工作绩效考核运用于司法组织管理能够从理论上证成，至于绩效考评与司法理念之间可能存在的紧张与冲突可以通过相应的技术设置予以化解。[③]

“绩效考核是必要的，但必须符合司法规律。”[④]通过对绩效考核对象进行技术性改进，并配合围绕司法裁判规律的系统性改革，绩效考核作为管理方式与手段的优势与作用将得到最大限度发挥。其基本方法是，围绕司法审判规律，以司法专业化为取向，科学合理的设置绩效考核的指标、数值与权重。在此前提下，应当细致甄别司法管理领域的关注对象以及司法权力运行关注的对象，从考核目的上对每一绩效考核指标进行分析，合理设置考核导向，对与案件审判相关但并不完全符合审判规律的指标应予修正。前述目标的实现，虽然无一不是通过法官自主参与予以实现，但司法管理的立场明确了，这样的考核方案事实上成为对基层法官的常规约束手段，工作绩效考核在“符合司法规律”的价值引领下，实现着规则自治与司法管理的双向互动。

---

① 访谈编号#20180306SJ。

② 参见龙宗智：《法官业绩考核怎样才能“相对合理”》，载《人民法院报》2017 年 7 月 9 日，第 2 版。

③ 参见郭松：《绩效考评与司法管理》，载《江苏行政学院学报》2013 年第 4 期。

④ 陈光中、龙宗智：《关于深化司法改革若干问题的思考》，载《中国法学》2013 年第 4 期。

二、绩效考核是实现法官自治的制度工具

在过往对政策执行的探讨中,执行偏差是一个引起长期关注的重点问题,表现出多种形式,例如,象征式政策执行、附加式政策执行、选择式政策执行、替代式政策执行、观潮式政策执行、照搬式政策执行等。① 为了扭转执行的偏差,而将下层的执行固定在上层制定的政策轨道上,政府建立考核评估的体系以及激励机制的建立和细化,都旨在确保下级部门执行上级部署的有效性。② 这是借鉴政府的绩效考核管理并将其应用于司法机关时的显见逻辑。

无论是"高度关联型""行政发包制""松散关联型"抑或"联邦制"的治理模式,无疑都只是三种政府控制权(目标设定权、检查验收权、激励分配权)的不同设置,体现政府强制力与权威的强弱与控制手法。③ 然而,无论前述哪种治理模式,都无法妥适的解释司法责任制之下绩效考核作为一种自治规则的运行逻辑。这是由于,顶层设计一方面保留了目标设定权,对于工作绩效考核所要实现的改革目标予以精确设定;另一方面顶层设计者又并不直接掌握检查验收权与激励分配权。这样的权力分配模式,固然与"松散关联型"治理模式高度类同,但仍不可否认存在显著区别。

一方面,最高人民法院的权威仍然是重要的,并非形式化的而是实质化的。司法权本身是中央事权,司法权力运行的本质在于普遍适用性,从实体上来说则是要实现"同案同判",从程序上来说"以事实为依据,以法律为准绳",因此无论地方区域如何变化,从司法审判工作的内容本身来讲,是具有高度统一性的,这为围绕审判进行数量、质量、效率、效果等方面的评估,提供了天然的平台,事实上也证成并说明了顶层设计约束的必要性与可能性。因而,顶层设计者除了目标设定之外,借由法院的层级设置,而

---

① 参见宁国良:《论公共政策执行偏差及其矫正》,载《湖南大学学报》(社会科学版)2000 年第 3 期。

② See Landry, Pierre F., *Decentralized Authoritarianism in China*, New York: Cambridge University Press, 2008.

③ 参见周雪光著:《中国国家治理的制度逻辑》,生活 · 读书 · 新知三联书店 2017 年版,第 104 页。

对工作绩效考核的具体方案进行备案甚至实质审查，无疑仍是一种具体的控制方式。

另一方面，无论是何种治理模式，无非是三种权力在委托人与管理人之间进行分配。每个层级的法院主体，都承担着管理人角色。但管理人所享有的检查验收权（绩效考核方案设计与具体实施）与激励分配权（绩效考核奖金分配），却并非完全的独立而单一的运作。实证调研的结论表明，无论是绩效考核方案的草案设计、成案制定、方案实施、效果反馈、动态调整，每一个步骤都有被考核者极高的自主参与空间。例如，检查验收的标准，凝集着被考核者的深度参与，检查验收的实施主体"考评委员会"有被考核者代表的民主参与。此外，激励分配结果的实质公正随时接受被考核者的检视，并有固定的调整机制来适时回应这种反馈。事实上，顶层设计者所提供的"目标价值"，如尊重司法规律、落实司法责任制、强化司法职业保障，在实践中被"方法价值"，即"简便易行、科学合理、公平公正"所平衡与补充。前者被具体化为考核结论的"实质公平"判断之上。

正是基于对乐山法院司法体制改革的全景式考察与描绘，不难发现，工作绩效考核向司法规律的方向性回归，不仅证成了司法管理的必要性与正当性，更凸显了工作绩效考核的一项全新功能，亦即工作绩效考核事实上已经成为一种法官进行自主参与、自行反馈、自我管理的自治工具与制度机制，虽然这样的自主机制本身要受到顶层政策在目的与价值上的限定与约束，并就某些具体框架、类型、路径、方法进行列举与指导，但其内容本身仍具有极大的自主空间，并发挥着极强的制度激励作用。至此，一个制度改进的理论立场也渐次明晰：如何进一步甄别判断科学评价法官裁判数量、质量、效率、效果的指标体系，并适配于不同的法院实践，需要在政策的强制力与基层的自主性之间取得相应的平衡。适应于前述过程机理，这样的平衡应当是：中央政策在确保基础目标上划定底线、搭建框架、并进行价值检视，地方在具体指标、数值、系属上充分发挥自主性，实现基层的司法自治。

三、方法论启示：顶层设计论的自治激励

随着改革的深入进行，改革方法论问题一直为学界所重视。关于司法体制改革的方法论，大致认为有"顶层设计"与"摸着石头过河"两种改革路

径,学者大多认为应当将两种方法予以整合,[①]事实上也被认为是现阶段司法体制改革采用的基本方法,可被称作“二元协调法”。[②] 这一改革方法论强调的顶层设计依赖于“摸着石头过河”的经验,也必须在“摸着石头过河”的勇敢实践中推进。[③] 因而,这种整合的方法论视角,强调“自上而下”与“自下而上”的两种改革方法的交融与结合。

但在绩效考核方案制定的乐山实践中,我们不难发现,地方探索与顶层设计之间并非相向而行、两相交融的过程,而是在顶层设计框架内地方自主探索空间的大小与作用发挥的过程。换言之,“二元协调法”所强调的顶层设计对地方探索经验的“吸纳”与“确认”,在实践中被替换为,顶层设计对地方探索与实践的“限定”与“约束”。“摸着石头过河”所作的制度探索,在工作绩效考核制度中并未被足够的吸纳,甚至越是基层的探索,越具有其自身的特点,并不意味着天然的具有普适的推广价值,相反其意义更在于昭示一项成功的改革必须具备的品质,那就是对现实的、具体的、经验的地方性知识的嵌入与适应。这种嵌入与适应,通过法官群体自主参与、自主管理、自主评价、自主反馈、自主调节,而愈加体现出每个法院的独特性。

因此可以说,工作绩效考核之于司法体制改革方法论的重要启示就在于,顶层设计论仍有独立的方法意义,它所强调的并非自上而下事无巨细的“包干式设计”,而是通过目标设定、价值评价、框架限定、要素供给而实现管控与约束。而这样的改革方法,不仅过去为人所忽视,也进一步证成或者说事实上实现了学者提出的“引入竞争性要素”这一改革方法的改进方案。[④] 换言之,地方或者基层法官的激励,从“要我干”到“我要干”的转变,并非通过所谓“摸着石头过河”的地方探索即可实现,而是真正向司法规律转向,通过自治以达成自我激励。

---

① 参见熊秋红:《司法改革中的方法论问题》,载《法制与社会发展》2014 年第 6 期。

② 参见汤火箭、杨继文:《司法改革方法:比较、问题与应对》,载《四川大学学报》(哲学社会科学版)2016 年第 1 期。

③ 参见葛洪义:《顶层设计与摸着石头过河:当前中国的司法改革》,载《法制与社会发展》2015 年第 2 期。

④ 参见葛洪义:《顶层设计与摸着石头过河:当前中国的司法改革》,载《法制与社会发展》2015 年第 2 期。

四、小结

随着司法体制改革向纵深推进，其系统性变革的制度效用已经愈加明显。乐山中院司法体制改革的时间表明，工作绩效考核作为本轮司法体制改革的重要内容，其所具有的在司法管理方面的重大制度意义已经得到实践的普遍检验，并由此凸显了更高层次的理论与实践功能，即作为基层法官自治的制度工具的工作绩效考核制度。对这一制度价值予以重视与体认的意义在于，它有助于回归司法规律，增强法官自主性，激发法官独立公正司法的内生动力。而这对于稳定司法审判队伍、提高司法专业化水平、完善司法审判体制、推动司法公正高效、夯实中国特色社会主义法治的司法根基，具有十分重要的意义。

结语：继续深化和走向法治的司法体制改革

王伦刚　张　军

司法体制改革的趋势是继续深化和走向法治。一是继续深化。中央坚定不移推进司法体制改革。在 2017 年 7 月 10 日全国司法体制改革推进会上，中央政法委书记孟建柱传达了中共中央总书记习近平的重要指示。习近平指示强调，司法体制改革在全面深化改革、全面依法治国中居于重要地位，对推进国家治理体系和治理能力现代化意义重大。全国政法机关要按照党中央要求，坚定不移推进司法体制改革，坚定不移走中国特色社会主义法治道路。① 党的十九大报告将“深化司法体制改革”作为全面依法治国的任务之一，并提出要“深化司法体制综合配套改革，全面落实司法责任制，努力让人民群众在每一个司法案件中感受到公平正义。”②这为司法体制改革指明了方向。二是走向法治。法院系统司法体制改革的很多成果最终被规定在法律中。《人民法院组织法》和《法官法》的修订，就是巩固司法体制改革成果的体现。这也符合学者提出的司法体制改革走向法治的思想，注重用法治思维和法治方式谋划推进，确保司法体制综合配套改革取得预期效果。③

最高人民法院响应党中央的号召，坚定不移将司法体制改革进行到

---

① 习近平：《坚定不移推进司法体制改革，坚定不移走中国特色社会主义法治道路》，载中国共产党新闻网：http://cpc.people.com.cn/n1/2017/0711/c64094-29395849.html，2018 年 10 月 25 日访问。

② 习近平：《决胜全面建成小康社会，夺取新时代中国特色社会主义伟大胜利——在中国共产党第十九次全国代表大会上的报告》，2017 年 10 月 18 日。

③ 参见顾伟强、朱川、卢腾达：《新时代背景下司法体制综合配套改革的若干思考》，载《中国应用法学》2018 年第 3 期。

底,并积极推进司法体制改革法治化。2017 年 11 月 1 日在第十二届全国人民代表大会常务委员会第三十次会议上,最高人民法院院长周强做了《最高人民法院关于人民法院全面深化司法体制改革情况的报告》。他在总结人民法院全面深化司法体制改革成效的基础上表示:“人民法院将深入学习贯彻党的十九大精神,始终坚持以习近平新时代中国特色社会主义思想为指导,以本次专项报告为契机,坚定不移将司法体制改革进行到底,加快建设公正高效权威的社会主义司法制度,努力让人民群众在每一个司法案件中感受到公平正义。”①最高人民法院发布了诸多司法体制改革文件,推进改革深化。比如,2018 年 12 月印发的《关于进一步落实司法责任制的实施意见》(法发〔2018〕23 号),对进一步全面落实司法责任制提出 23 项措施。② 值得注意的是,《关于深化人民法院司法体制综合配套改革的意见——人民法院第五个五年改革纲要(2019—2023)》(法发〔2019〕8 号)的发布,最高人民法院对未来 5 年司法体制改革的目标和任务做了规划和布署。③ 这份文件的发布,标志着我国法院系统的司法体制改革进入了新的阶段。同时,最高人民法院还积极推进司法体制改革法治化。最高人民法院在参与修改《法官法》的过程中,专门成立了《法官法》修改研究小组,多次召开专题会议研究部署《法官法》修改工作,逐个研究修法重要问题;分类别、分层次开展系列调研工作;组织翻译,借鉴域外法治成果;广泛征求意见和建议;与中央政法委单位多次沟通协商等工作,推进《法官法》的修改,全面落实司法责任制等重大改革任务,巩固司法体制改革成果。④

乐山法院坚决执行顶层政策,因地制宜进行制度转化。在推进司法体制改革深化过程中,乐山法院大胆尝试,提升能力,坚决不折不扣执行司法体制改革的中央顶层政策,积极面对并解决落实司法责任制过程中

---

① 周强:《最高人民法院关于人民法院全面深化司法改革情况的报告》(2017 年 11 月 1 日在第十二届全国人民代表大会常务委员会第三十次会议上)。

② 最高人民法院:《关于进一步全面落实司法责任制的实施意见》(法发〔2018〕23 号)。

③ 最高人民法院:《关于深化人民法院司法体制综合配套改革的意见——人民法院第五个五年改革纲要(2019—2023)》(法发〔2019〕8 号)。

④ 参见周强:《关于〈中华人民共和国法官法(修订草案)〉的说明》(2017 年 12 月 22 日在第十二届全国人民代表大会常务委员会第三十一次会议)。

的疑难问题。同时,在上级政策留有空间的地方,乐山法院系统也结合本地条件和特点,创造性地进行制度转化。我们期望,能够继续推进的全面深化司法体制改革中,能够幸运地在解决自身疑难问题过程中有些微的制度创新,为国家司法体制改革走向法治提供实践经验和理论素材。

在司法体制改革继续深化和走向法治的历史趋势中,乐山法院系统的广大干警顺应潮流积极参与,成为制度变迁中的基层行动者!

参 考 文 献

[1]毛泽东:《湖南农民运动考察报告》,载《毛泽东选集》(第1卷),人民出版社1991年版。

[2]中共中央文献研究室主编:《习近平关于全面依法治国论述摘编》,中央文献出版社2015年版。

[3]周雪光著:《中国国家治理的制度逻辑》,生活·读书·新知三联书店2017年版。

[4]陈瑞华著:《司法体制改革导论》,法律出版社2018年版。

[5][美]彼得·M.布劳、W.理查德·斯科特著:《正规组织——一个比较的方法》,夏明忠译,东方出版社2006年版。

[6][法]孟德斯鸠著:《论法的精神》,张雁深译,当代世界出版社1961年版。

[7][德]拉德布鲁赫著:《法学导论》,米健、朱林译,中国政法大学出版社1997年版。

[8]陈家建、张琼文:《政策执行波动与基层治理问题》,载《社会学研究》2015年第3期。

[9]龙宗智:《司法改革:回顾、检视与前瞻》,载《法学》2017年第7期。

[10]陈光中、龙宗智:《关于深化司法改革若干问题的思考》,载《中国法学》2013年第4期。

[11]张文显:《司法改革的政治定性》,载《法制与社会发展》2014年第6期。

[12]张文显:《论司法责任制》,载《中州学刊》2017年第1期。

[13]左卫民:《中国法院院长角色的实证研究》,载《中国法学》2014年第1期。

[14]顾培东:《再论人民法院审判权运行机制的构建》,载《中国法学》2014年第5期。

[15]顾培东:《人民法院内部审判运行机制的构建》,载《法学研究》2011年第4期。

[16]王立新:《建立法官员额制是中国法官职业化的必由之路——以江阴法院司法改革为样本》,载《人民司法》2015年第13期。

[17]刘斌:《从法官"离职"现象看法官员额制改革的制度逻辑》,载《法务实评》2015年第10期。

[18]白彦:《司法改革背景下我国法官员额制度问题研究》,载《云南社会科学》2016年第4期。

[19]李帅:《司法改革中部分法官"不愿入额"现象解析》,载《学术交流》2017年第9期。

[20]庞晓:《对中国法官员额制度下的法院院长的探析》,载《法制与社会》2015年第7期。

[21]陈丹:《法院院庭长权力角色冲突及解决》,载《四川师范大学学报》2018年第1期。

[22]吴洪淇:《司法改革转型期的失序困境及其克服——以司法员额制和司法责任制为考察对象》,载《四川大学学报》2017年第3期。

[23]申伟:《我国审判权运行特征研究》,载《兰州大学学报》(社会科学版)2015年第6期。

[24]王迎龙:《司法责任语境下法官责任制的完善》,载《政法论坛》2016年第5期。

[25]李拥军、傅爱竹:《"规训"的司法与"被缚"的法官——对法官绩效考评制度困境与误区的深层解读》,载《法律科学(西北政法大学学报)》2014年第6期。

[26]张建、李瑜青:《法官绩效考评制度的功能与反思》,载《政治与法律》2016年第5期。

[27]张建:《法官绩效考核制度中结案考核及其悖论——以J市基层人民法院的司法实践为例》,载《北方法学》2015年第5期。

[28]张建:《法官绩效考评制度的法理基础与变革方向》,载《法学

论坛》2018 年第 2 期。

[29]王申:《科层行政化管理下的司法独立》,载《法学》2012 年第 11 期。

[30]施鹏鹏、王星辰:《论司法质量的优化与评估——兼论中国案件质量评估体系的改革》,载《法制与社会发展》2015 年第 1 期。

[31]郭松:《绩效考评与司法管理》,载《江苏行政学院学报》2013 年第 4 期。

[32]宁国良:《论公共政策执行偏差及其矫正》,载《湖南大学学报》(社会科学版)2000 年第 3 期。

[33]熊秋红:《司法改革中的方法论问题》,载《法制与社会发展》2014 年第 6 期。

[34]汤火箭、杨继文:《司法改革方法:比较、问题与应对》,载《四川大学学报》(哲学社会科学版)2016 年第 1 期。

[35]葛洪义:《顶层设计与摸着石头过河:当前中国的司法改革》,载《法制与社会发展》2015 年第 2 期。

[36]施鹏鹏、王晨辰:《论司法质量的优化与评估——兼论中国案件质量评估体系的改革》,载《法制与社会发展》2015 年第 1 期。

[37]陈敏光:《综合配套改革背景下的法官绩效考评体系的完善——基于司法属性的管理学思考》,载《法律适用》2018 年第 19 期。

[38]刘静、李婕:《打开司法公信力的内心驱动阀——透析贫困地区法官职业尊荣感对司法公信力的影响》,载万鄂湘主编:《建设公平正义社会与刑事法律适用问题研究——全国法院第 24 届学术讨论会获奖论文集》(上册),人民出版社 2012 年版。

[39]范愉:《我国司法改革顶层设计的条件和能力》,载《法制与社会发展》2014 年第 6 期。

[40]黄文艺:《中国司法改革基本理路解析》,载《法制与社会发展》2017 年第 2 期。

[41]丁煌、定明捷:《国外政策执行理论前沿评述》,载《公共行政评论》2010 年第 1 期。

[42]郑成良:《司法改革四问》,载《法制与社会发展》2014 年第 6 期。

[43]高其才:《司法改革三盼》,载《法制与社会发展》2014 年第 6 期。

[44]姚建宗:《认真对待司法改革》,载《法制与社会发展》2014 年第 4 期。

[45]汪习根:《新一轮司法改革的理念创新与制度构建——全国“深化司法体制改革”高端论坛综述》,载《中南民族大学学报》(人文社会科学版)2014 年第 2 期。

[46]姜峰:《央地关系视角下的司法改革:动力与挑战》,载《中国法学》2016 年第 4 期。

[47]徐静村:《中国司法改革的动态、展望与挑战》,载《甘肃政法学院学报》2017 年第 1 期。

[48]周永坤:《有关司法改革方向的几个司法理念与实践问题》,载《政治与法律》2007 年第 1 期。

[49]贺东航、孔繁斌:《公共政策执行的中国经验》,载《中国社会科学》2011 年第 5 期。

[50]李瑞昌:《中国公共政策实施中的“政策空传”现象研究》,载《公共行政评论》2012 年第 3 期。

[51]孙莉:《论作为过程的司法改革的过程正当化》,载《法制与社会发展》2014 年第 6 期。

[52]王峰:《司法改革从“机制调整”到“制度设计”:一个法社会学的视角》,载《学海》2018 年第 1 期。

[53]万毅:《转折与展望:评中央成立司法改革领导小组》,载《法学》2003 年第 8 期。

跋

王一君

2014年12月，乐山中院和市中区法院、夹江县法院、马边彝族自治县法院被确定为全国第三批、全省首批司法体制改革试点法院，接过了为法院司法体制改革探路的“旗帜”。试点工作期间，乐山中院召开了50余场座谈研究会、基层走访400余人、形成12份专题调研报告、制发25份司法体制改革文件，探索出“以案定额＋以岗定额”的办法，通过自愿报名、资格审查与公示、统一考试、综合考核、推荐人选提交省法官检察官遴选委员会审批的遴选流程，从517名具有法官身份的人员中，遴选出287名首批员额制法官，充实到审判一线；构建“4∶2∶2”的团队架构模式，以实现专业化审判为目标，组建了10个标准审判团队和4个特殊审判执行团队；以审判权为核心、以审判管理权和审判监督权为保障，明确独任法官、合议庭、法官助理和书记员的57项工作职责，建立起“由审理者裁判”的法官独立办案机制；建立“大小动态考核”机制，由法官根据案件类型、难易程度自主决定案件折算标准，实现民主自治的“小动态”管理；院党组根据地方经济社会发展趋势、重点工作和法院队伍状况，精准调节考核指标，实现适应时代和服务大局的“大动态”。改革激发了巨大活力，法官办案责任心和积极性明显增强。自2016年9月新团队开始运行以来，乐山中院法官人均结案数同比上升150%，改革也收获了良好的社会效益，社会各界对乐山法院司法公开、司法公正、司法效率、司法作风、司法廉洁给予了高度评价。“以案定额＋以岗定额”“4∶2∶2”审判团队、“大小动态考核”等创新务实举措，也为全省法院司法责任制改革提供了可复制、可推广的借鉴路径。

2017年8月,我从四川省高级人民法院调往乐山中院任职时,乐山中院已经完成司法责任制改革的“四梁八柱”建设,改革过程中的新矛盾和新问题也逐渐呈现:新型审判权力运行机制下,失去了院庭长的层级把关决策,如何实现裁判尺度的相对统一,确保法律的正确适用;在“由审理者裁判”的法官独立裁判机制下,如何确保法官放权而不放任,完善“由裁判者负责”的审判权力监督制约机制;在专业化审判以确保案件质量的前提下,当案件数量出现波动时,如何实现各团队的分案均衡,进而为员额法官绩效考核奠定平等的基础;民事、刑事、行政案件存在各自特点,每年的重点工作任务也不同,如何进一步完善绩效考核机制,从而客观公正、全面综合反映法官办理案件数量、办案质量、审判效果、团队协作、调研、做群众工作、司法廉洁等各方面工作情况。面对这些新情况,乐山中院没有止步于已经取得的改革成绩,也没有回避这些深层次的新矛盾,继续将改革向纵深推进。我分管审判管理、信息化建设、商事审判,有幸参与并见证了这一过程。

探索构建两级法院统一裁判尺度的相对自循环体系。司法责任制改革运行一年后,乐山两级法院法定审限内结案率、平均审理天数、法官人均结案数等反映审判效率的指标有了明显提升,但反映审判质量的发回改判率以及反映审判效果的服判息诉率指标却有了一定程度的滑坡。我们在基层法院案件数量最大的市中区法院、峨眉法院、犍为法院倡导实行繁简分流,在立案前嵌入先行调解程序,从而实现简案快审、繁案精审;对受案数量较多的案件进行专业化细分,并对民间借贷、买卖合同等案件归纳总结要素式审判规程;修订完善专业法官会议、审判委员会规程,明晰专业法官会议智囊参谋的功能,将审判委员会的职能重点从个案决策向宏观裁判尺度校准转移;强化院庭长对涉及重大项目、敏感主体、社会稳定和舆情等类型案件的监管。

建立审判中司法公开、审判后案件评查的审判权监督制约机制。阳光不仅是最好的“防腐剂”,更是倒逼法官提升审判质效和司法素能的重要手段。我们在两级法院强力推进庭审直播,将审判的最核心环节——庭审置于公众的监督之下,明确要求院长、副院长、审判委员会专委办理案件原则上全部公开直播,在对基层法院和员额法官绩效考核办法中,制定直播的最低数量和最低比例。2017 年，乐山中院庭审直播数位列全国中级法院第 14 位，四川省第 1 位，在第三方评估中位列全国中级法院第 7 名，乐山 9 个基层法院被四川高院评为庭审公开先进集体。我们建立了严格的案件质量评查制度，对被发回改判、申诉信访、举报投诉的案件全部纳入案件质量评查体系，评定法官在审理案件时，在事实认定、法律适用、审判程序上是否存在瑕疵和不当，评查结果纳入法官业绩档案和廉政画像，从而“让审理者负责”在专业认知范围内有了可操作的路径。

引导员额法官自治优化绩效考核体系。传统的法官业绩考评，简单套用公务员的考评标准，绩效考核与法官等级、行政职务挂钩，存在科层制和行政化倾向，没有考虑司法规律和法官职业特征；简单按照办案数量核算庭室或法官的工作量，不能精确实现立案、刑事、民事、行政、审监等不同条线之间工作量的科学比对。乐山中院在“大小动态”的考核制度框架下，继续丰富优化绩效考核体系，通过倡导考评参与主体的广泛性，提升员额法官的参与度及自主性，建立符合法官职业需求导向的绩效考核制度生成机制。在修订法官审判绩效考核办法时，先后经过各部门、法官绩效考评委员会、法官座谈会、党组会等方式、广泛征求全院法官意见，尤其是案件权重系数的设定，由员额法官投票决定。绩效考核办法由法官自己参与制定，在执行中的阻力和难度大为减小，而办法制定的公开性和透明性也使法官在了解知晓考核方式和内容后，安心、专注于审判事务本身。

建立动态科学的调案制度。审判团队设立的目的是培养专业性法官，但是司法责任制改革后的实践运行中，每年案件受理数量并不都如模型测算中那样变量恒定，审判团队之间办理案件数量相差太大，将导致部分法官办案压力过大，部分法官案件太少不能达到考核的基础要求，因此建立动态优化的调案机制势在必行。审管办每月监测全院及各团队案件受理数量，制定《案件调剂规则》，当某种类型的案件或某个团队受理案件数量激增，导致各个审判团队的工作量失衡时，临时调整各个审判团队的分案机制，将批量案件或者某一两个类型的案件调整到其他团队，从而既尊重审判的专业化分工，又最大限度有利于裁判尺度的统一。

当下，司法体制改革已经进入“深水区”，法官助理的数量及功能发挥不足，进阶之路不明，不仅严重制约了审判质效的提升，也影响法院队伍稳定及后备法官储备质量;法官职业保障配套不足,法官尊荣感不高,自嘲为“司法民工”。这些问题都是司法体制改革后期配套改革中需要重点改进和配套的。司法体制改革,虽然必定会从阻力最小、社会认同度最高的方面着手,但是在面对难度系数更大的配套措施,必须更加坚定勇敢地往下推进。

回首参与乐山司法体制改革的过程,百感交集,敬佩乐山中院的同志们在面对改革利益得失时讲政治、顾大局,欣慰在作出重大决策时院党组的团结协作和凝聚向心,感慨推进工作遇到不理解时所做的协调沟通和折中妥协,遗憾很多问题需要顶层制度设计在基层实践无力推进。

作为中华人民共和国的司法者,我们会仰望星空,眺望诗和远方,也需要站在坚实的的大地上,跨过山河大海,实现共同的法治理想,无疑,司法体制改革就是实现这共同法治理想的路径。可以说,司法体制改革中的每一项制度和决策,都是打破既有路径和模式,选择了一条荆棘丛生的路,就如罗伯特·弗罗斯特《未选择的路》中描述的那样,“但我却选了另外一条路,它荒草萋萋,十分幽寂,显得更诱人、更美丽,而我选择了人迹更少的那一条,也从此决定了我一生的道路。”但是,或许召唤我们的,不是路,而是心!

王一君于巴中市费尔顿凯莱酒店

2019 年 5 月 30 日

致　谢

王伦刚

致谢是必不可少的，它是作者感恩的体现。我早就深深地体验到，学术就是盆栽的植物。如果作者没有被尽心尽力呵护，思想火花是不会迸发的，更不要说将这火花燃烧为火焰，进而凝固为可以传递言之成理的思想。读初中的时候，我读过一篇文章，记得是陶铸写的《松树的种子》。文章歌颂松树种子能够在严酷的环境中逆袭生长。长大以后我才知道，严酷的环境也一定不要超过松树种子能够承受的限度才好，要不然种子也会坏掉。比如，被开水冲泡的松树种子，它无论如何也难发芽！这样一想，我们就会无比感谢生存的这个环境，让我们能够有平静的书桌和稍感宁静的心境；就会特别感谢那些为我们思考写作提供条件的人们。

要感谢的人的名单可以列出一大串，而我们只能凭借个人记忆的痕迹，并按照中国文化习俗的顺序来做这件事情。我们要感谢但不限于以下这些人所提供的帮助：

首先，要感谢西南财经大学法学院高晋康院长和法学院的同事。西南财经大学和乐山中院的合作都由高院长促成并推向前进。在既有制度下，高院长能充满人文激情高超地整合各种资源促进法学教育的前进和法学学术的增长。本书作者都得益于高院长搭建的校地合作的平台。正是这种交流平台和鼓励，西南财经大学的师生们有幸近距离体验甚至参与法院的第4轮司法体制改革。

其次，要感谢四川省法院系统为这本书作出贡献的法官们。无论是省法院还是基层法院，尤其是被确定为司法体制改革试点的几个法院，无论是法院领导还是书记员,只要听说我们在搞研究,都腾出时间陪我们聊天,寻找我们需要的资料。正是他们无私的帮助,为本书写作积累了宝贵的第一手资料。

再次,我们还要感谢参与到本书写作中来的老师、同学们和年轻的法院同事们。他们有:中山大学社会学院的陈家健教授;西南财经大学2017级的经济法学硕士胡珊、唐菲同学;乐山市中级人民法院研究室的詹珺涵、王月和游鹏。

最后,但却非常重要的事情是,介绍本书的其他所有作者(按姓氏笔画多少为序):

张　军,西南财经大学中国法律实证研究中心助理研究员。

邹　松,西南财经大学中国法律实证研究中心助理研究员。

何洪兰,乐山市中级人民法院研究室副主任。

周兴复,乐山市中级人民法院党组副书记、副院长。

傅岷雪,乐山市中级人民法院党组成员、副院长。

赖虹宇,西南财经大学中国法律实证研究中心研究员,西南财经大学法学院师资博士后。

2019 年初夏于成都

图书在版编目(CIP)数据

从顶层政策到基层制度：乐山法院体制改革实证研究：2014－2017：以司法责任制为核心／王雪梅等著．--北京：法律出版社，2020

ISBN 978－7－5197－4240－9

Ⅰ．①从…　Ⅱ．①王…　Ⅲ．①法院－体制改革－研究－乐山市　Ⅳ．①D926.22

中国版本图书馆 CIP 数据核字(2020)第 025121 号

从顶层政策到基层制度：乐山法院体制改革实证研究(2014—2017)
——以司法责任制为核心
CONG DINGCENG ZHENGCE DAO JICENG ZHIDU：LESHAN FAYUAN TIZHI GAIGE SHIZHENG YANJIU (2014－2017)
—YI SIFA ZERENZHI WEI HEXIN

王雪梅
王伦刚
王一君
周兴复
著

策划编辑 郑　导
责任编辑 郑　导
装帧设计 汪奇峰

出版 法律出版社
总发行 中国法律图书有限公司
经销 新华书店
印刷 三河市龙大印装有限公司
责任校对 郭艳萍
责任印制 张建伟

编辑统筹 独立项目策划部
开本 710 毫米×1000 毫米　1/16
印张 19.75
字数 300 千
版本 2020 年 3 月第 1 版
印次 2020 年 3 月第 1 次印刷

法律出版社／北京市丰台区莲花池西里 7 号(100073)
网址／www.lawpress.com.cn
投稿邮箱／info@lawpress.com.cn
举报维权邮箱／jbwq@lawpress.com.cn
销售热线／400－660－8393
咨询电话／010－63939796

中国法律图书有限公司／北京市丰台区莲花池西里 7 号(100073)
全国各地中法图分、子公司销售电话：
统一销售客服／400－660－8393/6393
第一法律书店／010－83938432/8433　西安分公司／029－85330678　重庆分公司／023－67453036
上海分公司／021－62071639/1636　深圳分公司／0755－83072995

书号：ISBN 978－7－5197－4240－9　**定价**：78.00 元
(如有缺页或倒装，中国法律图书有限公司负责退换)